非物質文化遺產學

第二版

苑利 / 顾军 著

高等教育出版社 · 北京

图书在版编目（CIP）数据

非物质文化遗产学 / 苑利，顾军著. --2版. --北京：高等教育出版社, 2022.4
ISBN 978-7-04-058317-5

Ⅰ. ①非…　Ⅱ. ①苑…②顾…　Ⅲ. ①非物质文化遗产-高等学校-教材　Ⅳ. ①G112

中国版本图书馆CIP数据核字（2022）第033077号

非物质文化遗产学
FEIWUZHI WENHUA YICHANXUE

策划编辑　龙　杰　周　睿　张耀明　　责任编辑　周　睿　　封面设计　张申申　　版式设计　童　丹
责任绘图　李沛蓉　　责任校对　吕红颖　　责任印制　韩　刚

出版发行	高等教育出版社	网　　址	http://www.hep.edu.cn
社　　址	北京市西城区德外大街 4 号		http://www.hep.com.cn
邮政编码	100120	网上订购	http://www.hepmall.com.cn
印　　刷	涿州市星河印刷有限公司		http://www.hepmall.com
开　　本	787mm× 1092mm　1/16		http://www.hepmall.cn
印　　张	19.75		
字　　数	310千字	版　　次	2009 年 5 月第 1 版
插　　页	1		2022 年 4 月第 2 版
购书热线	010-58581118	印　　次	2022 年 12 月第 2 次印刷
咨询电话	400-810-0598	定　　价	49.00元

本书如有缺页、倒页、脱页等质量问题，请到所购图书销售部门联系调换

物 料 号　58317-00

目录

上编

下编

上编

绪论

非物质文化遗产学：一门新学的诞生

如果从非物质文化遗产学概念提出算起，中国的非物质文化遗产学学科建设已经走过了整整15个年头。在著名作家、文化遗产保护领军人物冯骥才先生和一大批专家学者的共同努力下，2021年3月1日，教育部将"非物质文化遗产保护"正式纳入普通高等院校本科专业设置。[1]非物质文化遗产学学科建设向前迈出了实质性的一步。

那么，为什么在中国走向全面腾飞之时，政府相关部门会进一步加大对各类遗产的保护，并在将考古学纳入一级学科之后，又将非物质文化遗产学这一产生时间并不久远的新兴学科正式纳入普通高等院校本科专业设置，并启动大规模的学科建设？这显然是基于这样的社会现实：中国拥有丰厚的非物质文化遗产资源，而当下既有学科无法整体解决非物质文化遗产保护所面临的种种问题。

第一节 非物质文化遗产学学科建设的可能性

非物质文化遗产学能否成功创建，首先要看它是否能满足以下两方面条件：一是看我们是否拥有足够丰富的非物质文化遗产资源，二是看这门学科是否已经打下了足够坚实的学术基础。

一、中国拥有丰富的非物质文化遗产资源

非物质文化遗产学与哲学、史学等学科不同，它更像是一门强调实操、解

1 《教育部：37个新专业列入普通高等学校本科专业目录》，中新网3月1日电。

决实际问题的学问。我们创建这一学科的目的，就是为了帮助人们认清什么是非物质文化遗产，解决非物质文化遗产保护及传承过程中所遇到的问题。

中国是个历史悠久、民族众多的文明古国，同时也是四大文明古国中唯一一个文化没有断流的国家。说它文化“没有断流”，并不是说它在历史上创造出的故宫、长城、布达拉宫、敦煌莫高窟以及五大名窑、红木家具这样的物质文化遗产还有没有，而是说创造了这些物质财富的古老的建造技术、制造技术还有没有。只要这些古老的传统建造技术、制造技术还在，就说明中华文明没有“断流”。从2003年中国政府启动中国民族民间文化保护工程算起，经过近20年的努力，我国共立项保护国家级非物质文化遗产2 173项，[1] 省级非物质文化遗产15 777项，[2] 至于市县级非物质文化遗产更是多得数不胜数。这些数目庞大的非物质文化遗产资源，为非物质文化遗产学的学科创建，提供了可能。

二、中国已经进行了多年的学科创建准备

非物质文化遗产学能否成功创建，还与该学科是否已经打下了足够坚实的学术基础有关。

作为一门新学科，非物质文化遗产学的创建是需要丰厚的学术积淀的。从历史看，我国很早便有了保护本国非物质文化遗产的传统。例如，春秋时期对民间谣谚的搜集整理，汉魏时期对乐府音乐的搜集整理，魏晋时期对民间志怪小说的挖掘整理，明清时期对民歌笑话的搜集整理，五四时期对歌谣故事的搜集整理，党的十二届三中全会以来我们对中国民族民间文学艺术的搜集整理，以及当下正在进行的“中国民间文学大系”出版工程的编辑编撰，都可以证明中国自古以来就有保护本国非物质文化遗产的优秀传统。

2003年中国政府启动中国民族民间文化保护工程，但与以往的保护略有不同，它的重点不是以往的搜集、整理、出版，而是举全国之力，将祖先留给我们的非物质文化遗产，通过传承人以活态的形式继承下来并传承下去。

与此同时，我们在非物质文化遗产学学科建设上也进行了积极努力。在

1　含1 570项新增项目、603项扩展项目。扩展项目与原有入选项目同名，共用一个项目编号，但项目特征、传承状况存在差异，保护单位也不相同。

2　文化和旅游部对十三届全国人大三次会议第1793号建议的答复。http://zwgk.mct.gov.cn/zfxxgkml/zhgl/jytadf/202012/t20201204_907082.html。

学科教材方面，出版了苑利、顾军撰写的《文化遗产报告——世界文化遗产保护运动的理论与实践》(2005 年)、《非物质文化遗产学教程》(2007 年)、《非物质文化遗产学》(2009 年)、《非物质文化遗产保护干部必读》(2013 年)，王文章主编的《非物质文化遗产概论》(2006 年)，向云驹撰写的《解读非物质文化遗产》(2009 年) 等专业教材近十部。这些学术成果的出版，为非物质文化遗产学学科建设打下了坚实的理论基础。

从 2014 年开始，作者与高等教育出版社、北京联合大学、首都师范大学、凯里学院、中传笛声民俗文化(北京)有限公司等单位合作，在 8 年时间里，共举办 5 期全国高校非遗教师培训班，这也是中国唯一一个以培养全国高校非遗教师人才为目标的国家级培训团队。这个培训班共培养了包括全国高校非遗教师在内的非遗高级别保护人才 1 400 多人，涉及大专院校 300 余所。这一培训也为中国非物质文化遗产学的学科建设，奠定了坚实的人才基础。据不完全统计，目前全国已有 400 多所大学开设了非物质文化遗产学课程，数百所职业院校开设了非物质文化遗产相关课程，全国绝大多数中小学以及部分高校开展了非物质文化遗产进校园活动。非物质文化遗产和非物质文化遗产学已经渐渐融入了中国教育的课程教学体系中。

第二节　非物质文化遗产学学科建设的必要性

是否需要创立非物质文化遗产学？这是个争论已久的话题，也是非物质文化遗产学学科建设的一道必答题。有人认为非物质文化遗产所涉领域已经有多门学科介入，完全可以用既有学科的既有理论，去解决非物质文化遗产保护面临的种种问题。但多年来的中国非物质文化遗产保护实践已经证明，仅凭既有学科的既有理论，无法从根本上解决非物质文化遗产保护面临的种种问题。主要原因如下。

一、既有学科无法对非遗本质作出科学判断

从非物质文化遗产学立场出发，非物质文化遗产说到底首先是“遗产”，是祖先留给我们的“遗产”，而不是我们刚刚创造出来的“现产”。在非物质文

化遗产保护与传承过程中，我们之所以只保护“遗产”，不保护“现产”，并不是说“现产”有什么不好，而是说随着社会发展进程的不断加快，祖先留给我们的遗产越来越少。我们有必要抓住非物质文化遗产保护工程这一大好契机，将祖先留给我们的遗产尽可能多地继承下来。这是非物质文化遗产学的永远追求。但艺术学、经济学等既有学科追求的目标与此完全不同——它们一个是要挖掘出一个民族最美的东西，一个是要挖掘出一事物的最高附加值。在这个时候，人们就很容易从本学科立场出发，将他们心目中最美、最宝贵的东西挖掘出来，至于它是不是非物质文化遗产已经不再重要。这样一来，人们很容易在有意无意中将那些改编改造后的文创产品，甚至是已经进入大机械化生产的流水线产品，都当成非物质文化遗产。由于艺术学、经济学等对非遗本质理解上角度不同，所以，要想用艺术学、经济学的既有理论来确保非物质文化遗产的原汁原味是有难度的。

二、既有学科无法为非遗提供科学的遴选标准

要想保护非物质文化遗产，首先就要知道什么是非物质文化遗产。由于学科功能不同，遴选标准自然也不一样。

如在某些从事艺术创作与艺术研究的学者看来，非遗的遴选标准不是“真不真”，而是“美不美”。于是乎，非遗的每次评审也就变成了一次次“选美”，有时甚至一些当代创作也因为“美”而被列入非物质文化遗产代表作名录。而一旦进入非物质文化遗产代表作名录，人们又会根据自己对“美”的理解，对这些非遗项目“不美”的部分实以改造。按此思路发展下去，要想原汁原味地将祖先留给我们的遗产传承下去，只能是一句空话。

从民俗学视角去遴选非物质文化遗产也有它的问题。在许多人看来非遗属“民俗”，而民俗的五大特征之一，就是它的“变异性”。在民俗学家眼中，既然“民俗”能变，那么，作为民俗的非物质文化遗产当然也能变。于是，“非物质文化遗产既要传承，也要创新”，便成为这一学术群体的普遍共识。但令人无法解释的是，既然是“创新”，既然是你“昨天”刚刚创作出来的“现产”，凭什么一下子就变成了祖先留给我们的“遗产”？分不清“遗产”与“现产”，还怎么去保护我们的“遗产”？可见，用民俗学的既有理论，同样无法解决非物质文化遗产的原汁原味保护问题。

同样，用经济学的既有理论去遴选或是保护非物质文化遗产，同样也存在问题。如完全从经济利益出发，人们就很容易将那些“有效地拉动了地方经济”的“非遗”项目，哪怕是已经实现了大机械化生产的“非遗”项目也生硬地塞进非物质文化遗产代表作名录。

用文物学的既有理论去解读非物质文化遗产及其保护工作，是有它的可取之处的。这是因为在文物保护工作者看来，无论是物质文化遗产，还是非物质文化遗产，说到底在本质上都是相同的——都是“文物”，都是认识古代文明、了解祖先历史的重要窗口。所以，文物不能改，非遗当然也不能改。这在客观上便确保了非物质文化遗产的真实。但从文物学视角看非遗同样也存在它的问题。其中最大的问题便是很容易忽略非物质文化遗产活态传承这一基本特征。如果一味用保护文物的方法来保护非物质文化遗产，其结果必然是非物质文化遗产保护的博物馆化，而最终的结果便是将“活遗产”变成“死遗产”。

上述分析告诉我们，要想通过既有学科的既有理论，去解决非物质文化遗产保护所面临的种种问题，事实上是很难的。要想实现对非物质文化遗产的科学保护，最有效的办法就是通过学科建设，解决非物质文化遗产的科学保护问题，而这门学科便是非物质文化遗产学。

第三节 非物质文化遗产学的独特视野与视角

任何一门新学的产生总要有它独特的视野与视角，否则就没有资格成为一门独立学科。那么，作为一门新学科的非物质文化遗产学，是否已经具备了自己的独特视野与视角了呢？

一、非物质文化遗产学具有独特的学术视野

有人认为，我们完全没有必要建立非物质文化遗产学。这是因为非物质文化遗产学的主要研究领地——无论是民间文学、表演艺学术、传统工艺美术、传统工艺技术，还是传统节日仪式或是传统农业生产技术，已经有人类学、民族学、民俗学、宗教学、历史学、语言学、考古学、表演学、民间文学、建筑学等诸多学科的历史积累与学术深耕。如果一定要建立非物质文化遗产学，

势必会在研究视野上与上述学科产生重叠。

但事实并非如此。因为非物质文化遗产学所关注的，并不是简单的民间文学、表演艺术、传统工艺美术、传统工艺技术、传统节日仪式以及传统农业生产技术，而是其中最为精华、最为重要，特别是那些已经进入各级《名录》的部分。非物质文化遗产学学科建立的目的，主要要解决以下三大问题：一是要厘清非物质文化遗产的准入标准，判断哪些项目可以进入非物质文化遗产代表作名录，哪些项目不适合进入非物质文化遗产代表作名录；二是要判断这些非物质文化遗产的价值，包括它的历史认识价值、艺术价值、科学价值和社会价值；三是要科学而系统地提出非物质文化遗产的管理方法与保护原则。而这些都是以往诸学科从不研究或很少研究的问题。从不同视角切入同一领域，是学术研究的常态，在文化遗产研究领域中，非物质文化遗产学是有着独立的、专属于自己的研究空间的。

二、非物质文化遗产学具有独特的学术视角

要想成为一门独立学科，仅有独特的研究视野尚远远不够，还需具备独特的研究视角。只要研究视角不同，人们同样会在原有领域发现更多的、与众不同的、规律性的东西。譬如同样是研究传统节日，历史学家关注的是节日历史，民俗学家关注的是节日民俗与仪式，艺术学家关注的是节日歌舞，而非物质文化遗产学所关注的是这些节日是从历史上原汁原味传承下来的真“遗产”？还是当代创造的伪“遗产”？这些传统节日到底有着怎样的价值？怎样才能保护好这些节日遗产？而上述角度，也是以往诸学科较少有人关注，甚至无人关注的问题。非物质文化遗产学这门学科建立的意义在于，它可以帮助人类找到更多更好的非物质文化遗产，可以找到非物质文化遗产传承规律，并将这些规律应用到中国乃至世界所有的非物质文化遗产保护中去。

第四节
非物质文化遗产学独立的理论架构

为了能更清晰地辨认出非物质文化遗产，挖掘出更多的非物质文化遗产价值与传承规律，为非物质文化遗产保护提供更为科学的理论指导，非物质文

化遗产学也构建起了与既有学科不同的理论架构。这个理论架构的着力点主要集中在以下三个方面：

一是，什么是非物质文化遗产；二是，为什么要保护非物质文化遗产；三是，怎么保护和传承非物质文化遗产。如果将上述三个问题上升到哲学高度的话，那么，“什么是”回答的是哲学上的本体论问题，“为什么”回答的是哲学上的价值论问题，而“怎么办”回答的则是哲学上的方法论问题。这三大问题是非物质文化遗产学必须回答而其他学科无须回答的理论问题。

一、确认非物质文化遗产学的研究对象及属性

“什么是非物质文化遗产”，是非物质文化遗产学学科建设需要回答的第一个问题。这一问题的提出，目的是帮助我们认清什么是非物质文化遗产，什么不是非物质文化遗产。它是这门学问的逻辑起点。那么，到底什么是非物质文化遗产？综合看来，非物质文化遗产至少要满足以下六大条件：

（一）必须有杰出的非物质文化遗产传承人做支撑。非物质文化遗产的最大特点是活态传承，而活态传承的载体就是传承人。有了传承人才有非物质文化遗产，所以，保护非物质文化遗产的关键，首先是保护好传承人。

（二）必须有悠久历史。通常时间不足百年者，不能称其为“非物质文化遗产”。

（三）必须以活态形式传承至今。非物质文化遗产是一种活在当下、服务当下的遗产，它的最大特点就是它的“活态性”。

（四）必须原汁原味传承至今。因为非物质文化遗产的最大价值是它的历史认识价值。要想确保它的历史认识价值，就需要我们尽量将它历史上所呈现出的样子原汁原味地传承下来。

（五）必须有重要的历史认识价值、艺术价值、科学价值和社会价值，没有重要价值者，不能确认为非物质文化遗产。

（六）非物质文化遗产只存在于民间文学、表演艺术、传统工艺美术、传统工艺技术、传统节日、传统仪式、传统农业技术七大领域。[1]

1　分类方式不同，所分种类也有一定差别。如王文章主编《非物质文化遗产概论》将非物质文化遗产分为十一个大类，文化和旅游部将非物质文化遗产分为十个大类，《中华人民共和国非物质文化遗产法》将非物质文化遗产分为六个大类。与上述分类法相比，六分法的涵盖范围更广。

由此不难看出，所谓的非物质文化遗产，是指人类在历史上创造，并以活态形式原汁原味传承至今的，具有重要价值的表演艺术类、工艺技术类、节日仪式类以及传统农业技术类传统文化事项。

二、确认非物质文化遗产学研究对象的价值

“为什么要保护非物质文化遗产”，是非物质文化遗产学学科建设需要回答的第二个问题。要想保护好非物质文化遗产，就必须把非物质文化遗产的价值说清楚、讲明白，为非物质文化遗产保护提供更加充足的理由。

当然，仅仅知道非物质文化遗产价值尚远远不够。因为在价值相同的情况下，还会有品质高低等问题。这就要求我们必须从遗产品质上的优秀度、时间上的跨越度、信息上的承载度、状态上的原生度、社会上的知名度、性格上的独特度以及生存状态上的濒危度等角度，进行更加深入的研究，从而判断出各非遗项目整体价值的高低。

非物质文化遗产是人类文明的精华，对上述价值的发掘，不但可以为保护历史遗产找出更多理由，同时也有助于我们对遗产自身价值做出更为精准的学术判断。尽管非物质文化遗产的价值是客观存在，但同样需要后人用自己的慧眼去发掘。保护遗产过程的本身就是非物质文化遗产价值再发现、再发掘的过程。非物质文化遗产价值发掘程度如何，将直接关系到人类保护非物质文化遗产的热情，关系到我们对祖先遗产的认知，也关系到一个国家的前途和命运。

三、确认非物质文化遗产学倡导的保护方法与原则

“怎么保护非物质文化遗产”，是非物质文化遗产学学科建设需要回答的第三个问题。这个问题主要会涉及两方面内容：一是用什么方法、什么手段去保护非物质文化遗产；二是用什么理念、什么原则去保护非物质文化遗产。该问题提出的最终目的，就是帮助我们找到更多、更好、更具科学价值的保护方法与原则。

“保护方法”是指在非物质文化遗产保护工作中所使用的具体方法。这些方法包括：（一）开展非物质文化遗产大普查，从根本上摸清本国活态遗产的“家底”；（二）建立非物质文化遗产代表作名录体系，让国家的每个非

遗项目都有自己的“身份证”；(三) 建立文化生态保护区，为非物质文化遗产的活态传承预留下一块“芳草地”；(四) 扩展展演展示手段，让非物质文化遗产及其保护理念传布四面八方；(五) 建立数据库，让非物质文化遗产传播步入“快车道”；(六) 启动非遗传承人口述史调查，让非遗史料变得更加丰富；(七) 将非物质文化遗产纳入国民教育体系，让民族文化遗产滋润每个孩子的心田；(八) 制定《非物质文化遗产法》，让法律为非物质文化遗产保护“保驾护航”。

“保护原则”是指在保护非物质文化遗产过程中所应遵循的基本原则。这些原则包括“以人为本原则”“活态保护原则”“整体保护原则”“真实性保护原则”“民间事民间办原则”“独特性保护原则”以及“濒危遗产优先保护原则”等。这些原则的树立与遵守将会对中国非物质文化遗产的科学保护产生重要影响。

非物质文化遗产学说到底是一门具有可操作性的学问。强调实操、强调对非物质文化遗产传承规律的研究，是这门学问的基本特征。非物质文化遗产保护规律是由非物质文化遗产传承规律决定的，只有找到非物质文化遗产传承规律，我们才能知道怎样保护才是科学保护。这个问题不解决，非物质文化遗产学也就失去了它存在的意义。

当然，以上三大问题只是构建非物质文化遗产学的“四梁八柱”，在此基础上，还会衍生出许多其他内容。譬如作为一门新学，要有国外以及国内非物质文化遗产保护史的研究。作为活态遗产，非物质文化遗产是需要人来保护、来传承的。这就会涉及“非物质文化遗产保护主体”与“非物质文化遗产传承主体”两方面内容。其中，前者会重点讨论“非物质文化遗产保护主体的构成”“非物质文化遗产保护主体的基本职能”以及“非物质文化遗产保护主体的素质要求”，后者会重点讨论“非物质文化遗产传承主体的界定”“非物质文化遗产传承主体的基本职能”以及“针对非物质文化遗产传承主体的激励机制”等内容。此外，作为一笔宝贵的民族文化资源，非物质文化遗产学还会涉及非物质文化遗产的普查与申报、开发与经营等多方面内容。这些问题在非物质文化遗产学中都会有专章阐述。

第一章

非物质文化遗产概念的提出、界定与辨析

要想保护非物质文化遗产，首先就应该知道什么是非物质文化遗产，什么不是非物质文化遗产，并从纷纭复杂的文化事项中，将非物质文化遗产钩沉出来，并加以科学而有效的保护。那么，什么是非物质文化遗产？这是本章需要讨论的主要问题。

第一节 非物质文化遗产概念的提出

一、日本非物质文化遗产概念的提出

“非物质文化遗产”源于日语“无形文化财”一词的英译。从字面看，这类遗产特指那些祖先在历史上创造，并以活态形式原汁原味传承至今、具有各种重要价值的表演艺术类、工艺技术类、节日仪式类以及农业技术类传统文化事项。由于这类遗产是以隐性的“技术”“技艺”或是“经验”的形式出现，既“看不见”，也“摸不着”，故被称为“无形文化财”“无形文化遗产”或“非物质文化遗产”。那么，这个概念是如何提出的呢？

1950 年日本颁布《文化财保护法》。在这部法律中，日本率先启用“无形文化财”一词，开启了人类历史上保护“非物质文化遗产”的先河。但这一概念除在 20 世纪 60 年代影响过韩国外，在很长一段时间里，都没有对国际社会产生太大的影响。进入 20 世纪 70 年代后，随着日本加入联合国教科文组织，这一概念才渐次影响到了联合国教科文组织，并由此影响到整个国际社会。至此，一场规模宏大的非物质文化遗产保护运动在联合国教科文组织的倡导

下迅速展开。[1]

二、联合国教科文组织对非物质文化遗产概念的解读

联合国教科文组织在引进这一概念时,最初将“无形文化财”译作“民间口头创作”或“人类口头及非物质文化遗产”,后译作“非物质文化遗产”(Nonphysical Cultural Heritage),继之又译作“无形文化遗产”(Intangible Cultural Heritage),并最终以“无形文化遗产”的名义固定下来。

在2003年10月17日颁布的《非物质文化遗产保护公约》中,联合国教科文组织是这样界定非物质文化遗产的:“所谓非物质文化遗产,是指那些被各地人民群众或某些个人视为其文化财富重要组成部分的各种社会活动、讲述艺术、表演艺术、生产生活经验、各种手工艺技能以及在讲述、表演、实施这些技艺与技能的过程中使用的各种工具、实物、制成品以及相关场所。”2003年,中国政府在启动中国民族民间文化保护工程,对非物质文化遗产做最初表述时,基本上也沿用了这个定义,并认为所谓的非物质文化遗产,“是指各民族人民世代相承的、与群众生活密切相关的各种传统文化表现形式(如民俗活动、表演艺术、传统知识和技能,以及与之相关的器具、实物、手工制品等)和文化空间(即定期举行传统文化活动或集中展现传统文化表现形式的场所,兼具时间性和空间性)”[2]。

第二节 非物质文化遗产概念的界定

应该说,上述定义已经触及非物质文化遗产核心内容,但在表述形式上

1 在1977年联合国教科文组织制定《联合国教科文组织第一个中期计划》(1977—1983)时,首次提及“无形文化财”一词,而在1984年联合国教科文组织制定《联合国教科文组织第二个中期计划》时,开始将无形文化遗产保护纳入第二个中期计划。在1989年联合国教科文组织颁布《保护民间创作建议案》和《人类口头及无形文化遗产代表作条例》时,更是将无形文化遗产保护作为联合国教科文组织的中心议题,呈现在国际社会面前。在2002年9月16日联合国文化遗产日这天,联合国教科文组织在土耳其伊斯坦布尔以“无形文化遗产——文化多样性的体现”为题,召开了联合国成员国文化部长圆桌会议,并通过了《伊斯坦布尔宣言》,呼吁在全球化形势下,加强对各国无形文化遗产的保护。2003年联合国教科文组织《保护无形文化遗产公约》的颁布,更是标志着人类无形文化遗产保护运动已经进入了一个全新的纪元。

2 中国民族民间文化保护工程国家中心编:《中国民族民间文化保护工程普查工作手册》。文化艺术出版社2005年版,第1页。

仍有不尽完备之处，需要做进一步的补充、修正乃至发展。要想为非物质文化遗产做出一个准确的学术定位，就必须从传承主体、传承时限、传承形态、传承状态、传承品质和传承范畴等六个维度，对非物质文化遗产提出明确的准入标准，并将它从文化，特别是传统文化的大概念中剥离出来。一个真正的非物质文化遗产，至少要满足以下六方面条件：

一、从传承主体看，非物质文化遗产必须以杰出传承人为依托

就像任何文明的传承都需要载体一样，非物质文化遗产的传承同样需要载体，但与物质文化遗产以“物”为载体不同，非物质文化遗产的载体是“人”，是具有很强的专业性知识的非物质文化遗产传承人。事实已经证明：非物质文化遗产的濒危，说到底是传承人的濒危；非物质文化遗产的消亡，说到底是传承人的消亡。因此，有没有传承人，特别是有没有优秀的传承人，应该成为我们判断一个传统文化事项能否成为非物质文化遗产的重要标志。没有传承人的非物质文化遗产，事实上是不存在的。

那么，什么人才有资格成为非物质文化遗产传承人呢？以往，人们往往认为只有民间社会的普通民众才有资格成为非物质文化遗产传承人。事实上，在非物质文化遗产传承过程中，绝大多数非物质文化遗产传承人也确实来自民间。但这并不意味着民间社会之外的其他人就无权获此殊荣。因为有些非物质文化遗产的创造与传承，恰恰是由民间社会之外的人们来完成的。如日本的能乐、韩国李氏王朝的宫廷祭祀等，都是由宫廷社会来传承的。它们虽非民间之物，但确是这些民族最宝贵的文化遗产。同理，中国历史上的宫廷音乐、古代官式建筑技术等，虽不是民间创造，也不在民间传承，但我们仍无法否认它们在中华遗产中所占地位。事实上，许多非物质文化遗产的保护与传承，都需凭借雄厚的经济实力，没有国家或宫廷的扶持，许多非物质文化遗产就不可能得到最为有效的传承。因此，判断一个传统文化事项能否成为非物质文化遗产，不是看该遗产传承人的出身或社会地位，而是看他究竟掌握有多少传统知识、技艺与技能。在联合国教科文组织《非物质文化遗产保护公约》中我们可以看到，联合国教科文组织并没有将非物质文化遗产传承人仅仅局限于“各地人民群众”，除“各地人民群众”之外，同时也包括了“某些个人”，理由即在于此。

此外，非物质文化遗产“必须以杰出传承人为依托”的另一层含义是，如果该传承人已经病故且后继无人，或是该传承人已经无力传承，或是该遗产项目原本就没有指定过特定的传承人或传承人群，那么，该项目完全可以以不再具有活态传承属性而予以除名。

二、从传承时限看，非物质文化遗产必须具有百年以上的历史

活态传承是非物质文化遗产的典型特征，但这并不意味着活在当下的所有文化事项——哪怕是非常优秀的文化事项——都能成为非物质文化遗产。如产生于 20 世纪 50 年代的户县农民画、产生于 20 世纪 70 年代的金山农民画，都因产生时间不足百年而无法认定为非物质文化遗产。

其实，在非物质文化遗产遴选过程中，不仅中国，世界各国对非物质文化遗产在产生时间上，也都有着一定的时限上的要求。以日韩等国为例，这些国家虽然对非物质文化遗产的准入门槛不曾有过明确的时间上的限定，但历史最短者，一般也都在百年以上。这一标准的制定，对于绝大多数国家来说显然是比较合适的。

将我国非物质文化遗产准入门槛限定在百年以上，主要有两个原因：一是清末民初是中国历史上传统手工技艺、传统戏曲曲艺等传统文化发展的一个高峰期，将这一时期产生并流传至今的优秀遗产钩沉出来，对于非物质文化遗产保护工作而言，无疑会起到事半功倍的作用。二是距今百年时，西方文化开始大举进入我国，此后再产生的各种新型文化——无论是民居建筑技术、饮食制作技术，还是服装制作技术，大多带有明显的“东西合璧”的特征。所以，要想保护好本国历史上形成的优秀传统，保护好本国优秀传统基因，就必须将我国非物质文化遗产的准入门槛限定在百年以上。当然，要求具有百年以上历史，也只是我们为非物质文化遗产遴选设下的一个最低标准。事实上，作为一个具有 5 000 多年文明史的文明古国，我们绝大多数非物质文化遗产项目，其历史通常都会远远超过百年——如我们的京剧至少有近 300 年的历史，昆曲至少有近 500 多年的历史，木版年画是宋代产生的，迄今至少有近千年的历史，风筝制作技艺是在春秋战国时期产生的，距今至少已有两千多年的历史。

“非物质文化遗产”的关键词是“遗产”。所谓“遗产”，当然是指财富的

创造者亡故后留给我们的财产。如果时间不足百年,财产的创造者还在,我们怎能将他赠予给我们的财富称之为“遗产”。由此不难看出,非物质文化遗产除了在传承形态、传承品质、传承范围等方面有着明确的要求,在时限上也有明确的要求——至少要有百年以上的历史。时间不足百年者,不能称之为“遗产”。

有人说,我也会雕刻,雕的铁臂阿童木、樱桃小丸子栩栩如生,为什么就不能申报非物质文化遗产?理由很简单:这些人物形象是当代人刚刚创作出来的,是“现产”,而不是“遗产”,因为我们的老祖宗并没有创作、雕刻过这类艺术形象。“遗产”与“现产”的最大区别是:“遗产”是祖先留给我们的,而“现产”是当代人创造的。“现产”可以随时创造,而“遗产”只能是祖先留多少,我们继承多少。从这个角度来说,“遗产”是唯一的、不可再生的。

在此需要特别强调的是,我们所说的“遗产”,并不是特指“某类”事物,而是特指“某个”事物。如以前我们在遴选非物质文化遗产项目时,常常以某类事物是否具有百年以上的历史作为准入标准,于是,京剧、相声都因在产生时限上远远超过百年而进入非物质文化遗产代表作名录。但当我们细细分析具体的入选项目时,才注意到虽然有些入选项目从类型上说已具有百年以上的历史,但仅就具体作品而言,又都远没有达到“百年”这一准入门槛。从这个角度来说,不但我们今天创作出的京剧、相声段子不是遗产,打着非遗创意名义的文化创意作品不是“遗产”,就是那些已经产生了几十年的京剧、相声、手工艺品,只要时间不足百年,同样不能被认定为非物质文化遗产。

三、从传承形态看,非物质文化遗产必须以活态形式传承至今

那些历史上确实存在,但随着时光流逝已经消亡了的传统文化,即使再优秀,也不能认定为非物质文化遗产。

活态传承是非物质文化遗产的本质特征。对于非物质文化遗产而言,只满足时限与品质上的要求尚远远不够,还必须满足传承形态上的要求——以活态的形式传承至今。这也是判断一个传统文化事项是不是非物质文化遗产的重要标志。譬如,如果还有人以传统的方式原汁原味地讲述满族说部,那

么，满族说部就是非物质文化遗产，但是，如果不再有人能以原有的方式讲述满族说部，那么，满族说部将不再是非物质文化遗产。因为作为一种活态传承，它的生命已经终结。以此类推，泰山封禅、天坛祭天等都因未能以活态的形式传承至今，故无法被认定为非物质文化遗产。

四、从原生程度看，非物质文化遗产必须原汁原味传承至今

非物质文化遗产保护工程所保护的是原生文化，而不是经过人为改编改造过的次生文化。所以，那些已经被改编或改造过的传统文化事项，即或被改造得再时髦、再好看、再有市场，也不能被认定为非物质文化遗产。

强调原汁原味，是因为人们非常看重非物质文化遗产的历史认识价值。非物质文化遗产尽管活在当下，但它确确实实是我们的祖先在历史上创造并传承下来的。由于其本身就是历史的一部分，因而非物质文化遗产的最大价值，就是它的历史认识价值。通过它，我们不但可以了解古代的工艺技术、表演艺术，还可以了解古代的岁时风俗、节庆节令。与物质文化遗产有所不同的是，它的历史认识价值是以活态传承的形式呈现给我们的，而物质文化遗产的历史认识价值则是以固态的形式呈现给我们的。物质文化遗产不能改，非物质文化遗产当然也不能改。

其实，任何事物都在变化。但变化所赋予它们的意义并不相同。对于绝大多数事物而言，变化意味着进步，意味着价值的提升；但对于文化遗产而言，变化则意味着退步，意味着价值的衰减。因为作为活态遗产的非物质文化遗产，虽然活在当下，但它的真正价值仍是它的历史认识价值。出于认识历史的需要，当然是保留下来的历史信息、文化信息、艺术信息、社会信息越多越好。如果我们无视上述信息的历史认识价值而任人改造，非物质文化遗产就会因上述信息的大量丢失而不再具有重要历史认识价值。“非物质文化遗产”也就完成了它作为“遗产”的使命。由此不难看出，我们保护非物质文化遗产的最终目的不是让它“变”，而是让它“不变”。只有“不变”，才有价值。

五、从传承品质看，非物质文化遗产必须具有重要价值

作为非物质文化遗产项目，必须具有重要的历史认识价值、艺术价值、科

学价值、社会价值和基因传递价值，没有上述重要价值者，不能认定为非物质文化遗产。

有人认为，所谓的“非物质文化遗产”就是传统文化。这种理解既不全面，也不准确。非物质文化遗产肯定是传统文化，因为它的历史已远远超过百年。但并不是所有的传统文化都是非物质文化遗产。它们的区别在于：所谓的“非物质文化遗产”，乃是经过“价值”衡量之后的传统文化。这个“价值”，就是非物质文化遗产的历史认识价值、艺术价值、科学价值和社会价值和基因传递价值。没有上述“价值”，就没有理由列入非物质文化遗产代表作名录。从这个角度来说，是不是一个民族最优秀的传统文化精华，应该成为衡量一个传统文化事项能否成为非物质文化遗产的重要尺度。

六、从传承范围看，非物质文化遗产只存在于七大领域

从传承范畴看，所谓的“非物质文化遗产”，并不是指所有的传统文化，而是特指其中优秀的民间文学、表演艺术、传统工艺美术、传统工艺技术、传统仪式、传统节日以及传统农业技术类传统文化事项。除此之外，即或隶属传统文化——哪怕是杰出的艺术家创作、著名的政治家主张，也都不能认定为非物质文化遗产。对非物质文化遗产实施范围上的限定原因有二：一是这七大领域中的传统知识与技能多以活态形式传承至今，将它们划入非物质文化遗产保护范畴，有利于今后的统一管理；二是这七大领域确实是非物质文化遗产这座“金矿”的“矿脉”所在，从这里更容易发掘出一个民族更优秀的传统文化遗产。

在这个评价体系中，学术界对该遗产的价值评估固然重要，但更重要的，还是要看当地社会的普遍认同。一个不被当地社会视为当地地域标志性文化的传统文化事项，是不能成为非物质文化遗产的。为确保非物质文化遗产申报质量，2003 年联合国教科文组织在《非物质文化遗产保护公约》中，还特别强调了非物质文化遗产的普遍意义。这是因为我们选定非物质文化遗产的最终目的，是为人类创造新文化、新艺术、新科学、新技术，保留下更多的基因与种源。如果所选项目因地域条件等因素不宜推广，无疑也就削弱了保护该遗产的意义，对于这类项目我们应极力避免。

第三节 非物质文化遗产概念的辨析

就像哲学问题一定要从“什么是物质”讲起一样，非物质文化遗产学也需要从“什么是非物质文化遗产”讲起。这是这门学科的逻辑起点。如果在这个逻辑起点上出了问题，我们就会像小孩给自己系扣子，第一个错了，接下来将一错到底。那么，非物质文化遗产在概念的界定上，到底容易出现哪些问题呢？

一、对非物质文化遗产缺少本质上的限定

如上所述，我们所说的“非物质文化遗产”，是指人类在历史上创造，并以活态方式原汁原味传承至今，具有各种重要价值的、足以代表一方文化且具有普遍意义的表演艺术类、工艺技术类、节日仪式类以及农业技术类传统文化事项。

非物质文化遗产的本质特征是它的“非物质”性。它是一种既“看不见”也“摸不着”的“技术”“技艺”与“经验”，是我们的祖先们对自己生产经验与生活经验的高度总结，具有重要的认识价值和借鉴价值。而那些“看得见”“摸得着”的各种“工具”“实物”“制成品”，即或对保护、传承非物质文化遗产具有重要帮助，也不应视为非物质文化遗产。如官式建筑营造技艺是非物质文化遗产，但它的制成品——宫廷建筑尽管重要，也不应纳入《名录》。也就是说，非物质文化遗产不是秦砖汉瓦，而是秦砖汉瓦的烧制技术；非物质文化遗产不是故宫、长城，而是故宫、长城的建造技术。但令人遗憾的是，在当今的非物质文化遗产保护领域，很多人将“在讲述、表演、实施这些技艺与技能过程中使用的各种工具、实物、制成品”也都当成了非物质文化遗产，给日后的非物质文化遗产保护带来诸多麻烦。譬如，当人们将米雕、核雕等小件物品当成非物质文化遗产时，也许人们并不介意，但既然承认了米雕、核雕，就得承认剪纸、泥塑；承认了剪纸、泥塑，就得承认石雕、砖雕；承认了石雕、砖雕，就得承认成片的四合院、巍峨的故宫。可连连片的四合院、巍峨的故宫这样的庞然大物都成了“非物质文化遗产”，那么，还有什么是物质文化遗产呢？可见，在非物质文化遗产概念界定过程中，是不能掺杂有任何物质文化遗产成分的，否则就会造成非物质文化遗产与物质文化遗产概念上的

混淆。

那么,这是不是说在现实生活中,物质文化遗产与非物质文化遗产就是两种截然不同的事物?回答同样是否定的。我们认为:物质文化遗产与非物质文化遗产不是截然不同的两种事物,而是一个事物的两个方面,即任何文化遗产——大到古建筑物,小到饔匙,都是由“物质”(古建筑物、饔匙等)的一面与“非物质”(古建筑物、饔匙等的建造、制作技术)的一面共同构成的。它们就像是一个人的肉体与精神一样,相互依凭,难解难分。所谓“物质文化遗产”,就是指艺人表演给我们看的各种节目,或是匠人制作出的各种成品;而所谓“非物质文化遗产”,则是指那些深存于艺人或匠人头脑中的,用于表演或是制作某种物品的技能与技艺。任何一种物质文化遗产,都具有“非物质”的一面,而任何非物质文化遗产,也都具有“物质”的一面。纯而又纯的“物质文化遗产”或是“非物质文化遗产”,在现实生活中是根本不存在的。“非物质文化遗产也有物质性,要把非物质文化遗产的非物质性和物质性结合在一起。物质性就是文象,非物质性就是文脉。人之文明,无文象不生,无文脉不传。无文象无体,无文脉无魂。文化文化,文而化之,化而文之,两者要很好地结合起来。人类文明只有代代相传,才能不断丰富发展;只有相互交流,才能文物化成”。[1]在日常生活中,我们将文化遗产解构为“物质文化遗产”与“非物质文化遗产”,只是出于研究上的方便,而不是说文化遗产本身就是以这样两种完全不同的状态同时存在,更不能以此为依据,简单地将文化遗产割裂成物质文化遗产与非物质文化遗产,并孤立看待。

正因为物质文化遗产与非物质文化遗产具有千丝万缕的联系,所以,我们完全可以通过收藏实物的方式、[2]多媒体展演的方式[3]以及书面化的方

---

1 《光明日报》2007年6月10日。

2 这种保护方式的最大特点是记录方式的直观性与客观性、真实性与不可替代性。它的另一个长处是便于展示,而展示又是非物质文化遗产实现其自身价值的最为有效的手段。当然,征集到这些实物后,对它们的保护,也开始由原来的对非物质文化遗产的活态保护,转变为对物质文化遗产的静态保护。无论是对民间绘画、镂刻、织艺、编艺、刺绣、挑花、印染、彩扎的保护,还是对雕塑、陶艺、磁艺、金属工艺品的保护,莫不如此。

3 如利用多媒体技术记录非物质文化遗产,将流动的技术与技能固定在多媒体芯片中,也是物质文化遗产“物质化”保护的重要方式。这种记录方式在记录讲述、表演、节日、仪式、传统工艺等非物质文化遗产表现形式时非常有效。因为讲述、表演、节日、仪式、传统工艺等,除道具、行头及布景外,并无多少“实物”可言。它的真正精华的部分并不在于那几件简单的道具与行头,而是表演或制作的整个过程。对于这部分技艺,没有全程不间断的录像是无法记录下来的。

式[1]等，将“看不见”“摸不着”的非物质文化遗产记录并保护下来。

但需要特别指出的是，尽管我们不反对对非物质文化遗产实施“物质化”保护，但作为非物质文化遗产保护工作者，我们必须明白：对非物质文化遗产实施保护，说到底必须以活态保护为前提。评价一个非物质文化遗产代表作是否还在有效传承的一个基本标志，不是看它被记录下来多少，收藏起来多少，录制下来多少，而是看它的传统技艺与技能、知识与经验以活态的方式传承下来多少。这正像我们评价埃及远古文明是否已经断流，所依凭的不是埃及还保留了多少金字塔或是神庙，而是看埃及是否还有人掌握着金字塔或是各种神庙的建造技术。如果上述技术已经失传，哪怕各种金字塔或是神庙保留得再多再多，也无法证明该文化没有断流。因为我们所说文化的断流，不是指物质文化遗产还有没有，而是指非物质文化遗产的那些传统技术与技艺是否已经断流。

二、对非物质文化遗产缺少时限上的限定

从传承时限看，非物质文化遗产通常都必须具有悠久历史，时间不足百年者，不能认定为非物质文化遗产。但在非物质文化遗产遴选过程中，总有一些人有意无意中忽略了非物质文化遗产在“时限”上的要求，而将那些不足百年的文化事项，甚至是当下刚刚崛起的文化产业，一并拉进非物质文化遗产代表作名录。这种将“现产”当“遗产”的做法，砍掉了非物质文化遗产最起码的准入门槛，混淆了祖先创造与今人创造的区别，混淆了非物质文化遗产与文化产业、文化创意产业的区别。这种做法的最终结果，便是导致非物质文化遗

1　以口述史学的方式，将艺人记忆中技艺、技能转化为“看得见”“摸得着”的纸媒文字，也可视为非物质文化遗产“物质化”保护的一种非常有效的方式。口述史学是指以访谈经历者来记录历史的一种田野调查方式。现代意义上的口述史学（Oral History）虽然只有短短的60多年历史，但对于这一方法的利用则古已有之。譬如我们今天所看到的《史记》《齐民要术》等古籍经典，有很多细节便来自当时的口述史料。例如《齐民要术》作者贾思勰在《齐民要术·自序》中就这样写道：本书“采捃经传，爰及歌谣，询之老成，验之行事”，然后写就。这就说明他在撰写《齐民要术》的过程中也同样采取了口述史学的办法。用口述史学的方式记录非物质文化遗产传承人的生活史，在国外颇为流行。通过对民间艺人生活史的记录，不但可以使我们知道一种文化遗产的传承方式、制作方式，同时还可以使我们通过深入细致的调查，更加深刻地了解到作为一个普通百姓的生活实情，他们的喜怒哀乐，他们的人生观、价值观以及他们对文化遗产的看法。口述史记录是在既定学术架构下进行的一种学术活动，调查者完全可以在不受任何限制的情况下，寻求各种文化解读。换一句话说，你想知道什么，就能知道什么。这种主动出击的采集方式，可以使你所记录的遗产信息更加全面、丰富、科学，也更加富有人情味。

产的“泛化”，在我们热衷保护今人创造的过程中，使祖先创造并留给我们的非物质文化遗产在我们手中彻底消失。

三、对非物质文化遗产缺少形态上的限定

非物质文化遗产的最大特点是它的“活态”性。即所谓的非物质文化遗产，一定是以活态的形式原汁原味传承至今者。那些历史上确实存在，但后来因种种原因已经消失消亡了的传统文化事项，哪怕具有非常重要的历史认识价值也不能认定为非物质文化遗产。从这个角度来说，天坛祭天、地坛祭地、月坛祭月、日坛祭日这些早已消亡了的传统文化事项，尽管通过文献、实物与想象也能恢复出几分传统仪式的原有“样貌”，但离历史的真实仍有相当差距，因此，同样不能认定为非物质文化遗产。

四、对非物质文化遗产缺少原生程度上的限定

非物质文化遗产的最大价值是它的历史认识价值，是我们认识历史、了解祖先文明的重要窗口。传承人的任务就是将祖先留给我们的这笔遗产一要原汁原味地继承下来，二要原汁原味地传承下去。在传承过程中，如果我们对它进行了改动，非物质文化遗产就会因原有信息的缺失而变得毫无价值。但在联合国教科文组织定义以及由此而产生的种种非物质文化遗产定义中几乎都忽略了这一点，这便给后来出现的无视非物质文化遗产原真性而对非物质文化遗产实施的大规模改编改造埋下了伏笔。

五、对非物质文化遗产缺少品质上的限定

有人认为，所谓非物质文化遗产就是传统文化。细细想来，这种说法是否过于简单和粗暴？如果我们真的只从时限，而不从品质角度出发，那么，抽大烟、裹小脚、典妻、纳妾岂不都可申报非物质文化遗产？可见，这种评价尺度是有问题的。另外，保护非物质文化遗产与保护物质文化遗产仍有很大区别。物质文化遗产的认定，只要真实，只要具有重要的历史认识价值、艺术价值、文化价值或科学价值，都可以申报物质文化遗产名录，但非物质文化遗产不同。非物质文化遗产的最大特点是它的活态性，如果我们良莠不分地将抽大烟、裹小脚、典妻、纳妾都评为非物质文化遗产，并让它以活态传承下来，整

个社会岂不因这些恶俗的横行而裹足不前。所以，选择什么样的传统文化当作我们的遗产，应该是个关系到大是大非的大问题。

六、对非物质文化遗产缺少范围上的限定

从传承范畴看，非物质文化遗产主要分布在民间文学、表演艺术、传统工艺美术、传统工艺技术、传统节日、传统仪式和传统农业技术等七大领域。而除此之外的传统文化——如中国四大古典名著、名人家谱、传统孝道思想，甚至包括某些政治名人的思想精髓与政治主张，尽管也具有重要的历史认识价值，同样不能认定为非物质文化遗产。

思考题

1. 被认定为非物质文化遗产需要具备哪些条件？
2. 在定义非物质文化遗产时容易出现哪些问题？

第二章 非物质文化遗产分类

第一节 非物质文化遗产分类原则

对非物质文化遗产实施科学分类是一件很难的事情。要想做到“科学”，不但要考虑到分类学本身的要求，同时也要考虑到非物质文化遗产自身的分布规律与传承规律。目前，世界各国对非物质文化遗产所进行的分类体系建设，基本是自说自话，互不兼容。而这些错综复杂、互不兼容的分类体系，也将给世界各国非物质文化遗产间的信息交流与资源共享，特别是给各国非物质文化遗产的建档、查询、交换、交流带来重重困难，甚至会影响到各国非物质文化遗产保护工作的顺利进行。因此，为非物质文化遗产制定出一个科学而合理的分类体系，不但必要，而且及时。

那么，以什么样的标准打造的非物质文化遗产分类体系才称得上“科学”呢？我们认为，一个科学的非物质文化遗产分类体系至少应满足以下六方面需求：

一、包容原则

所谓“包容”，包括两方面内容：一是作为一个科学的国际性的非物质文化遗产分类体系，应该适应所有国家的非物质文化遗产蕴藏情况。这就要求我们在设计非物质文化遗产分类体系时，充分考虑到各国、各地区非物质文化遗产的同一性与差异性，尽量找到各国非物质文化遗产类别划分中的“最大公约数”，使我们的分类体系能够获得更广泛的接受。而目前我们的分类尚缺少这种包容，需要进行进一步的补充和完善。二是一个科学的非物质文化遗产分类，应涵盖非物质文化遗产的所有内容。但就是这样一个看似简单的要求，迄今为止，在许多国家的分类体系中，都没有得到应有的体现。如在许多国家的分类体系中，都没有有意识地将与农林牧副渔各业有关的传统生产知识，全面而系统地纳入非物质文化遗产保护中来(这一点联合国教科文组织考虑到了)。这种涵盖范围上的残缺性，将直接影响到人类对于非物质文化遗产的全面认识和系统保护。

二、对等原则

无论是何种分类体系，各类别间都应该呈现出明显的“平级关系”。在非物质文化遗产分类体系中，“民间文学”“表演艺术”“传统工艺技术”“传统节日”“传统仪式”以及“传统农业技术”，基本上都属于同一级别的“平级关系”。但如果将“传统表演艺术”下属的“传统音乐”“传统舞蹈”与“民间文学”相并列，或是将涵盖面更广的“传统文化”“民俗”与“民间文学”相并列，其结果必然会因逻辑上的混乱而使分类变得不再严谨。

三、唯一原则

分类要求各类别间必须保持严格的平行关系，即一个遗产项目根据该分类法则，只能放到一个类别中。如果一个遗产项目既可放到 A 类别中，也可放到 B 类别中，则说明该分类体系在界限的划定上存在严重问题。但即使是这样一个基本要求，我们迄今仍无法做到。如在我们的考察中，一个传统节日食品在不同县市的遗产名录中，居然被分别放置在“传统工艺”“民俗”“美术”等完全不同的类别中，同样一个民间歌舞，有的放到“民歌”，也有的放到“民间舞蹈”中。这种因界定不严而导致的分类问题，很容易使统计失去其应有的意义。

四、均等原则

在科学的分类体系中，各类别的含量应大致相近或相等，如果各类别含量相差悬殊，分类同样会出现问题。在目前的分类体系中，各类别间的项目数量相差悬殊，有的达 1∶12，有的甚至高达 1∶30 之多，从而使分类失去意义。据我们调查，一些数量极少的非遗项目——如传统美术、传统医药等，完全可以通过合并同类项的方式纳入其他类别,使分类变得更加简单、直观和明了。

五、统一原则

科学分类的标志之一是分类标准的统一。是按“内容”分,还是按“形式”分,必须在分类之初做出明确判断。当前世界各国的非物质文化遗产分类基本上是按性质分的,于是有了“民间文学”“表演艺术”“传统工艺技术”等。其标准是统一的。但如果在这个分类体系中夹杂了“文化空间”这类“非标”类别,就会造成申报时的“一项两投”(如传统庙会既可放置在“民俗”中,也可放置在“文化空间”中),从而给今后的非物质文化遗产数据统计与信息管理以及数据库建设工作带来意想不到的问题。

坦率地说,目前国内外各非物质文化遗产分类体系几乎都很难满足上述必备条件,与我们理想中的“科学分类”均有相当差距。由于这项工作将会直接关系到目前各国各地正在进行的非物质文化遗产数据库建设,分类不科学将会直接影响到今后世界各国各地区间非物质文化遗产数据资源的交流与共享,所以,解决这个问题宜早不宜迟。

第二节 非物质文化遗产“七分法”的提出

非物质文化遗产“七分法”是指将非物质文化遗产分为七个大类的分类方法。该分类法的最大特点是:

首先,它可以涵盖非物质文化遗产的所有内容。通过寻找世界各国非物质文化遗产的最大公约数,解决世界各国非物质文化遗产分类体系互不兼容的问题,使世界各国非物质文化遗产的信息交流与全球共享成为可能。

其次,它可以确保同级分类中各类别间所具有的是平级、对等关系,从而最大限度地解决传统分类体系中各类别间等级不一、相互重叠的问题。

其三,该分类体系解决了各类别间遗产数目相差悬殊的问题,从而确保了该分类体系的学术规范性和可操作性。

其四,由于分类标准统一,从而避免了归类的随意性和一档多投问题。

非物质文化遗产“七分法”的具体分类如下:

一、民间文学类遗产

民间文学类非物质文化遗产泛指历史上产生并以活态形式原汁原味传承至今的流传于民间社会的口头文学作品。由于它产生在民间，故称“民间文学”，由于它主要以口耳相传的方式传承于民间社会，故又称“口头文学”“口碑文学”。它包括：散文体民间文学，如神话、传说、故事、寓言、笑话等；韵文体民间文学，如歌谣、谚语等。民间文学是民间社会记录自身历史，展示自身文学才能，表达自身世界观、人生观、价值观的重要手段，具有非常重要的历史认识价值、文学价值和社会价值。

二、表演艺术类遗产

表演艺术类遗产泛指人类在历史上创造，并以活态形式原汁原味传承至今的各种表演艺术形式。传统表演艺术主要是通过唱腔、动作、台词等表现形式表达内心世界的。具体表现形式包括说唱、戏剧、歌舞、音乐以及体育游艺杂技等。这类遗产是人类认识自身历史、自身艺术与自身文化的重要手段，具有重要的历史认识价值、艺术价值、文化价值与社会价值。

三、传统工艺美术类遗产

传统工艺美术类遗产是指在人类在历史上创造并以活态形式原汁原味流传至今的传统工艺美术与技能。传统工艺美术所含范围非常广泛，传统绘画工艺、传统镂刻工艺、传统织造工艺、传统刺绣挑花工艺、传统印染工艺、传统彩扎工艺、传统雕塑工艺、传统陶瓷制作工艺、传统金属制作工艺、传统髹漆工艺、传统文物修复技术等，都属传统工艺美术范畴。传统工艺美术具有两个最明显的特征：一是它的专业性，即这类遗产通常都是由专业性很强的艺人或匠人来传承，它的产品具有很强的专业性特点；二是它的审美性，即这类遗产通常都具有很强的艺术价值。这类遗产对于了解一个民族的传统审美情趣、工艺技术具有非常重要的参考价值。

四、传统工艺技术类遗产

传统工艺技术类遗产泛指人类在历史上创造并以活态形式原汁原味传

承至今的、与人们衣食住行等日常生活有关的生活知识、技术与经验。具体包括：传统服饰制作技艺、传统饮食烹调技艺、传统建筑营造技艺、传统交通设施与交通工具制造技艺以及与传统生活息息相关的传统医药学知识与技能等。总之，只要是来自生活实践的知识与技能，都可视为传统工艺技术类遗产。这类遗产对于认识各民族生活知识与实践具有重要的参考价值。

五、传统仪式类遗产

传统仪式类遗产泛指人类在历史上创造并以活态形式原汁原味传承至今的，具有重要历史认识价值、艺术价值、科学价值、社会价值以及基因传递价值的大型民俗活动。传统仪式类遗产依功能不同，又可分为“为解决人与人之关系而产生的仪式”和“为解决人与自然之关系而产生的仪式”两类。“为解决人与人之关系而产生的仪式”包括：祖先神祭祀仪式、英雄神祭祀仪式、行业神祭祀仪式、生育神祭祀仪式以及形形色色的人生仪礼等；“为解决人与自然之关系而产生的仪式”包括：天神祭祀仪式、日月星辰神祭祀仪式、山水神祭祀仪式，以及为祈求自然神而产生的各种各样的祭祀仪式。这类遗产传承稳定，不但可以为我们认识自身历史与文化提供更多参考，同时也可为建立人际关系和谐、自然环境友好的新型人类社会，提供重要帮助。

六、传统节日类遗产

传统节日类遗产泛指人类在历史上创造并以活态形式原汁原味传承至今的，具有重要历史认识价值、艺术价值、文化价值以及社会价值的传统节庆活动。依影响范围不同，传统节日类遗产又可分为全国性节日类遗产与民族性节日类遗产两大类。全国性节日遗产是指在全国各地都在过的传统节日。如寒食节、清明节、浴佛节、端午节、七夕节、中元节、中秋节、重阳节、寒衣节、冬至节、腊八、腊月二十三、除夕、春节、立春及元宵节等。民族性节日则是指某单一民族自己的传统节日。如壮族三月三、藏族雪顿节、傣族泼水节、彝族火把节、白族三月街等。这类遗产既是一个民族诸多传统的共同载体，也是一个民族优秀遗产的集中体现，所以，与其他遗产类型相比，这类遗产对于传承一个民族的优秀传统，增强一个民族的凝聚力、向心力，都是非常重要的。

七、传统农业技术类遗产

传统农业技术类遗产是指人类在历史上创造，并以活态形式原汁原味传承至今的、具有重要价值的传统农业生产技术及经验。广义的农业技术类遗产包括传统农业生产技术、林业营造技术、畜牧业养殖技术以及渔猎业水产及野生动物养殖与捕捞技术四个大类。

中国是个具有近万年农耕文明史的文明古国，在这漫长的发展过程中，人们积累下了丰富的农业生产知识与技能。虽历经沧海桑田，中国的传统农业生产方式已经发生了很大变化，但许多行之有效的传统农业生产技术，作为祖先留给我们的重要遗产仍被广大农人继承了下来，如两千年前就已经出现的坎儿井挖掘技术、桑基鱼塘鱼蚕共生技术，一千年前出现的梯田营造技术、垛田营造技术，都被原汁原味地继承了下来，有效地保障了中国农业的可持续发展。

第三节 非物质文化遗产“七分法”存在的问题与解决方案

非物质文化遗产“七分法”有它的长处，也有它的问题。这些问题主要表现在“传统节日”与“传统仪式”“传统工艺美术”与“传统工艺技术”在极个别的情况下难以界定。那么，如何才能解决上述两大难题呢？

一、“传统节日”与“传统仪式”的区分问题与解决方案

在同一个民族中，我们将在同一时间内共同举行的传统仪式活动统称为“传统节日”是不存在任何争议的。如端午节、重阳节等，都因为在同一时间内举行，所以我们统称之为“传统节日”。那些非全民性的仪式活动，如只关涉到某个人、某几个人或是某一群体的仪式性活动——如出生礼、婚礼、丧礼、祭典，我们统称之为“传统仪式”，也不存在任何问题。我们所说的容易引发争议的部分，是那些正在从大型仪式向传统节日转化过程中规模较大的传统仪式的归属问题。这些仪式在规模上已经接近传统节日，所以，有时很难界定它到底是传统仪式还是传统节日。也就是说，在如何区分处于临界状态

的、只有量变但尚未达到质变的遗产项目时，有时会让我们变得非常纠结。那么，如何界定这类遗产项目的属性呢？

传统节日与传统仪式的最大区别在于两个方面：一看规模是大是小，二看时间是否固定。当传统仪式在规模上已经足够大，那么，评判它是否已经成为传统节日的标准，显然只能看它在时间上是否已经固定。我们的区分原则是：在一个民族中（至少是一个民族），如果该遗产项目在时间上已经固定——都是在同一时间内举行的，该项目就是“传统节日”；如果在时间上有早有晚、有先有后，尚未完全固定，他们只是在各自的区域内以较小规模举行，即或是同质同名，认定为“传统仪式”似乎更为合适。

二、“传统工艺美术”与“传统工艺技术”类遗产的区分问题与解决方案

“传统工艺美术”与“传统工艺技术”因为横跨“粗活儿”与“细活儿”两大领域，我们很容易将它们区分开来。现在的问题是，由于服装制作、房屋建造、交通工具制作等“传统工艺技术”中也有部分“细活儿”，而这部分“准专业”性质的传统工艺技术，比较容易与“传统工艺美术”类遗产发生混淆，以致难以明确归类。

那么，如何区分这两类比较相近的遗产呢？通过观察我们注意到：首先，从遗产属性看，“传统工艺美术”类遗产的主要特征是它的“专业性”与“审美性”，而“传统工艺技术”类遗产的主要特征是它的“普及性”与“实用性”。其次，从传承主体看，“传统工艺美术”类遗产的所有者、传承者多是经验丰富的艺人、匠人，而“传统工艺技术”，特别是传统生活知识类遗产的所有者、传承者多是普通民众。尽管在传承人的评选过程中，我们也会从普通人群中评选出那些技艺高超的民间高手，但说到底他们绝不会是工艺美术大师，他们尚未达到“专业人士”的水平。

其实，在现实生活中，“传统工艺美术”类遗产与“传统工艺技术”类遗产的区分并不复杂：如世代居住在农村的农民，自己都会盖房子。所以，即或是盖房高手，他们至多也只能成为“传统工艺技术”类遗产传承人，他们所传承的项目，至多也只能是“传统工艺技术”类遗产。当房子盖好后，需要进行木雕、砖雕、石雕等各种各样的“精装修”时，人们只能从专营店中请来这方面

的专业高手，木雕、砖雕、石雕这些质地考究、制作精良，极富艺术价值与审美情趣的装饰装潢工作，只能由这些非常专业的老艺人、老匠人们来完成，而这正是我们所说的“传统工艺美术”类遗产。在现实生活中，要想区分“传统工艺美术”与“传统工艺技术”类遗产，事实上并不困难。

思考题

1. 非物质文化遗产分类要注意哪些原则？
2. 非物质文化遗产可分为几个大类？

第三章

非物质文化遗产价值以及影响价值评估的其他因素

非物质文化遗产是一个民族在历史上创造，并以活态形式原汁原味传承至今的一笔宝贵的精神财富。说它可贵，是因为它本身就是历史的一部分，具有不可多得的历史认识价值、艺术价值、科学价值和社会价值。是否具有上述价值，已经成为判定一个传统文化事项能否成为非物质文化遗产，能否进入非物质文化遗产代表作名录的重要尺度。正如众所周知的那样，进入非物质文化遗产代表作名录后，人们又会根据非物质文化遗产品质上的优秀度、时间上的跨越度、信息上的承载度、状态上的原生度、社会上的知名度、性格上的独特度以及存量上的濒危度，再将它们细分为不同等级的非物质文化遗产项目，并施以差别化管理和差别化保护。

第一节 非物质文化遗产价值

非物质文化遗产是传统文化，因为它至少已经具有了百年以上的历史。但并不是所有的传统文化都是非物质文化遗产，因为非物质文化遗产的进入有着很高的品质上的要求。非物质文化遗产与传统文化的最大区别在于：非物质文化遗产是经过价值衡量之后的传统文化。也就是说，我们竖起一根标杆，凡是超过这根标杆的，便是非物质文化遗产；凡是没有超过这根标杆的，就不是非物质文化遗产。而评价这些传统文化是不是达到非物质文化遗产的标杆，就是看这个传统文化是否具有重要的历史认识价值、艺术价值、科学价值、社会价值和基因传递价值。

一、历史认识价值

非物质文化遗产的历史认识价值是指非物质文化遗产在帮助人类认识自身历史过程中所呈现出来的独特价值。非物质文化遗产之所以能帮助我们认识历史，是因为非物质文化遗产本身就是在历史上产生的，就是历史的一部分。由于我们原汁原味地将它们保护了下来，所以，通过活在当下的非物质文化遗产，我们仍然可以感知到历史上的各种表演艺术、工艺技术以及节日仪式等的原有模样。从功能学的角度说，非物质文化遗产与典籍、文物一样，都可以帮助我们认识历史，都具有重要的历史认识价值。

（一）人类认识历史的三个阶段

从学科角度看，人类认识自身的历史大致经历过通过典籍认识历史、通过文物认识历史和通过非物质文化遗产认识历史这样三个不同发展阶段。

1. 第1阶段：通过典籍认识历史

人类对历史的认识最早是从典籍开始的。特别是在中国这样一个典籍史料汗牛充栋的古老国家，通过典籍认识历史，显然是一条非常便捷的途径。譬如，要想了解汉代兴衰，我们可以看看《史记》《汉书》；要想了解唐代兴替，我们可以看看《新唐书》《旧唐书》。但典籍治史也有它的问题——这其中最大的问题，就是史书自身所固有的局限性——它们所记载的历史，多半是一个朝代的政治史、经济史、军事史，而很少记录到一个朝代的文化，特别是这个朝代的底层文化史。如各地的服饰文化、饮食文化、居住文化等。

2. 第2阶段：通过文物认识历史

进入20世纪后，西方考古学、博物馆学渐次传入我国。这时的人们突然发现通过考古、文物也可认识历史。而且，由于这些文物都是来自地上或地下的第一手资料，它们本身就是历史的一部分，是历史上发生过的重要表演艺术、工艺技术、节日仪式的重要见证，甚至就是这些传统的本身，因而也就具有了重要的历史认识价值。不但直观，而且可靠。随着这条途径的发现，近代以来，特别是20世纪70年代以来，以考古资料为基本数据来源的学术成果层出不穷，充分展示文物在认识历史的过程中所呈现出的独特魅力。但后来人们发现，通过文物认识历史，同样存在问题：它所呈现出来的往往只是历史的一个凝固的瞬间，而那些具有历时性特征的文化现象——譬如戏曲、舞蹈、音乐等表演艺术的演出过程、精美工艺品的制作过程、过年过节的整个仪式过程,是很难通过静止的文物完整而系统地展现出来的。

3. 第3阶段:通过非物质文化遗产认识历史

随着非物质文化遗产保护热的兴起,人们突然发现,非物质文化遗产这个以“现在进行时”的状态呈现在我们身边的传统文化事项,居然也可以帮助我们认识历史。于是,人们找到了人类认识自身历史的第三条途径——通过非物质文化遗产认识历史。

非物质文化遗产在帮助我们认识自身历史的过程中,有着天然的优势,这便是它可以展现许多历时性文化事项的整个过程。例如,大家都知道唐代宫廷音乐十分有名,但唐末农民起义军一把大火,不但烧毁了辉煌的宫殿,曾经声名远扬的大唐宫廷音乐也随之消失得无影无踪,以至于后人在研究唐代宫廷音乐时都会十分犯难:靠典籍文献吧,记载得过于简单;靠文物吧,出土的乐俑又无法展现历时性表演艺术的整个过程。难道唐代宫廷音乐真的就无法复原了吗? 20世纪80年代的一次音乐普查,使唐代宫廷音乐的重现迎来了峰回路转的一天。这一年,几位从事民间音乐普查工作的同志,在陕西省周至县一个名叫“集贤镇”的地方,发现了一个十分有趣的现象——居住在这里的人们,无论男女老少,都能拉上一曲,唱上一段。看看他们的乐器,与现今使用的乐器有所不同;看看他们的曲谱,有些曲谱甚至与历史上广为流传的工尺谱亦有区别。他们演奏的到底是什么呢?经数天调查后他们得知,原来这些乡民演奏的,正是已经“消失”了上千年的唐代宫廷音乐。而这些演奏者不是别人,正是唐末农民起义军攻打长安城时,从宫廷里逃出来的宫廷乐女、艺人的后人。原来,唐末农民起义虽然断送了这些乐女、艺人往昔优雅的宫廷生活,但他们并没有因皇城的沦陷而葬身火海,而是趁着战乱,成群结队逃出宫廷,并将大唐的宫廷音乐带到了这个地方。这就是流传至今的西安鼓乐带给我们的历史认识价值,也是非物质文化遗产带给我们的历史认识价值。这些历史认识价值是典籍、文物永远无法带给我们的。

总之,非物质文化遗产可以增强当代人对传统文化的了解,可以使千百年传承下来的一个民族最为优秀的东西不为当代人遗忘。

在非物质文化遗产诸价值中,历史认识价值无疑是最重要的。但这并不意味着只要具有重要的历史认识价值就一定能成为非物质文化遗产。在这个问题上，非物质文化遗产与物质文化遗产还是有着明显的区别的。在物质文化遗产方面，无论该遗产所呈现给我们的影响是正面的，还是负面的，都可以作为文物受到保护。因为作为“已故”历史的一部分，我们在展示其历史认识价值的过程中，并不会给社会带来负面影响。但非物质文化遗产不同。非物质文化遗产是以活态的方式传承于民间社会的，它在为社会提供历史认识价值的同时，还会继续影响社会。所以，我们认定的非物质文化遗产，只能是正面的，不能是负面的。否则，我们的社会就会因为保护了抽大烟、裹小脚这类不该被保护的陋俗，而影响到社会的进步。

（二）非物质文化遗产具有怎样的历史认识价值

如果将非物质文化遗产的历史认识价值加以细化，就会发现它具有重要的证史价值、纠史价值和补史价值。

1. 证史价值

所谓“证史价值”，是指人类利用非物质文化遗产，来帮助我们印证往昔历史过程中所呈现出来的某种独特价值。例如，通过流传至今的傩戏，我们可知道远古傩戏的样子；通过钻木取火，就可知道远古人类钻木取火的样子；通过流传至今的版筑技术，就可以知道商代以来传统版筑技术的样子。如果没有非物质文化遗产的印证，我们眼中的历史就会变得苍白无力。

2. 纠史价值

所谓“纠史价值”，是指非物质文化遗产在纠正历史偏谬过程中所呈现出来的某种独特价值。人类自进入文字社会以来，一直都是以文字记录的方式来转述自己的历史的。但由于统治阶层对于文字的垄断，以及录史者本身的局限，史书与史实之间难免会出现较大差异。即或录史过程充满科学精神，人们在转述这些史料时，也难免会因转述者个人素质以及外部因素的干扰，而对史料进行某种程度的改动，从而造成历史文献的失实。在这个时候，我们就可以通过历史上传承下来的各种非物质文化遗产事项，纠正录史者的偏颇，还历史以本来面目。

3. 补史价值

所谓“补史价值”，是指非物质文化遗产在补充、丰富历史文献过程中所呈现出的某种独特价值。中国自春秋以来即形成一套完整的录史传统。一部二十四史，将中国数千年历史连续不断地记录了下来，这在世界上也不多见。但是，由于录史权主要掌握在统治阶级手中，流传至今的史料也主要以记录帝王史、政治史、经济史、军事史为主，而广大民间社会，特别是普通百姓的文化生活，很少得到记录，从而造成民间文化史记录的缺失。只要深入发掘，非物质文化遗产完全可以在历史重构，特别是在文化史重构过程中发挥重要作用。

总之，非物质文化遗产可以弥补官方史料的不足与遗漏，可以去掉伪饰，还历史一个更接近客观真实的本真面目。

二、艺术价值

非物质文化遗产的艺术价值，是指非物质文化遗产在帮助人类认识不同地域以及不同历史时期审美生成规律与演变规律过程中所呈现出来的独特价值。艺术价值不一定为所有非物质文化遗产所共有，但在通常情况下，绝大多数非物质文化遗产——如传统建筑艺术、绘画艺术、雕刻艺术、书法艺术，传统音乐、民间舞蹈、民间文学、民间说唱、传统戏曲等，几乎都是因为具有高超的艺术价值而被列入遗产名录[1]。一部人类文化遗产保护史也告诉我们，几乎所有国家对文化遗产的保护，都是从艺术品及其制作技艺开始的。艺术价值这一准入标准的设定，反映出人类社会对于美好世界的特别追求。作为最能代表人类审美水平的非物质文化遗产，理应受到各国政府的高度重视。

非物质文化遗产的艺术价值主要体现在两个方面：

一是非物质文化遗产可以帮助我们了解不同地域的审美特征。如通过秦腔、信天游我们可以知道到西北黄土高原传统唱腔的高亢嘹亮；通过越剧、昆曲可以知道东南沿海江浙地区表演艺术的矜持婉约。

二是非物质文化遗产可以帮助我们了解不同时代的审美特征。如通过传承至今的唐三彩制作技艺可以知道到远在一千多年前唐三彩是如何制作而成的；通过保留至今的客家山歌可以知道远在一千多年前中原山歌是怎样吟

1　在日本、韩国等非物质文化遗产保护先进国国家级项目评选过程中，绝大多数项目的入选，都与它们所具有的独特的艺术价值有关。而我国第一批 518 项国家级非物质文化遗产代表作中，至少有 420 项非物质文化遗产代表作的入选，与它们所特有的艺术价值有关。由此不难看出，艺术价值已经成为人们评判非物质文化遗产价值高低的重要标准。

唱的。

总之，非物质文化遗产在帮助我们了解人类社会在不同时空环境下审美观念的产生与变迁，具有非常重要的认识价值。

需要说明的是，我们所说的非物质文化遗产“艺术价值”，不是当代人的审美价值，而是古人眼中的“艺术价值”。透过它们，不但可以清晰地了解各个地域、各个时代的审美情趣，同时也可以了解当时当地科技发展水平和工艺加工水平。当前，许多传统表演艺术、传统工艺美术之所以被改造得面目全非，主要原因即在于当下的人们尚不了解非物质文化遗产保护的最终目的是为了保护好祖先在历史上创造出来的传统审美，最后只能用当代审美去改造传统审美，替换传统审美，从而给非物质文化遗产带来灾难性破坏。

三、科学价值

非物质文化遗产的科学价值，是指非物质文化遗产在帮助我们解读人类社会历史上所创各种科技成就过程中所呈现出来的独特价值。

在人类文明发展历程中，中华文明的发展一直处于世界前列。在中国古代的发明中，有相当部分都以活态的形式原汁原味地传承了下来。譬如医药方面的中医中药、蒙医蒙药、藏医藏药、维医维药，家具制作方面的苏作、京作、广作，雕刻技艺方面的木雕、竹雕、石雕、砖雕，建筑方面的香山帮传统建筑营造技艺、客家土楼营造技艺、侗族木构建筑营造技艺、苗寨吊脚楼营造技艺、北京四合院营造技艺、雁门民居营造技艺、官式古建筑营造技艺等，都有相当高的科技含量。但是，这一笔笔重要的民族财富，我们并没有很好地继承下来。以中药为例，在当今国际市场上，国产中药只占国际中药市场份额的 6%，而另外超过 90% 的份额，均被韩国、日本、新加坡等国占有。

在国际社会，包括联合国教科文组织及日韩等国，都十分重视对科技类遗产的保护和发掘，并将科学价值的有无，作为遴选此类非物质文化遗产的重要标准。在我国第一批 518 项国家级非物质文化遗产代表作中，与科技有关的遗产项目达 154 项，即占遗产总量的 30% 左右。随着人类对非物质文化遗产科学价值的不断发掘，科学技术类遗产所占比重也会越来越大。

四、社会价值

非物质文化遗产的社会价值，是指非物质文化遗产在推动社会发展、调节人际关系、构建和谐社会过程中所呈现出的某种特殊价值。该价值集中体现在以下四个方面：

第一，非物质文化遗产是一个民族传统文化的精华，是民族精神与传统美德的集中体现。它在增强民族自尊心、自信心，继承民族精神与传统美德等方面，一直发挥着重要作用。一个民族要想实现伟大复兴，就不能不到它的精神武库中搜寻利器，到传统文化中寻求答案。

第二，非物质文化遗产也是一个民族集体认同的产物。它的存在不但可以有效促进不同社会集团的文化认同，同时还是增强民族凝聚力、向心力的重要手段。从古至今，非物质文化遗产在整合族群关系、构建和谐社会的过程中，一直都在发挥重要作用。

第三，非物质文化遗产也是维系社会秩序、建立社会公德的重要基石。中国是世界四大文明古国之一，素有“礼仪之邦”的美称。在构建中华美德的过程中，以孔孟之道为代表的儒家思想确实发挥了重要作用。但同样不能小觑的是，各种各样的非物质文化遗产在这个过程中也发挥了重要作用。特别在社会底层，人们对仁义礼智信的理解和传播，基本上都上通过一张张剪纸、一幅幅年画、一座座雕塑、一首首民歌、一出出小戏来完成的。它们就像润物无声的春雨，滋润着人们的心房，并影响着中国人生活方式的方方面面。

第四，非物质文化遗产也是中国当代社会道德建设的重要源泉。非物质文化遗产是一个民族传统道德的重要载体。保护非物质文化遗产，不仅仅在于保护一种知识、技术或技能，同时也是在保护中华民族千百年传承下来的传统美德。保护好非物质文化遗产是中国当代精神文明建设的必由之路。

五、基因传递价值

无论是内容，还是形式，草根性都是非物质文化遗产的最大特点——它所代表的不是某个人的个人意愿、个人审美，而是整个民族乃至整个国家的共同意愿和共同审美，这也就使它具有了民族文化基因的特殊属性。保护非物质文化遗产，保护的正是这个民族历经千百年传承下来的最能代表这个民族个性的传统文化基因。

基因又叫“遗传因子”，是指生物体中可以记录并传递遗传信息的那个被称为“染色体”的特殊物质，其最大特点是它超稳定性的遗传属性。

非物质文化遗产是一个民族优秀基因的重要组成部分。该基因同样具有超稳定的遗传属性，即或在活态传承的情况下，仍能做到历经数百年乃至上千年都不会发生改变。由于它是以活态的形式原汁原味传承至今，所以又被称为人类文明史上的“活化石”。

生物基因凭借着“染色体”可以将上一代的生物属性稳定地遗传给下一代，而非物质文化遗产同样可以凭借着传承人这个“文化染色体”，让一国文明实现代际传承。与通过典籍、实物等实现的代际传承不同，非物质文化遗产传承人是通过一件又一件器物的制作，一首又一首山歌的演唱，以活态的形式实现代际传承的。非物质文化遗产就像一棵老榆树，尽管每年都生新绿，但作为老榆树的基因从未改变。人类在历史上创造出来的许多优秀基因，正是通过老艺人、老匠人、老歌手、老武师的手，一代接一代地传承下来的。

对传统文化基因保护应秉承两项原则：

一是要保护好本国最优秀的传统文化基因。无论是民族还是国家，它的发展都是在既有传统的基础上进行的。好的传统可以引导它走上康庄大道，坏的传统能使它误入歧途。因此，在保护一族文化基因之前，首先要对所保基因的优劣，做出明确的价值判断。评判基因优劣的标准不是时间早晚，而是看它是否真的代表了先进文化的前进方向。唐诗、宋词、元曲，代表了中国唐宋元三代文学艺术的最高水平，且各引风骚数百年，自然是中华民族历史上形成的最优秀的传统民族文化。同理，近一二十年来评选出的各级非物质文化遗产项目，同样代表了中华民族在历史上所创文明的最高水平，同样传承着中华民族最优秀的传统文化基因。所不同的是，非物质文化遗产更强调其自身的活态性。

二是要对中华传统文化基因实施整体保护。在非遗语境下，一提到文化基因，很多人都会认为那一定是特指该项目所蕴含的“核心思想”或是“核心技术”。其实不然。从生物遗传规律看，“基因”的遗传，会表现在生物体的方方面面。同理，作为一个优秀的非物质文化遗产项目，其“基因”的遗传也应该是全面而系统的。譬如一个发展全面的唐卡艺人，不仅要从师傅那把备料、备布、起稿、勾线、染色、勾边、开眼、装裱、矿物质颜料采集加工等方面的知识与技能全面而系统地继承下来，还应把绘制唐卡过程中的种种仪式与规矩甚至与之相关的信仰继承下来。心中无佛，是画不出真正的唐卡的。当然，作为一名合格的非物质文化遗产传承人，仅仅将上述知识与技能继承下来尚远远不够，还需要将这些知识与技能系统而全面地传授给自己的弟子，进而实现非物质文化遗产的全息传承。反之，如果我们将基因仅仅理解为非遗项目中的某些“核心思想”或是“核心技能”，我们就会因碎片化保护与碎片化传承，使我们所保护的非物质文化遗产项目变得支离破碎，面目全非。

第二节 影响非物质文化遗产价值评估的其他因素

在非物质文化遗产评估过程中，除应考虑到历史认识价值、艺术价值、科学价值、社会价值和基因传递价值对非物质文化遗产价值评估的影响外，还应充分考虑到非物质文化遗产品质上的优秀度、时间上的跨越度、状态上的原生度、社会上的知名度、性格上的独特度以及状态上的濒危度等因素对其价值评估的影响。这两套评估体系的建立，将会对进一步促进非物质文化遗产价值评估体系的科学化建设发挥重要作用。

一、非物质文化遗产价值与其品质上的优秀度有关

一个传统文化事项能否被纳入非物质文化遗产代表作名录，首先与其自身的优秀程度有关。有人认为，所谓非物质文化遗产，实际上就是我们通常所说的“传统文化”。对此，我们并不完全认同。非物质文化遗产肯定是“传统文化”，但这并不等于说所有的传统文化都是非物质文化遗产。非物质文化遗产与传统文化的最大区别在于：非物质文化遗产是经过价值衡量之后的传统文化。如天津的泥人、无锡的阿福、杨柳青的年画、蔚县的剪纸、东阳的木雕、环县的皮影、土家的西兰卡普、维吾尔的英吉沙、藏族的唐卡等，都因为代表了上述地区或是上述民族传统手工技艺最高水平，而成为当地的非物质文化遗产的。从这个角度看，不用说戕害中国妇女上千年之久的缠足习俗、败坏社会

风气的赌博习俗不能被纳入非物质文化遗产代表作名录，就是行酒猜拳、打麻将这类较为中性的传统文化事项，同样不能被纳入非物质文化遗产代表作名录。否则，我们实施的非物质文化遗产保护工程就会因保护对象的错位走向自己的反面。这已经不再是个简单的学理问题、定义问题，而是一个关涉到国家走向、民族命运的原则性问题，决不能掉以轻心。

二、非物质文化遗产价值与其时间上的跨越度有关

在普通人眼中，所有的“非物质文化遗产”，都是生活在我们身边的传统文化。很少有人能将其与悠久的历史联系在一起。即或有人认为它们是在历史上产生，也很少有人将它与某个特定时段联系在一起。其实，这里所说的“历史”并不是一个笼统的概念。准确地说，我们身边的每一个非物质文化遗产产生的时间都是不同的。譬如今天我们所看到的京剧产生于1840年，距今至少已有180多年的历史；昆曲产生于14—15世纪，距今至少已有500年以上的历史；年画产生于宋代，距今至少已有1 000多年的历史；风筝产生于春秋战国时期，距今至少已有2 000多年历史；而钻木取火技术产生于远古社会，距今至少也有近万年的历史。由于产生时间不同，历史跨度不同，它们的价值也会呈现出明显的不同。

非物质文化遗产价值往往与其所历年代的远近有关。通常，年代越久远也就越有价值。因为随着时光的流逝、自然的消磨、战火的洗礼、人类的遗忘、外来文化的冲击，与历史短暂的非物质文化遗产项目相比，这些历史悠久的非物质文化遗产事项很难原汁原味地存活下来。例如产自远古的钻木取火技术，迄今也不过只发现了两项；就是保留下来的原始烧陶技术也不过区区数家。可见，一个具有重要历史认识价值的非物质文化遗产项目，能够经历历史的洗礼而保存至今，实属不易。由于稀缺，价值自然飙升。故而，所历年代远近，也很容易成为考量一个非物质文化遗产项目是否具有重要价值的基本尺度。非物质文化遗产在历史认识价值、艺术价值、科学价值以及社会价值大致相同的情况下，历史越悠久就越容易优先进入非物质文化遗产保护名录。

三、非物质文化遗产价值与其信息上的承载度有关

非物质文化遗产的价值主要体现在历史、艺术、科技以及社会等几个方面。

但为什么有的非物质文化遗产项目就能进入国家级名录，而有的项目只能进入县级名录？其中一个很重要的原因，就是与遗产所承载的信息含量有关。我们所说的信息含量，主要包括信息的广度与信息的深度这样两个维度。

所谓信息的“广度”，是指信息所覆盖、影响的领域到底有多大。以已经列入国家级非物质文化遗产代表作名录的“除夕”为例。从规模看，这个节日只有短短的十几个小时，但就在这短短的十几个小时中，它却通过年夜饭与祭祖食品的制作，为我们保存或是传承下了内容最丰、品味最高的中国食品制作技术；通过贴门神、贴春联、挂春桃等一系列民俗活动，为我们保存或是传承下了丰富多彩的年画绘制技术、木版雕刻艺术以及书法艺术；通过跳傩舞、唱傩戏为我们保留下了最古老的传统表演艺术；通过放爆竹、烟花，为我们保留下了形形色色的古老的驱邪仪式和古老的烟花制作技术。更为重要的是通过上述仪式，还增进了人们对于家族、氏族、民族乃至文化的认同。正由于一个短短的除夕为我们保留下了如此之多的历史文化信息，所以自然有资格进入国家级非物质文化遗产代表作名录。

所谓信息的“深度”，是指这些信息在见证、推动本国本地区政治、经济、艺术、科技以及社会发展过程中发挥作用的影响度。可以说，它见证或推动过的历史事件、文化事件、艺术事件、科技事件、社会事件越大，它所起到的见证作用、推动作用也就越大，也就越具保护价值。对于火的认识、利用与掌握，是人类认识自然并利用自然的一次成功的尝试。火的使用，使人类制作熟食、架火取暖成为可能，同时，火的使用还有力地促进了陶瓷业、冶炼业的快速发展，以及以“刀耕火种”为基本模式的人类早期农业的形成。正因为钻木取火技术对人类文明的产生发展起到过如此重要的作用，所以，理应进入国家级非物质文化遗产代表作名录。

四、非物质文化遗产价值与其状态上的原生度有关

非物质文化遗产价值的高低，还与遗产的原生程度有关。那么，什么是“原生度”呢？所谓的“原生度”，是指非物质文化遗产在传世过程中保留原有状态的程度。一般而言，原生程度越高，遗产的价值也就越高；原生程度越低，遗产的价值也就越低。在非物质文化遗产保护工作中，许多国家都十分重视对本国遗产及其原生环境的保护，目的就是尽量保护好非物质文化遗产的

原生状态。

为什么非物质文化遗产价值会与它的原生程度呈现出明显的正相关?这是因为非物质文化遗产原生程度的高与低,直接决定了遗产项目历史认识价值的高与低。

身处原生状态的非物质文化遗产,是了解一个民族往昔历史、生活与文化的重要窗口。譬如只要客家山歌不变,我们便可知道一千多年前中原人的山歌唱法;只要造纸术不变,我们便可知道两千年前中国人创造的造纸的方法;只要钻木取火不变,我们便可知道一万年前人类是怎样发明了摩擦取火的技术。反之,如果我们置非物质文化遗产真实性于不顾,甚至忘记了非物质文化遗产保护的初衷,为了时尚与流行,将古老的造纸术改成了西洋造纸技术,将钻木取火改成了打火机,那么,保留在这些遗产上的宝贵的历史信息就会荡然无存。从这个角度来说,我们更应该像保护文物一样,保护好每一个身处原生状态的非物质文化遗产,而不是对它们进行随意的改编改造。

强调非物质文化遗产的原生性,一方面是因为它可以帮助我们还原一个真实的历史,另一方面还在于真实的非物质文化遗产,可以为我们创造新文学、新艺术、新科学、新技术,提供更多的参考。这种做法与动植物学家在培育新物种过程中,宁可去选择低产但具有原生性质的野生稻,而不会去选用高产的人工品种是一个道理。

为确保非物质文化遗产的原生性,韩国在选定国家级非物质文化遗产传承人时,明确要求传承者必须是能够原原本本领会或保存重要非物质文化遗产之技艺、技能,并能够原原本本地进行艺术表演或进行工艺制作的人。韩国的这种做法在国际上带有一定的普遍性。国际社会近半个世纪的遗产保护实践已经证明:非物质文化遗产的真正价值不在创新,而在保留。保留下来的传统文化、传统技艺、传统技能、传统知识越多,该遗产的价值也就越高;反之,价值也就越低。

总之,保存或是保留有多少传统文化基因,已经成为衡量非物质文化遗产项目及其传承人品质的基本尺度。

五、非物质文化遗产价值与其社会上的知名度有关

在国内外非物质文化遗产评选过程中,常常会看到这样一种现象:与默

默无闻的传统文化事项相比，那些具有较高社会知名度的传统文化事项，往往更容易受到社会青睐并进入非物质文化遗产代表作名录。也就是说，非物质文化遗产价值往往与其社会上的知名度有关。

非物质文化遗产知名度，主要表现在“影响深度”与“影响广度”两个方面。

所谓“影响深度”，指非物质文化遗产对社会生活的穿透度。例如，有些民间文学可能只是人们茶余饭后的谈资，博人一笑；有些民间文学则会涉及一个民族的历史，会影响到一个民族的审美习惯，有些甚至会影响到这个民族的世界观与价值观。例如藏族英雄史诗《格萨尔》，不但生动而形象地记录下了藏族的历史、宗教观念、道德准则、审美习惯，同时也记载下了这个民族传统的生活方式与生产方式、知识体系以及他们在文学艺术上的独特表达。两相比较，它们的影响深度显然不在一个层面上。像这样具有穿透力的传统文化事项，当然有权利进入该民族的非物质文化遗产代表作名录。

非物质文化遗产价值还常常与它的影响广度有关。有些非物质文化遗产的影响所及可能只是某一社区、某一县市或是某一方言圈；而有些非物质文化遗产事项可能会影响一个国家甚至是某一范围更大的文化圈，如汉语方言圈、英语方言圈、法语方言圈等。如我国传统节日春节、清明、端午、中秋，就已经波及我国绝大多数地区甚至汉文化圈内的许多国家。从理论上说，影响范围越大，遗产所具有的价值自然也就越大。

需要指出的是，尽管许多非物质文化遗产具有如此广泛的影响力，但在非物质文化遗产申报过程中，我们并不赞成抹杀个性的整体申报、打包申报或是以跨国或跨地区形式出现的联合申报。如果将春节或是端午节这样的大型节日作为一个整体打包申报，很容易将那些并不优秀的传统文化统统纳入遗产保护范畴，从而造成非物质文化遗产的“泛化”。同时，打包申报也很容易因照顾了遗产的共性而忽视了对遗产个性的保护，其结果必然会导致遗产的同化。这与以保护世界文化多样性与地域文化独特性为宗旨的非物质文化遗产保护运动来说显然是背道而驰的。

六、非物质文化遗产价值与其性格上的独特度有关

非物质文化遗产是一个民族千百年来积淀起来的文化精华。我们有责

任、有义务保护好这笔遗产。但在条件并不完备的今天，我们尚无能力对所有的非物质文化遗产实施全面保护。这就要求在关注优秀遗产的同时，优先考虑对那些独具特色的、不同类型的、最能代表各种文化基因的非物质文化遗产实施全面而周到的保护。从理论上说，同质基因即便保护再多，也只是保护了一种基因；而将各种基因都保护起来，才能确保人类文化基因的多样性。因此，是否具有其他遗产所不具有的独特基因与价值，应该成为评价非物质文化遗产保护工作的一个重要尺度。以刺绣为例，我们所强调的对刺绣艺术独特性的保护，就是苏绣像苏绣，湘绣像湘绣，蜀绣像蜀绣，粤绣像粤绣，而不是让它们在相互学习、取长补短的过程中，泯灭自己的独特性。这是传承人的责任，也是传承人的义务。

七、非物质文化遗产价值与其状态上的濒危度有关

在非物质文化遗产保护过程中，十分强调对珍稀乃至濒危品种的优先保护，并将这类存量有限、所剩不多的非物质文化遗产，统称为“濒危型非物质文化遗产”。2003 年，中国民间文艺家协会在启动中国民间文化遗产抢救工程时，率先将“濒危遗产”列入非物质文化遗产优先保护序列。在随后启动的中国民族民间文化保护工程中，原文化部提出了以抢救濒危遗产为首要任务的十六字方针。[1] 中国民间文艺家协会在《中国民间文化遗产抢救工程普查手册》中指出：“‘濒危优先’，是指某地区或某一种民间文化濒临消失，或者某一种民间艺术面临艺绝人亡，就要率先开始。比如民间作坊，在乡村城镇化的过程中正在迅速消亡。如果不在抢救前加上‘紧急’二字，就会转瞬即逝。所以，要把濒危的民间文化艺术列为抢救工作的首位”。[2]

为什么在非物质文化遗产保护过程中，一定要将濒危型遗产列为保护重点？这首先是由非物质文化遗产的传承特点决定的。与作者已经离世千百年之久的物质文化遗产不同，非物质文化遗产讲究的是活态传承。一项非物质文化遗产事项之所以能传承至今，很显然与该遗产传承人的努力有关。遗憾的是，随着近代以来西方文化的大举入侵，以及十年“文革浩劫”，加之传承人

1 “保护为主，抢救第一，合理利用，继承发展。”详见《中国民族民间文化保护工程实施方案》，《中国民族民间文化保护工程普查工作手册》，文化艺术出版社 2005 年版，第 189 页。

2 冯骥才主编：《中国民间文化遗产抢救工程普查手册》，高等教育出版社 2003 年版，第 9 页。

的自然老化，中国有许多非物质文化遗产已经濒临灭绝的边缘，如再不及时抢救，许多非常优秀的非物质文化遗产，就会随着这些民间老艺人的离世而彻底消失。所以，已经为数不多且已处危险状态的濒危型非物质文化遗产，理应受到优先保护。

思考题

1. 简述非物质文化遗产的基本价值。
2. 影响非物质文化遗产价值评估的主要因素是什么？
3. 为什么说非物质文化遗产价值与其状态上的原生度有关？
4. 为什么说非物质文化遗产价值与其性格上的独特度有关？
5. 为什么说非物质文化遗产价值与其状态上的濒危度有关？

第四章

非物质文化遗产保护方法、原则与评估标准

在非物质文化遗产传承过程中，有两个主体一直在发挥重要作用。其一是由民间艺人、匠人等组成的非物质文化遗产传承主体，其二是由政府、学界、商界、新闻媒体以及社团组织等组成的非物质文化遗产保护主体。如果说前者主要负责非物质文化遗产传承，那么，后者则主要负责非物质文化遗产保护。保护主体通过自己的努力，为非物质文化遗产的传承提供更多的方便和可能。

那么，作为非物质文化遗产保护主体的政府，应该采取哪些措施与方法来保护非物质文化遗产？在保护非物质文化遗产过程中，又应秉持怎样的原则？

第一节 非物质文化遗产保护方法

在非物质文化遗产保护过程中，政府一直发挥重要作用。没有政府的主导，一个国家的非物质文化遗产就很难得到全方位保护。由于所要保护的是民间文化，各级政府并不十分熟悉这项工作。在某些人看来，既然政府是保护主体，当然应该取代传承人，借用政府的力量将非物质文化遗产传承下去。但如果真这样做了，非物质文化遗产非但不会得到有效保护，原本原汁原味的非物质文化遗产，也会因外来力量的不当介入，而出现变色、走味的情况。这种教训在非物质文化遗产保护史上可谓屡见不鲜。

作为非物质文化遗产保护主体的政府，其工作重心不应是亲力亲为的“传承”，而是应集中精力为非物质文化遗产的传承做好“保护”工作。其具体职责应该包括如下几方面内容。

一、开展非物质文化遗产资源大普查

一个国家在非物质文化遗产保护工程启动之初的第一项工作,便是进行全国性的非物质文化遗产资源大普查。日本如此,韩国亦是如此。通过深入调查,对本国非物质文化遗产种类、数量、分布、生存环境、传承现状以及它们所存在的问题,进行一次拉网式的系统普查。

普查工作的第一步是普查手册的编写。这项工作将直接关系到普查工作的质量。通过拉网式普查,将各地遗产打捞上来,从而对本国的非物质文化遗产做到心中有数。以县级普查为例,我们的普查成果至少应包括以下几方面内容:

(一)重点摸清该县民间文学类遗产资源的分布情况。从体裁看,这里最重要的民间文学体裁是什么?是传说、故事,还是笑话?其次,从题材看,这里最重要的民间文学题材是什么?是泰山的系列传说,还是数目庞大的海洋故事?具体数量是多少?

(二)重点摸清该县表演艺术类遗产资源的分布情况。该县最典型的表演艺术品种是什么?是戏剧还是舞蹈?如果是戏剧,最重要的戏剧品种是皮影戏,还是木偶戏?如果是曲艺,到底是山东快书还是河南坠子?具体数量是多少?

(三)重点摸清该县工艺美术类遗产资源的分布情况。最典型的传统工艺美术品种到底是什么?是剪纸、年画?还是木雕、石雕,或是竹雕?具体数量是多少?

(四)重点摸清该县传统工艺技术类遗产的分布情况。最典型的、科技含量最高的,最具有可持续发展前景的工艺技术类遗产是什么?是当地最具特色的服饰制作知识,还是独具特色的食品加工技术?具体数量是多少?

(五)重点摸清该县最典型的传统仪式类遗产资源分布情况。看看该县最有名的仪式到底是祭山、祭天仪式,还是独具特色的人生礼仪?具体数量是多少?

(六)重点摸清该县最典型的传统节日类遗产资源的分布情况,特别是那些独具特色的、原汁原味、很少改变的地方性节日。如羌年、牯脏节等到底还有多少?

(七)重点摸清该县最典型的农业技术类遗产资源分布情况。看看该县最有名的传统农业技术是什么?是古老的水利灌溉、桑基鱼塘?还是名声远扬的渔猎技术?

从表面看，这个普查清单并不复杂，但真正调查清楚并不容易。比如传统生活知识，就包括衣、食、住、行以及中医药等各个方面。谈及饮食，又有主、副食之别。还有，该县的饮食特色又是什么？是各种泡菜的腌制技术，还是熏肉、腊肉以及腌肉的制作技术？如果不认真摸排，你就很难弄清家底。系统普查的最终目标是让我们摸清“家底”，从而为今后的认定、传承与保护，提供第一手资料。

二、建立非物质文化遗产名录体系

将本国非物质文化遗产划分为若干等级，并对其实施差别化保护，是世界各国的通行做法。

在非物质文化遗产代表作名录建立之前，必须建立一套行之有效的非物质文化遗产评估体系。这套体系通常由定性分析与定量分析两部分组成。前者用以判定什么是非物质文化遗产，什么不是非物质文化遗产；而后者主要根据非物质文化遗产的优秀程度、原生程度、濒危程度，以及时间上的跨越度、性格上的独特度等，为非物质文化遗产进行定量分析。目前我国实施的是四级名录体系，就是根据上述指标，将我国的非物质文化遗产分为国家级非物质文化遗产、省级非物质文化遗产、市级非物质文化遗产以及县级非物质文化遗产四个等级的。

从管理层面看，国家级非物质文化遗产需由中央政府注册，省（自治区、直辖市）级遗产需由省区市人民政府注册，市级遗产需由市级人民政府注册，县级遗产则需由县级人民政府注册。但无论哪级遗产，均实施遗产所在地的“属地管理”，具体工作交由当地人民政府负责。按国际惯例，上一级遗产需从下一级遗产中选出，不得越级申报。非物质文化遗产代表作名录的公布，标志着一个国家的非物质文化遗产名录体系已经形成，说明一个国家的非物质文化遗产保护工作已经进入体系化、科学化的保护阶段。

需要指出的是，与“看得见”“摸得着”的物质文化遗产不同，非物质文化遗产常常是以“看不见”“摸不着”的传统技术或技艺的形式呈现在我们面前的，而掌握这些技术与技艺的人水平又会参差不齐，这便给我们的认定工作带来很大的不确定性。为避免非物质文化遗产“滥指定”行为的发生，各国政府在指定这些非物质文化遗产项目时，都会将遗产项目和与之有关的最优秀的传承人捆绑在一起，并予以同时指定。这便是非物质文化遗产所特有的

“双指定”模式。这种指定模式告诉我们：一个项目一旦被认定为某级非物质文化遗产项目，也意味着该项目所绑定的那位传承人，同时也就成了该项目的非物质文化遗产传承人。双指定模式的推出，一方面确保了指定项目的唯一性，同时也明确了该项目传承人的责任和义务。

三、建立文化生态保护区

为体现非物质文化遗产整体保护原则，一些国家多以建立“传统文化之乡”“传统艺术之乡”“文化生态博物馆”等名义，建立各种文化生态保护区。建立文化生态保护区的初衷，是通过对某一地域自然环境、人文环境、物质文化遗产与非物质文化遗产的整体保护，使该地区的优秀传统得以延续。

建立文化生态保护区的理论基础，是非物质文化遗产保护中的整体保护原则。所不同的是，这一理论要求我们不但要注意非物质文化遗产各“物种”间的内在关联，还要注意非物质文化遗产与其生存环境间的内在联系。通过生态环境的修复与重建，为非物质文化遗产传承，创造一个更为适宜的生态环境。[1]在这一理论中，我们并没有将物质文化遗产与非物质文化遗产割裂开来，而是将它们视为相互依存、互为表里的统一体。所以，在文化生态保护区的建设中，物质文化遗产、自然遗产以及非物质文化遗产都将受到同等重要的保护。

四、进行非物质文化遗产成果展示与收藏

在非物质文化遗产传承过程中，民间艺人为我们保留下了丰富的实物。搜集并展示将这些实物以及与之相关的工具、民俗文物，不但有利于这些艺术作品的传播与收藏，还可以通过展览展示，让更多的人了解到当地的文化与风

1 《国家“十一五”时期文化发展规划纲要》中提出“确定 10 个国家级民族民间文化生态保护区”。由于目前仍处试验性阶段，因此各保护区暂定为“文化生态保护实验区”，待日后条件成熟时正式命名为“文化生态保护区”。2007 年 6 月，文化部宣布建立中国第一个文化生态保护实验区——闽南文化生态保护试验区。目前，已批准建立的文化生态保护区有：闽南文化生态保护实验区（福建省，2007 年 6 月），徽州文化生态保护实验区（安徽省、江西省，2008 年 1 月），热贡文化生态保护实验区（青海省，2008 年 8 月），羌族文化生态保护实验区（四川省、陕西省，2008 年 11 月），客家文化（梅州）生态保护实验区（广东省，2010 年 5 月），武陵山区（湘西）土家族苗族文化生态保护实验区（湖南省，2010 年 5 月），海洋渔文化（象山）生态保护实验区（浙江省，2010 年 6 月），晋中文化生态保护实验区（山西省，2010 年 6 月），潍水文化生态保护实验区（山东省，2010 年 11 月），大理文化生态实验保护区（云南省，2011 年 1 月 17 日），迪庆文化生态保护实验区（云南省，2010 年），陕北文化生态实验保护区（陕西省，2012 年 5 月 25 日），客家文化（赣南）生态保护实验区（江西省，2013 年 1 月 7 日）。

俗、当地的劳作与生活、当地的艺术与审美，以便更充分地发挥出这些展品的社会价值。此外，非物质文化遗产传承人的现场演示，也有助于人们对这些艺术精品制作工艺、制作流程的深入全面了解与把握。

在建立非物质文化遗产展示馆的过程中，要充分意识到展示馆在展示、弘扬本地标志性文化过程中所发挥的重要作用。必要时，还可通过专业性展示馆的建立，为当地传统文化产业提供更多更好的展示平台。为节省成本，增加盈利，突出民族特色与地域特色，这类展示馆的开办，最好能与当地老宅院的利用以及当地政府部门的旅游规划结合起来，使非物质文化遗产展示馆建设，成为展示城市历史与城市形象的重要窗口。

需要特别指出的是，尽管对非物质文化遗产实施“物质化”保护非常必要，但说到底，活态传承才是非物质文化遗产保护最基本的模式。评价一个非物质文化遗产代表作是否还在有效传承，所依凭的不是看它被收藏了多少，而是看它的传统工艺技术、技能、知识、经验以活态的形式传承下来多少。实物收藏只能作为非物质文化遗产保护的辅助手段，而不能当成主要手段，更不能当成唯一手段。这是由非物质文化遗产特有的活态性决定的。[1]

五、建立非物质文化遗产数据库

在非物质文化遗产大普查过程中，除了征集实物，还会获取大量录音录像资料以及口述史资料。这些来自现场的第一手资料，不但详细地记载了非物质文化遗产制作、表演过程，还详细记载了传承人对所传技艺的理解。应该说这种记录方式在记录讲述、表演、节日、仪式、传统工艺等非物质文化遗产

1 “物质文化遗产”与“非物质文化遗产”并不是截然不同的两种事物，而是一个事物的两个方面，因此，我们完全可以通过展示传统技艺“制成品”的方式来保护非物质文化遗产。但是，过分强调博物馆保护，也会给非物质文化遗产保护与传承带来很多问题。首先，博物馆展示的只是非物质文化遗产的“制成品”，而不是非物质文化遗产—传统技艺的本身，更不是它的所有技术与流程。这对于急于保护传统技艺的我们来说，肯定是不全面，甚至是不准确的。譬如皮影这种综合性很强的非物质文化遗产项目，其传统技艺既包括皮影的刻制、着色，也包括皮影的表演、独白、演唱以及乐器伴奏等。如果我们将皮影都搜集到博物馆，除一件件皮影道具还有机会让后人一睹芳容外，皮影的表演艺术还有吗？皮影的说唱艺术还有吗？皮影的独白艺术还有吗？皮影的伴奏艺术还有吗？都没有了。皮影艺术是这样，木偶表演艺术、民间说唱艺术、民间戏曲艺术，只要进了博物馆，又何尝不是如此呢？以上事例告诉我们，我们在筹建博物馆、搜集民俗文物时，一定要慎之又慎，绝不能因为我们的收藏而断送了非物质文化遗产的鲜活生命。搜集、展示不能以破坏非物质文化遗产的正常传承为前提。千万不能因为我们保护理念的滞后，而将“活遗产”变成“死文物”。

表现形式时非常有效。因为这类非物质文化遗产项目，除了道具、行头及布景外，并无多少“实物”可言。而且，它们真正的精华并不在那几件简单的道具与行头，而是表演或制作的整个过程。这部分技艺是通过全程的不间断的录像记录下来的。

倡导以多媒体方式记录非物质文化遗产，也是出于今后将全部普查成果进行网络化与数据化技术处理的需要。中国地大物博、遗产众多，但从目前的资金投入情况看，不可能也没有必要将所有普查成果都印制成册。那种传统做法不仅投入大，而且还会给未来的检索、查询、交换带来诸多不便。法国等西方国家数十年前所进行的卡片式记录，最终难以为继，原因即在于计算机发明之前，人们尚无法对调查数据进行科学而有效的管理。而现代科技的发展，特别是近年来数字网络技术的高速发展，已经为非物质文化遗产普查、梳理、应用与传播提供了巨大便利。

数字化处理与网络化传播的优势主要体现在以下几个方面：

（一）几乎不占用物理空间，或可忽略不计。

（二）可以方便灵活地进行图文声像与数字信息的双向转换。

（三）可以方便自如地对资料进行修改、编辑、排序、移位、备份、删除和增补。

（四）可以高速、便捷地通过网络进行传输。

（五）可以方便、迅速地进行检索、调用。[1]

此外，一次性投入、投入产出比高、便于市场运作，也是非物质文化遗产数据化、网络化的优势所在。通过兴建具有互动性与开放性的集图、文、声、像于一体的非物质文化遗产数据库，并以互联网的方式实现全球性资源共享，也符合少花钱多办事的经营原则。如果这一设想能够顺利实施，该数据库必将成为我国一项重要的文化基础工程，并在教育、科研以及精神文明和物质文明的建设中，在国际文化交流中，在各地专家学者、调查人员之间的学术交流中，发挥巨大作用。

六、启动非物质文化遗产传承人口述史调查

以口述史的方式记录非物质文化遗产及其传承人事迹，将艺人记忆中那

1　何明：《高新技术与中国民间文化遗产抢救》，冯骥才等主编：《守望民间》，西苑出版社 2002 年版，第 275 页。

些“看不见”“摸不着”的技艺、技能，转化为“看得见”“摸得着”的纸媒文字，甚至保存在多种介质中，也是保护非物质文化遗产的一条有效途径。

口述史学是指以采访亲历者来记录历史的一种田野调查方式。现代意义上的口述史学虽然只有短短的八十多年历史，但这一方法的利用古已有之。今天我们所看到的《史记》以及《齐民要术》等古代典籍，其中的很多细节便是来自当时的口述史记录。

用口述史学的方式记录非物质文化遗产传承人的生活史，在国外颇为流行。通过对民间艺人生活史的记录，不但可以了解到一种非物质文化遗产的传承方式、制作方式，同时还可以通过深入细致的调查，更加深刻地了解到该遗产产生与传承的历史背景，以及传承人作为一个普通百姓的生活实情，他们的喜怒哀乐，他们的人生观、价值观以及他们对自己所传遗产的总看法。

口述史记录是在既定学术架构下进行的一种学术活动，调查者完全可以在不受任何限制的情况下，提出各种问题以寻求答案。换句话说，你想知道什么，就能问什么。这种主动出击的采集方式，可以使你所记录的遗产信息变得更加全面，更加丰富，更加科学，也更加富有人情味。

七、将非物质文化遗产纳入学校教育

将非物质文化遗产纳入学校教育，是各国弘扬本国非物质文化遗产的普遍做法。通过非物质文化遗产进教材、进课堂、进校园，激发起学生们热爱传统文化的积极性。当然，并不是所有的非物质文化遗产都适合校园传承。要有意识地寻找一些在当地具有一定群众基础、学生喜闻乐见且具有可操作性的非物质文化遗产项目进入学校教育，使青少年近距离感受本国的优秀传统。这种大众化教育虽然很难培养出专业型非物质文化遗产传承人，但对于了解、认识一国文化传统，还是非常重要的。所以，非物质文化遗产进校园的目的不是传承，而是传播让更多的青少年热爱自己的传统文化，从而建立起自己的文化自信。

八、让法律为中国非物质文化遗产保驾护航

非物质文化遗产保护是一项长期且艰巨的任务，需要行政、法律、财政、

科技等多方面的鼎力支持。为弥补非物质文化遗产保护在国家立法层面的空白,使各项保护工作有法可依,2011 年 6 月 1 日,经全国人大常委会审议通过,《中华人民共和国非物质文化遗产法》(以下简称《非遗法》)正式颁布施行。

《非遗法》由总则、非物质文化遗产调查、非物质文化遗产代表性项目名录、非物质文化遗产的传承与传播、法律责任以及附则六部分组成,基本上覆盖了非物质文化遗产保护工作中所需面对的各个环节,并根据过往实践对各环节易出现的问题给予了指导与规范,在明确各方责任和义务的基础上,引入动态管理机制、整体保护理念,并从四个方面为我国的非物质文化遗产保护提供法律支持:

(一) 建立严格的质量保障体系。引入代表性项目和代表性传承人的退出机制,以确保已经进入非物质文化遗产代表作名录项目的保护质量。针对一些地方重申报、重开发,轻保护、轻管理等现象,《非遗法》明确定期评估、定期检查机制,对已进入非物质文化遗产代表作名录却不再符合国家级名录标准的项目予以除名,并追究相关责任。同时,也明确规定了代表性传承人认定、补助及其应履行义务,对不认真履行传承和培养后继人才者,同样予以除名。

(二) 建立严苛的问责保障体系。对于传承与保护不利的项目,《非遗法》有权依法追究非遗保护不力之主管部门及其责任人。《非遗法》第五章法律责任第三十八条明确规定“文化主管部门和其他有关部门的工作人员在非物质文化遗产保护、保存工作中玩忽职守、滥用职权、徇私舞弊的,依法给予处分”。

(三) 建立稳定的财政保障体系。《非遗法》第一章总则第六条除首次明确了“县级以上人民政府应当将非遗保护、保存工作列入本级国民经济和社会发展规划,并将保护、保存经费列入本级财政预算”外,还明确了民族地区、边远地区、贫困地区非物质文化遗产保护、保存工作由国家扶持的财政保障制度。

(四) 建立稳定的制度保障体系。《非遗法》进一步规范了非物质文化遗产保护的调查制度、代表性项目名录制度、传承与传播制度,从制度层面确保了非物质文化遗产的有序传承。

第二节 非物质文化遗产保护原则

近年来，我国政府加大了对非物质文化遗产的保护力度，成绩是有目共睹的。但其中也存在着许多诸如将“民俗”变“官俗”，将“活”遗产变成“死”遗产，将文化干事当成非物质文化遗产传承人等咄咄怪事。这些问题的出现，从表面看似乎只是操作层面的失误，但实际上却是理论层面出了问题。这些问题如不及时改正，不但会因观念的滞后浪费大量人力、物力，同时还会因为我们的无知而葬送了千百年传承下来的民族文化遗产。在非物质文化遗产保护过程中，秉持科学的保护原则是十分重要的。那么，在非物质文化遗产保护工作中，应该秉持怎样的原则呢？

一、以人为本原则

从表现形式上看，非物质文化遗产的最大特点就是它的“非物质”性。在成品形成之前，它通常只是作为一种知识、技艺或技能存在于非物质文化遗产传承人的头脑中的。只有这些匠人、艺人或是普通民众在以不同方式将它们复述、表演或是制作出来时，人们才会感受到它们的存在。因此，与物质文化遗产相比，非物质文化遗产由于“看不见”“摸不着”，所以保护难度更大。但是，如果我们换个思路，其中的许多难题也许就会迎刃而解——既然这些技艺与技能保存在传承人的头脑中，我们何不通过保护传承人来保护这些非物质文化遗产呢？事实证明，只要保护好传承人，非物质文化遗产就不会消失；只要激励好传承人，他们就会不断进取，产品也会精益求精；只要鼓励传承人继续招徒授业，非物质文化遗产就会后继有人，绵延不绝。所以我们说，保护非物质文化遗产的关键，就是保护好非物质文化遗产传承人。

强调对非物质文化遗产传承人的保护，还有一个十分重要的原因：非物质文化遗产与物质文化遗产不同，物质文化遗产通常具有不可再生的特点，一旦破坏，万劫不复。无论是历史建筑，还是传世古玩，保护重点只有一个，这便是这些文化遗产的自身。非物质文化遗产与此不同。只要这些传统技术或技艺还在，其产品就可以随时复制出来。无数事实表明，在非物质文化遗产保护这个问题上,有了人,便有了一切;失去人,便失去一切。那种只见“物”不见“人”的做法,至少在非物质文化遗产保护这个问题上是舍本逐末的。事实告诉我们,要想保护好非物质文化遗产,就必须在保护理念上进行一场更为深刻的革命,将保护传承人作为非物质文化遗产保护工作的第一目标、第一要求、第一要义和第一尺度。在非物质文化遗产申报中,传承项目与传承人是同时指定的。这种“双指定”模式,不但意味着在所有同类项目中,政府只承认这个被指定的项目,从而避免了“乱搭车”现象的发生,同时也意味着一旦无人传承,这个项目便会自动取消。

二、整体保护原则

对非物质文化遗产实施整体保护包括两方面含义:一是对非物质文化遗产自身实施整体保护,二是对非物质文化遗产赖以生存的生态环境实施整体保护。

所谓对非物质文化遗产自身实施整体保护,是指对非物质文化遗产所使用的原料、所表达的内容和所采用的形式(特有的工艺与流程)实施全方位、全流程保护。那种试图通过保护“核心技术”来保护非物质文化遗产的想法与做法,到头来只能会因科学保护理念的缺失而使非物质文化遗产变得支离破碎、残缺不全。

所谓对非物质文化遗产赖以生存的生态环境实施全方位保护,是指对与非物质文化遗产生存产生重要影响的周边环境实施整体保护。任何一种非物质文化遗产都是特定环境的产物。离开特定环境,非物质文化遗产即或品质再好,也会因生态环境的改变而无法生存。因此,就非物质文化遗产保护而言,只保护遗产自身是远远不够的,还需要对它所赖以生存的周边环境实施整体保护,从而为非物质文化遗产传承营造出一个更为适宜的生存空间。

非物质文化遗产赖以生存的环境又可分为自然环境与人文环境两个部分。

所谓自然环境,是指可以直接或间接影响到非物质文化遗产生存境况的自然环境的总和。譬如制作宣纸需要青檀树、沙田长秆籼稻,那么,青檀树、沙田长秆籼稻的种植就是宣纸生产赖以生存的自然环境。没有青檀树与沙田长秆籼稻的种植与保护,宣纸制作技艺的传承就会变成一句空话。同理,对于非物质文化遗产，特别是对于那些与自然物产息息相关的非物质文化遗产项目——如竹雕技艺、紫砂壶制作技艺、石砚制作技艺、鱼皮衣制作技艺而言，相关自然环境的保护便显得十分重要。

除自然环境外，人文环境对非物质文化遗产的影响也是显而易见的。所谓“人文环境”，是指那些对非物质文化遗产传承产生重要影响的社会环境与人文环境。在中国，绝大多数传统表演艺术由于娱神的需要都会依附于当地传统庙会。对于这些遗产项目而言，庙会就是这些非物质文化遗产项目赖以生存的人文环境与社会环境。如果这些文化载体被取消，传统表演艺术——无论是秧歌、旱船、高跷、跨鼓，还是梆子、二人转、皮影、说书，都会因其人文环境的破坏或改变而彻底消亡。因此，在保护非物质文化遗产的同时，保护好与之相关的人文环境同等重要。

目前，只注重非物质文化遗产自身而忽略其生态环境的做法非常普遍。如将炕头故事搬到故事厅，将壮族歌墟搬上舞台，将撒叶儿荷搬到文化广场一类的做法，表面上适应了时代要求，满足了旅游需要，但实际上，这无心之举已经将这些非物质文化遗产项目，从原有的生态环境中剥离了出来。我们很难想象，这些被连根拔起的“鲜花”还能绽放多久。

三、活态保护原则

所谓“活态保护”，是指让非物质文化遗产在原有生态环境中持续传承的一种保护模式。非物质文化遗产保护与物质文化遗产保护有很大的不同。如果把“遗产”比作一条“鱼”，那么，对物质文化遗产的保护，就是把遗产这条“鱼”做成标本。只要不腐不烂，就算达到目的。但对非物质文化遗产的活态保护，情况就完全不同。这种活态保护不但不能将它制成标本，而且还要让它像池中之鱼一样自由生长，不断繁衍、壮大。这就是我们所说的“活鱼还要水中看”。如果我们无视活态保护理念，像搜集文物那样将皮影统统搜集上来，皮影戏就会因为我们保护理念的错误而彻底消亡。因为无论是皮影，还是木偶，一旦走进博物馆，与之相关的表演、唱腔、配乐，都会因为无法进行活态传承而彻底消失。历史上，忽视活态保护已经让我们尝尽苦头。举例来说，40 多年前我国共有传统剧种 386 种，而在 21 世纪初中国政府启动中国非物质文化遗产保护工程再次普查时，我国传统戏曲品种锐减至 200 余种。

也就是说,就在这短短的20多年间,我国消失的传统戏曲品种就多达100多种。

那么,这是否意味着我们不能借用保护物质文化遗产的手段,对非物质文化遗产实施固态保护了呢?当然不是。在2003年颁布的《非物质文化遗产保护公约》中,联合国教科文组织已明确指出,非物质文化遗产保护可分为“保护”与“保存”两种模式。所谓“保存”,就是借用保护物质文化遗产的某些手段,将非物质文化遗产以数字化或是物化的形式保存起来。这其中就包括非物质文化遗产丛书的出版、数据库的建设和非物质文化遗产博物馆的建设。实践告诉我们,只要确保非物质文化遗产的活态传承,对非物质文化遗产实施一定程度的静态保护或固态保存,是完全可行的。但有两点务必严格遵守:一是不要将固态保存作为保护非物质文化遗产的唯一手段或最佳手段,二是要充分意识到固态保存的局限性,不要因博物馆式的固态保存而断送了非物质文化遗产的活态传承。

为确保非物质文化遗产的活态传承,我们对非物质文化遗产及其传承人的考核重点,也应该从固态的搜集、整理、出版,转向对非物质文化遗产传承人的活态保护——重点考察传承人将历史上传承下来的传统表演艺术、传统工艺技术、传统节日仪式,以活态形式究竟继承了多少,传承了多少。

四、民间事民间办原则

在非物质文化遗产保护工作中,政府、学术界、商界、新闻媒体以及民间社团组织的积极参与是十分重要的。没有上述各界的参与,特别是没有各级政府的积极组织、协调与引导,非物质文化遗产保护工作将很难进行。但需要强调的是,在非物质文化遗产传承过程中,真正的传承主体不是政府、商界、学界、新闻媒体以及各种各样的民间社团组织,而是那些深深根植于民间社会的非物质文化遗产传承人。如果无视这一点,非物质文化遗产的传承就会因此而变色、走味。真民俗就会变成“伪民俗”,真遗产就会变成“伪遗产”。这种事例在非物质文化遗产保护史上并不少见。这也许正应了鲁迅对姚克所说的那句话:“歌、诗、词,曲,我以为原是民间物,文人取为己有,越做越难懂,弄得变成僵石，他们就又去取一样，又来慢慢地绞死它。”[1] “士大夫是常要夺取民间的东西的，将竹枝词改为文言，将‘小家碧玉’作为姨太太，但一沾着他们的手，这东西也就跟着他们灭亡。”[2] 上面所言，似乎只是阐述中国历史上文人士大夫破坏民间文化的一般规律，但实际上这也着实点出了当前非物质文化遗产保护过程中存在的问题。

在现实社会中，如何才能借助历史经验，调动民间社会，特别是非物质文化遗产传承人的积极性，从而确保非物质文化遗产的有效传承呢？在这个问题上，中国历史上神事活动“民间事民间办”的传统值得我们认真学习、借鉴。

在中国传统农业社会中，历来存在两套组织系统：一套是以村长、保长为代表的民事管理系统。这套系统主要负责村落的行政管理，抓壮丁、派劳役、催公粮、缴杂税，主要由这套系统负责；另一套是以社长或社首为代表的村落神事管理系统。这套系统主要负责村落的神事活动，祭神、娱神、迎神、赛会以及与之相关的种种民间组织、表演团体均由该系统掌控。通常，这两套管理系统各行其是，虽彼此配合，但从不过度干预。1949 年之后，后一套系统虽受政治影响时隐时现，但其功能并未因此而退化。在非物质文化遗产保护过程中，我们完全可以通过恢复民间社火组织、音乐组织、武术组织等方式，将传统激活，让它们发挥重要作用。这样做的好处是不但可以最大限度地调动起民间社团组织传承自身遗产的积极性，确保非物质文化遗产的原有本色，同时还可以在节省政府行政开支基础上，让政府集中精力做好非物质文化遗产管理工作。通观中国民间文化发展史就会看到，历史上，无论是陕北秧歌、安塞腰鼓，还是乐亭皮影、凤阳花鼓，基本上都是通过民间的力量自主传承的。政府、学术界、商界、新闻媒体以及相关社团组织等非物质文化遗产保护主体的工作不是越俎代庖，亲自参与到非物质文化遗产传承中来，而是利用自己的行政优势、学术优势、经费优势、媒体优势，帮助、鼓励、推动民间社会对非物质文化遗产的自主传承，这一点非常重要。

五、真实性保护原则

根据文化所呈现出的某些生存形态，可将它们区分为“原生文化”与

1　鲁迅：《书信·致姚克（340220）》，《鲁迅全集》第 12 卷，人民文学出版社 1981 年版，第 339 页。
2　张沛（鲁迅）：《略论梅兰芳及其他》，《中华日报·动向》，1934 年 11 月 5 日。

"次生文化"这样两个大类。所谓"原生文化"，是指在历史上创造并以活态的形式原汁原味传承至今的，未经任何刻意干预、修改过的传统文化；而所谓"次生文化"，则是指那些原生状态已经被破坏，或是在原生文化基础上创造出来的新型文化。非物质文化遗产保护工程所要保护的不是已经失去原生状态或是当代艺术家创作出来的"次生文化"，而是那些未经任何干预、改造过的原生文化，特别是其中的佼佼者，这就是我们所说的非物质文化遗产。

从本质上说，"原生文化"与"次生文化"并没有什么高下或优劣之别。非物质文化遗产保护工程之所以强调保护对象的原生性、真实性，是因为它保留有大量的历史信息与文化信息，而这些信息在创建新文学、新艺术、新科学、新技术的过程中，具有许多次生文化所无法取代的作用。中华文化要想长盛不衰，血脉相传，就应该像保护物种基因一样，保护好这些具有原生性质的非物质文化遗产，为未来新文学、新艺术、新科学、新技术的创造，保留下更多的种源，为国家的文化安全提供一个足够的资源保障。

但是，由于对传统文化资源原生价值认识不足，致使改造之风盛行，使许多非物质文化遗产事项因当代理念、当代材料以及当代表现形式的融入，而被改造得面目全非。

其实，非物质文化遗产与物质文化遗产虽然表现形式不同，但说到底它们都是"文物"。"文物"不能改，非物质文化遗产当然也不能改。否则，非物质文化遗产就会因我们的改编改造而不再具有其应有的历史认识价值，我们之所以反复强调非物质文化遗产的真实性保护，目的是避免政府、学术界、商界以及新闻媒体等外部势力的过多介入，从而确保非物质文化遗产的真实性。

六、独特性保护原则

所谓"独特性保护原则"，是指对因自然环境与人文环境不同而造成的各地非物质文化遗产的独特性予以重点保护的一项基本原则。笼统地说，文化是指一个民族在长期的社会发展过程中所形成的一整套特定的生活方式与生产方式。由于每个民族所处自然环境不同，人文环境不同，他们为适应环境而创造出来的各种文化传统也会呈现出明显差异，保护好这些独具特色的地域文化，对于保护一个民族最优秀的文化传统具有特别重要的意义和作用。

中国是个多民族国家，民族文化与地域文化的独特性，为中华民族多元文化的创造奠定了坚实基础。历史上，有些人一直将多元文化视为政治一元化的障碍。其实，这种观点是错误的。正如动植物学家强调保护物种多样性一样，文化的多样性对于人类社会的发展极为重要。多元的文化构成，可以为中华文化的创造和繁荣提供更多的资源。要对它百般关爱，而不是将其轻易同化。联合国教科文组织在《世界文化多样性宣言》中曾这样指出“文化在各不相同的时空中会有各不相同的表现形式。这种多样性的表现形式，构成了各人类群体所具有的独特性与多样性。文化的多样性是交流、革新和创作的源泉，对人类来说，保护它就像保护生物多样性进而维持生物平衡一样必不可少。从这个意义上讲，文化多样性是人类的共同遗产，应当从当代人和子孙后代的利益考虑并予以承认和肯定。”

七、濒危遗产优先保护原则

作为非物质文化遗产保护基本原则，择优保护当然是永远的追求。非物质文化遗产保护说到底就是在力所能及的情况下，去粗取精，去伪存真，将人类历史上创造并传承至今的一切优秀遗产都尽可能全面地继承下来，传承下去。但依我国现有国力，还不可能做到这一点。这就要求在保护过程中必须分清轻重缓急，集中人力、物力、财力，将那些已经处于濒危状态的非物质文化遗产项目及时而有效地抢救下来，为今后人类新文化的创造保留下更多的资源。

目前，许多国家都已经意识到了保护濒危遗产的重要性，“保护为主，抢救第一”也已经成为许多国家遗产保护者们的共识。为保护好濒危遗产，日本首先在物质文化遗产保护方面提出了著名的“临时性指定制度”——在1919年颁布的《古迹名胜天然纪念物保护法》中明文规定：在紧急情况下，地方政府在没有获得上级主管部门正式批复的情况下，有权对那些面临破坏威胁的文物古迹实施临时性指定措施（即临时性指定某文物古迹为国家重要文化遗产），使该文物免遭某些突如其来的破坏，并为上级主管部门的进一步甄别提供时间上的保障。据有关资料显示，日本从1920年开始，直至1950年

《文化财保护法》颁布,由日本政府指定的 1 580 处名胜古迹及天然纪念物中,有相当部分就是通过临时性指定制度被抢救下来的。[1] 在非物质文化遗产保护方面,还没有其他国家进行过类似的制度建设。

其实,与物质文化遗产一样,许多非物质文化遗产也会因传承人的病危或是周边环境的改变而成为濒危遗产。譬如我们熟知的由著名民间艺人阿炳演奏的《二泉映月》等一系列民间音乐,就是在艺人阿炳病重的情况下,由我国著名音乐家杨荫浏先生抢救下来的。[2] 当时,这种抢救还只是出于学者们的学术自觉,尚没有上升到制度层面。如果有意识地设立一套切实可行的有关非物质文化遗产"临时性指定制度",许多濒危遗产至少会在其濒临消失之前被科学地记录下来,而不会因申报过程的漫长和申报制度的欠缺而失去最佳的抢救时机。

作为非物质文化遗产保护制度建设的重要一环,濒危遗产保护必须以制度建设为前提。在非物质文化遗产保护领域,"临时性指定制度"确有其制定的可能性与必要性。当然,"临时性指定制度"并不是乱指定,它必须以科学论证为前提。"临时性指定制度"的实施至少应具备以下两项条件:

(一)因传承人病危而有可能导致非物质文化遗产失传

传承人是非物质文化遗产的活态载体,而这一群体事实上又多由年事已高的老年群体构成。因此,附着于这些传承人身上的非物质文化遗产本身就已经处于濒危边缘。由于观念、制度、体制等多方面原因,有些才艺卓著但又深藏不露的老艺人还很难进入有关部门的视野。如果按部就班地通过层层申报,使这些耄耋老人成为非物质文化遗产传承人,然后再对其技能或技艺实施抢救性发掘,许多非物质文化遗产就很可能会随着老艺人的离世而彻底消失。但是,如果通过科学论证并认为其所传遗产确有价值,则完全可以通过临时性指定制度,将其列为濒危遗产,并享受到遗产级待遇。

1 顾军、苑利:《文化遗产报告——世界文化遗产保护运动的理论与实践》,社会科学文献出版社 2005 年版,第 100 页。

2 音乐大师瞎子阿炳二胡技艺极高,但并不为人们所知。1950 年,著名音乐家杨荫浏先生得知此事后,利用暑假时间到无锡拜访阿炳,并为他录下了《二泉映月》等六首曲子,可这时录音带用完。他们约好寒假再录,但遗憾的是不到寒假,阿炳就病故了,他所能演奏的二百多首曲子也因此而失传,成为中华民族的永久遗憾。

（二）因环境改变而有可能导致非物质文化遗产失传

任何一种非物质文化遗产，都是具体的人文环境与自然环境的产物，如果因自然或人文环境发生改变而影响到非物质文化遗产传承时（如因三峡蓄水而导致川江号子失传时），同样可以通过“临时性指定制度”的实施，或制止环境改变，或将那些将要失传的非物质文化遗产项目及时地抢救或记录下来，以避免这些遗产因社会转型或自然环境的改变而成为“绝唱”。

为确保保护工作的严肃性，临时性指定制度需要以科学论证为前提。只有通过科学认证，才可以将其指定为“临时性非物质文化遗产”。并通过改善环境等措施，以控制遗产的进一步恶化。待情况好转，再利用录音、录像或访谈等方式，将这些濒危遗产完完整整地记录下来。

第三节 非物质文化遗产保护科学评估三标准

非遗保护是一门技术含量颇高的学问。保护得好是保护，保护得不好便是破坏。那么，什么样的保护是科学保护？什么样的保护又是反科学的保护呢？在长期的非遗保护实践中，我们提炼出了非遗保护科学评估三标准。

一、通过保护是否保住了民族文化基因

非物质文化遗产是最能代表一个国家或是一个民族传统的地域标志性文化。譬如我们看电影，屏幕上掠过的是满目青山，你肯定不知道这是到了哪里。但如果随着画面《沂蒙小调》响起，你肯定知道这是到了沂蒙山区；如果《海菜腔》响起，你肯定知道这是到了石屏；如果《信天游》响起，你肯定知道这是到了陕北。而这《沂蒙小调》《海菜腔》《信天游》便是我们所说的地域标志性文化，也就是我们所说的非物质文化遗产。一个民族最优秀的传统文化基因主要蕴藏在这里。

非物质文化遗产是一个民族最稳定的传统文化基因，也是一个民族区别于另一个民族的标志性符号。同时，它也是一袋救命的“脐带血”——无论

世界如何变化，外来文化如何冲击，自身传统如何失落，只要保护好这最后一袋“脐带血”，这个民族的传统即或命悬一线，也能起死回生。传承人的任务，就是要把本民族的传统文化基因原汁原味地继承下来并传承下去。

“原汁原味”的标准有三：一是，表现内容必须“原汁原味”；二是，表现形式必须“原汁原味”；三是，所用原料必须“原汁原味”。这既是判断一个非遗项目是否“原汁原味”的标准，也是我们衡量一个传承人是否在原汁原味传承的三条“底线”。

首先看我们对表现内容“原汁原味”的要求。拿传统戏剧来说，只要你唱的是传统剧目，在内容上这便是“原汁原味”。拿唐卡来说，画的是佛祖菩萨、佛本生故事、密宗本尊各神、观音度母、护法神、上师高僧与大成就者等，在内容上这就是“原汁原味”；如果是旧瓶装新酒，拍的是当代戏，画的是世俗人物或是风景名胜，这样的传承在内容上肯定已经出了问题。

其次看我们对表现形式“原汁原味”的要求。拿传统戏剧来说，只要你用的传统唱法，在形式上这便是“原汁原味”。拿唐卡来说，只要所绘唐卡符合《造像量度经》规定的比例，符合《造像量度经》的固有表现方式，在形式上这就是“原汁原味”；反之，如果在表现形式上已经发生改变，已经不再是原有的表现形式，则说明这个遗产项目至少在表现形式上已经出现问题，需及时改正。

最后看我们对所用原料“原汁原味”的要求。一出称得上“原汁原味”的戏剧，生旦净末丑的角色定位必须是固有的，说白方式必须是固有的，曲词唱腔必须是固有的，科介表演必须是固有的，在原料上这就是“原汁原味”。拿唐卡来说，一幅“原汁原味”的唐卡，所用原料必须是传统的矿物质颜料，在原料上这就是“原汁原味”。如果使用原料出现变化，用广告色、油画色取代了传统的矿物质颜料，则说明这个遗产项目至少在使用原料上已经出现问题，需及时改正。

在这里，我们从三个维度为非物质文化遗产的“原汁原味”，划出三条“底线”。评判标准非常明确：无论传承人怎么变，只要没有逾越这三条“底线”，都算是“原汁原味”。其实，这三条“底线”不仅是判断戏曲、唐卡真实性的重要尺度，也是判断所有非物质文化遗产真实性的重要尺度。譬如我们判断客家山歌、苗族舞蹈是否真实，同样需要看它们所表现的内容是否传统，所采用的表现形式是否传统，所使用的原料——音乐元素（五音）、舞蹈元素是否传统。如果这三方面都是传统的，则该项目的真实性无须质疑，但如果其中的某些元素已经发生改变，则意味着该项目已经背离传统，该项目“传承人”，也因没有将真正的非物质文化遗产传承下来，而过早结束了自己作为非物质文化遗产传承人的历史使命。

我们现在的传承人是在中华民族活态遗产——非物质文化遗产已经岌岌可危的境况下“上岗”的。全国人民的目光都聚焦在他们身上——人们希望通过传承人，让这些已经所剩不多的非物质文化遗产“起死回生”。如果我们传承人放着这么重要的工作不做，接下来的结局只有一个——这些已经传承了千百年之久的非物质文化遗产，很可能就会因为我们的渎职，在我们手中彻底断流。我们尊重所有人的选择——毕竟人们服务社会的方式可以多种多样。我们应该清醒地意识到传承人所传非物质文化遗产并不是简简单单的工艺品，简简单单的民间土方，更不是简简单单想编就能编出的歌舞表演，而是一个民族最重要的历史创造，代表着一个民族某一历史时期传统手工技艺、传统医疗技术、传统表演艺术的最高水平。它们既是我们了解本民族历史与文化的重要窗口，也是我们创造新文学、新艺术、新科学、新技术的重要源泉。正因为非物质文化遗产如此重要，所以，历史上一代又一代的先人们，即或遇到再大困难，也都义无反顾地坚守了下来。我们一定要明白传承人所做工作的特殊性，一定要鼓励他们凝神聚气、全心全意地保护好中华民族的传统基因，而不是根据我们的嗜好，让传承人学素描、学人体、学一点透视、学时尚构图，对传承人施以“西方化”“时尚化”以及“艺术化”的改造。改造后的非物质文化遗产也许会变得更加“靓丽”、更加“时尚”，但是，这些改造后的“非物质文化遗产”已经不再是祖先所创“遗产”，而是今人所创“现产”，保护这样的“现产”意义何在？

社会当然要发展，社会为了更快更好的发展，会把人分为两类：一部分人负责保护传统，比如考古工作者、博物馆工作者、非遗保护工作者以及非物质文化遗产传承人。他们的任务不是创新，而是原汁原味的继承；而另外一部分人——也是社会上的绝大部分人专门负责创新，譬如小说家、文艺工作者、文化创意工作者等。他们的任务，就是根据祖先留下的老样子创作出更多更好的产品。总之，继承与创新并不矛盾，只要处理好两者的关系，它们就会相辅相成，共同促进人类社会的可持久发展。事实将会证明，人类社会的发展完全没有必要以牺牲本民族传统基因的纯正性为前提。

二、通过保护是否保住了民族文化多样性

中国地大物博、人口众多，再加之山水阻隔、族源差异，中华文明本身便具有明显的多样性特征。我们的任务，就是要保护好这些独具特色的地域文化，并最终实现对于人类文化多样性的保护。如果经过我们“保护”，多样性变成了单一性，独特性变成了普泛性，我们的保护就是失败的；如果经过努力，我们保住了地域文化的独特性，并进而实现了对于人类文化多样性的保护，我们的保护便是成功的。目前，中国非遗保护急需解决的问题是来自各个层面的“文化霸权主义”。“文化霸权主义”最直接的表现形式，便是根据自己的喜好，用西方文化取代中国文化，用汉文化取代少数民族文化，用时尚文化取代自以为“已经过时”了的传统文化。这样做的结果只能有两个：一是导致本国传统的迅速“异化”，二是导致本国传统的迅速“同质化”。这与联合国教科文组织所倡导的通过保护地域文化的独特性，进而保护好人类文化多样性的初衷显然背道而驰。

有人也许会问：为什么历史上我们从未提到过保护人类文化多样性，而偏偏在工业化迅猛发展的今天突然提出这个问题？原因很简单：在传统农耕社会中，由于手工操作的缘故，人们生产的任何一个产品都是独特的，整个社会所生产出的产品自然会呈现出明显的多样性特征；但进入大工业时代之后，大工业生产的单一性，让人们突然意识到人类文化多样性的可贵，故而将非物质文化遗产保护的终极目标设定为保护人类文化的多样性。历史将会证明：只有保护好人类文化的多样性，我们才可找到更多的与祖先交流的渠道与窗口，才会了解到更多的古代文明；只有保护好人类文化的多样性，才可为新文化、新艺术、新科学、新技术的创造，积累下更多的参考与资源；只有保护好人类文化的多样性，才可能建立起更多的与其他民族交流的渠道，进而促进民族和谐、推进社会发展，实现天下大同。

如果我们对非物质文化遗产的遗产价值认识不足，我们就会很容易想到用自己的审美一统天下审美，用自己的文化一统天下文化。其结果，必

然会伤及人类文化的多样性，并最终成为破坏民族文化、破坏民族团结的罪人。费孝通先生生前曾说过这样一句话："各美其美，美人之美，美美与共，天下大同"。他的意思是说，各民族人民在保护好本民族认为最美好的东西的同时，也应学会欣赏其他民族认为美好的东西。只有把所有美好的东西都保护下来，天下大同的理想才能真正实现。保护遗产应该从尊重遗产做起。

三、通过保护是否促进了民族文化的可持续发展

一个民族要想实现可持续发展，创新是必然选项。但创新决不能以否定传统为前提。经验告诉我们，作为一种宝贵的文化资源，非物质文化遗产可以在文化创新、艺术创新、科学创新和技术创新的创造过程中发挥重要作用，是我们创造新文化、新艺术、新科学、新技术的重要源泉。历史上，无论是乐坛上的《茉莉花》《梁祝》，文坛上的《水浒传》《三国演义》，还是科技发展史上获得过诺贝尔奖的青蒿素，都是在民间智慧的基础上创造、研制出来的。反之，如果我们蔑视传统、否定传统，人类社会的发展就会因资源短缺、后劲不足而裹足不前。从这个角度来说，要想实现人类社会的可持续发展，首先就要保护好那些尽管已经所剩不多，但却足以代表人类文明最高水平的非物质文化遗产。非物质文化遗产就像一泓"源头活水"，只要保护好，我们在下游想做可乐可以做可乐，想做雪碧可以做雪碧，想喝绿茶可以喝绿茶。但是，如果我们直接在"源头活水"上做了"手脚"，做起了可乐，那么，别人在下游想做雪碧怎么办？想喝绿茶怎么办？由此可见，对于一个民族来说，非物质文化遗产就是一个民族的"源头活水"，再好的"开发"也只能在它的"下游"进行。

总之，无论你是谁，无论你说了什么，做了什么，在非物质文化遗产保护过程中，只要通过努力，保住了中华民族的民族文化基因，保住了中华民族的民族文化多样性，并为中华民族的发展积累下了雄厚的文化资源，从而促进了中华民族的可持续发展，保护就是科学的；反之，保护也许已经变成破坏。

思考题

1. 非物质文化遗产保护主要采取哪些方法?
2. 保护非物质文化遗产需要秉承怎样的原则?
3. 为什么一定要坚持非物质文化遗产真实性保护原则?
4. 判断非物质文化遗产科学保护的三个标准是什么?

第五章

非物质文化遗产的普查与申报

普查是非物质文化遗产保护与申报工作的基础与前提，只有深入调查，摸清家底，我们才能发现更多的非遗和非遗的传承规律，才能为非遗保护提出正确的政策主张，并对非物质文化遗产实施有针对性的保护。

第一节 非物质文化遗产普查的重要性与需要注意的问题

作为一门刚刚诞生的新学科，非物质文化遗产学应该也必须重视田野作业。这是因为非物质文化遗产在田野，非物质文化遗产价值的再发现，非物质文化遗产传承规律与保护规律的再发现，都需要通过深入的田野作业方能完成。要想保护好非物质文化遗产，没有扎扎实实的田野作业是万万不行的。这里所说的田野作业，特指深入基层的非物质文化遗产调查。

一、非物质文化遗产普查的重要性

（一）普查是发现非物质文化遗产资源的有效手段

非物质文化遗产本身就是民众生活的一部分。要想了解非物质文化遗产，就必须深入民间，深入田野，只有这样，才能发现更多好项目。可以说，普查是我们发现非物质文化遗产新项目的有效手段。例如，近年来，通过深入细致的田野调查，我国在湖南发现了已经沿袭了两千余年的“周礼古宴”，在河北发现了已经为数不多的传统古乐中的“七调还原”，在北京发现了十三道清代宫廷菜制作技艺，在山东发现了别具一格的“割绣”，在海南发现了已经“消失”了两千年之久的“絣染”技艺……。如果没有深入细致的田野调查，这些深藏民间的非物质文化遗产项目是不可能被发现的。

（二）普查是发现非物质文化遗产价值的有效手段

非物质文化遗产是祖先留给我们的一笔宝贵的精神财富。说它珍贵，并不意味着民间社会对其价值会有多么深刻的认识。知其然而不知其所以然，是民间社会认识传统文化的一般特征。对自己所传遗产价值认识不足，已经严重地影响到了这部分遗产项目的有序传承。因此，学术界的一个重要任务，就是通过深入研究，将隐藏在遗产背后的丰富价值发掘出来，用自己的研究唤起民间社会传承这些遗产的积极性。海南岛的“絣染”技术几近绝迹，当地政府与村民从专家那里得知这是一项在中国已经“消失”了两千多年的独门绝技，正是通过这种方式恢复起来的。通过遗产价值的挖掘与提升，使遗产从濒危走向繁荣，已经成为非物质文化遗产保护工作中的一条重要经验。

（三）普查是发现非物质文化遗产传承规律的有效手段

非物质文化遗产学是为保护非物质文化遗产而生的。保护好非物质文化遗产是这门学科义不容辞的历史使命。但是，要想保护好非物质文化遗产，首先就应该弄清非物质文化遗产传承规律。中国的许多非物质文化遗产项目都有着自己独特的传承规律，如一些家传秘方与独门绝技的“传男不传女”，回族花儿的“差辈男女不同唱”，彝族古歌的“非农闲不唱”，都是这些项目的独特的传承规律。非物质文化遗产要想实现原生态保护，就必须遵循这些固有规律。否则，这些独具特色的非物质文化遗产，很可能就会因为我们的过度干预而失去原有味道。

（四）普查是及时发现问题、解决问题的有效手段

非物质文化遗产保护是个全新课题，出现问题在所难免。但出现问题后若不及时发现解决，问题就会越积越多，越放越大。要想发现问题，就必须深入田野，深入生活，从传承中找问题，从传承中找答案。目前，中国的非物质文化遗产传承问题多多。如针对非遗项目的改编改造问题，传承人去世后后继人才的增补问题，传承人的精细化管理问题，非遗保护工作者的专业化培训上岗问题。这些问题如不及时解决，就会影响到非遗项目的纯洁性，甚至影响到这些项目的有序传承。历史上，有关非物质文化遗产到底应该怎样保护的问题争论不可谓不多，如非遗到底能不能“走市场”的问题，就曾产生过激烈的争论。但是，经过数年调研，我们提出“历史上走市场的继续走市场，历史

上不走市场的不要走市场，介乎于两者之间的要谨慎走市场”的建议，获得了广泛认同，很好地指导了中国的非物质文化遗产保护实践。如果只是闭门造车，这些建议无论如何都是提不出来的。

二、非物质遗产普查需要注意的几个问题

（一）尊重地方文化，尊重地方文化创造者

非物质文化遗产是人类智慧的结晶。我们应该秉承一颗虔诚之心来敬重遗产，敬重创造并传承这些遗产的“人”。以往，我们一讲起中国文化名人，便会想到孔子、孟子，这当然不错。但是，除了孔孟，中国还有许多非常优秀的文化，如中国独具一格的烹饪技术、建筑技术、戏剧舞蹈、传统工艺、农耕技术，并非来自孔孟的真传。可见，除了孔孟，还有一大批人在中华文明的创造与传承过程中发挥过重要作用。而他们中的一部分就是我们常说的古代工匠，比如鲁班、毕昇、蔡伦、黄道婆等，拿现在的话来说，就是非物质文化遗产传承人。中国人要想摸清自己的文化家底，不关注这样一群人是不行的。普查中不要小瞧一些其貌不扬的老人，许多非常珍贵的传统技术与技艺，许多非常独特的地域标志性文化，甚至许多足以代表中华文明的重大发现，都是通过他们——这些非物质文化遗产传承人实现代际传承的。

（二）不要随意改造他人文化

非物质文化遗产作为人类的宝贵精神财富，能够历经千年而不衰，肯定有它的道理。我们的任务不是去改造它，而是要原汁原味保护它、研究它。当下，许多人出于经济利益的考量，常常对这些非物质文化遗产项目施以改造，而且，这种改编改造之风大有愈演愈烈之势。改造后的非物质文化遗产，不但失去了传统文化的固有基因，同时也失去了这些非物质文化遗产所应具有的历史认识价值。这种根据自己喜好与市场喜好去改变非物质文化遗产原有属性与基因的做法，在田野调查中必须严加禁止。绝不能用自己的喜好去改造别人的喜好，更不能用今天的喜好去改造昨天的喜好。我们要在学会欣赏自身之“美”的同时，去学会欣赏他人之“美”，从而实现保护人类文化多样性的最终目的。

（三）努力寻找非物质文化遗产传承规律

努力寻找非物质文化遗产传承规律的目的，是为随之而来的非物质文化

遗产保护提供切实可行的技术支撑。为确保调查结论的真实性，调查者既要注意到遗产自身的传承规律，也要注意人与人、非遗与非遗、非遗与所依生态环境的关系。例如在汉剧调查中，我们既要注意到汉剧剧团之间的关系，也要注意到汉剧与传承人的关系、汉剧与汉乐间的关系，同时还要注意到汉剧与其所处生态环境的关系。非物质文化遗产是一个以群落状态存在的有机整体，缺乏整体观、系统观的片面调查，很容易为此后的“碎片化”保护提供理论温床，并使非物质文化遗产遭受到更致命的破坏。

（四）注重培养地方人才

作为活态遗产，非物质文化遗产在不同时段所遇问题也会各有不同。故而，田野作业应该是一个相当漫长的过程。作为外来者，我们很难在一个地方蹲守终生。为确保田野作业的可持续性，我们应该在田野调查中，有意识地发现地方人才，培养地方人才。我们的理想目标是：即或我们离开那里，田野调查也仍会继续。要通过田野调查，为地方培养一批专业型人才，为非物质文化遗产保护提供不竭动力。

（五）努力实现调查成果的多方共享

作为一种学术传统，调查者应在调查结束后，将自己的调查成果（照片、录音、录像等）分别呈送给当地政府与调查对象。这样做的目的有三：一是回报当地政府与传承人为我们的田野调查所付出的种种努力；二是让当地政府与传承人掌握更多的专业级史料，为地方文化建设提供智力支撑；三是通过资料赠予，增加调查成果的备份，以确保调查成果的万无一失。

（六）确保普查资料的全息记录与永续利用

20 世纪 50 年代，由中国民间文艺研究会贾芝先生提出的十六字方针，[1]为我国民间文学搜集整理工作科学化、规范化奠定了坚实基础。在以笔录为主要记录手段的 20 世纪上半叶，只要能用笔墨将故事家讲述的民间故事原原本本地记录下来，就已经很好。但在今天看来，这种做法本身仍存在信息流失问题，譬如当时的笔录无法记录大量难懂难记的方言，无法记录庞杂的讲述场景，无法记录故事讲述人与听众的频繁互动，而这些信息对于研究者来说，都是非常重要的。这就要求我们在今天的普查工作中，充分利用好各种高科技

1　贾芝先生提出的十六字方针是：“全面搜集、忠实记录、慎重整理、适当加工。”

手段，将非物质文化遗产所隐含的各种信息，尽可能全面地记录或保存下来。这是非物质文化遗产作为研究资料进行技术化处理的第一步。没有这一步，就谈不上科学；没有这一步，今后的再加工、再创造就会变成一句空话。

第二节 非物质文化遗产申报中的甄选与辨伪

非物质文化遗产是祖先留给我们的一笔宝贵财富，而这笔财富价值的大小，又是由非物质文化遗产自身的优秀度与原生度决定的。非物质文化遗产优秀程度越高，原生程度越高，就越有价值；反之，就越无价值。如果对此没有一个清醒的认识，就很容易在非遗普查过程中，将本不优秀或是将已经被改造得面目全非的传统文化事项当成普查申报的重点，而将那些真正优秀的、原汁原味的、未经任何改造的、具有重要历史认识价值的非物质文化遗产拒之门外。因此，在普查申报过程中，我们的任务自始至终只有一个——通过普查申报，将那些真正优秀的、原汁原味的、具有重要历史认识价值的非物质文化遗产事项发掘出来，而将那些已经被严重改造过的，已经不再具有重要历史认识价值、艺术价值、科学价值和社会价值的伪遗产剔除出去。

一、非物质文化遗产申报中的甄选原则

非物质文化遗产普查的目的是将一个民族最优秀的活态遗产甄选出来，那么，如何才能做到这一点呢？在非物质文化遗产申报或遴选过程中，应把握好以下几个原则。

（一）独具地域特色者优先

保护非物质文化遗产的目的，在于保护人类文化的多样性，只有这样才能为日后的文化发展提供足够的优秀基因与种源。人类文化的多样性是由一个个独特的地域文化构成的。要想保护好人类文化的多样性，就必须从发掘、申报、保护独具地方特色的非物质文化遗产项目做起。因此，是否独具特色，应该成为申报非物质文化遗产项目的硬性条件，如新疆的十二木卡姆、湖北省襄阳市的独臂木偶等。遗产项目的独特性有时是通过地域的形式体现出来的，如天津的泥人张、无锡的阿福、杨柳青的年画、蔚县的剪纸、环县的皮

影、东阳的木雕、象山的竹雕等。有时是通过民族这一独特的介质体现出来的。如维吾尔族的英吉沙小刀、土家族的西兰卡普等。

也许有人会问：为什么在漫长的传统农耕社会中，人们从未谈及保护人类文化的多样性，而进入工业文明后人们却突然提出保护人类文化多样性的问题？在传统农耕社会中，由于手工生产的缘故，人们每生产一个产品都是有所不同的。譬如，人们用传统木工工具生产木碗，即或每天生产一百个，每个木碗都会各不相同。这时，人们根本没有必要去保护人类文化的多样性。但进入工业文明之后，随着大机械化生产的引入，人们即或每天生产十万个塑料碗，每个都会完全相同。这时产生的文化产品不可能有多少多样性可言。正因如此，意识到这个问题的各国政府，都会在这个时候，提出人类文化多样性的保护问题。并从保护地域文化的独特性入手，开启保护人类文化多样性的历程。

地域文化的独特性有时是通过内容体现出来的，有时是通过表现形式体现出来的，有时是通过制作材料体现出来的。当然，对地域文化独特性的理解还可以放得更加宽泛，无论是题材，还是体裁，无论是工艺，还是流程，只要独具特色，都可以作为优先申报的资本和条件。

（二）具有重要价值者优先

非物质文化遗产的最大价值是它的历史认识价值、艺术价值、科学价值、社会价值和基因传递价值，而其中的核心价值，是它的历史认识价值。因为无论是其中的艺术价值、科学价值还是社会价值，所强调的都是祖先遗产所呈现给我们的价值，这一点与当代创造所展示出的价值是不一样的。它的优势是这类遗产的总量非常大，特别是对于我们这个具有 5 000 年文明史和具有 56 个民族的大国来说，可继承的遗产数量非常之多。同时，这类遗产是经过几百年乃至数千年的历史积淀和时间检验留存至今的，因此，也就更靠谱。能否保护好、活用好这笔遗产，将直接关系到一国文化的可持续发展。非物质文化遗产申报的第一步是辨伪，即将真正的非物质文化遗产项目钩沉出来，将那些披着非物质文化遗产的伪遗产剔除出去。申报的第二步是将那些确有价值的非物质文化遗产项目申报上去。

非物质文化遗产的价值有时是显性的，如北京同仁堂的中药炮制技术、贵州茅台酒厂的茅台酒酿制技术、安徽五星宣纸厂的宣纸制作技术等，这些项目即使在今天，也仍具有重要的科学价值与较高的技术含量。而有些遗产项目的科学价值有时会呈现出某种隐性特征。如水运中使用的船帆，稻作生产中使用的水车，粮食加工中使用的水椎，这些项目的使用技术无论在行驶速度、传输能力，还是在加工能力上，都远不及现代化机械设备。但它们在环保以及巧借自然伟力等方面所呈现出的环保精神、低熵式生活态度以及与自然和谐共处理念等方面，对当代文明的发展仍具有重要的启迪与借鉴意义。特别是在面对现代化大工业生产给人类社会带来种种弊端，而人类又急于走出这样一个现代化怪圈的时候，向传统学习，很可能就是一种更加睿智的选择。

（三）独具杰出传承人者优先

传承人是非物质文化遗产的活态载体，有传承人就有非物质文化遗产，没有传承人就没有非物质文化遗产。没有传承人的非物质文化遗产事实上是不存在的。故而，遴选非物质文化遗产的本质就是遴选非物质文化遗产传承人。正是因为这个缘故，在遴选非物质文化遗产项目时，无论是民间文学、表演艺术，还是传统工艺美术、传统工艺技术，除查看其相关作品外，重点都会放在对传承人基本技能的现场考核上。在遴选非物质文化遗产项目时，各国政府之所以一直主张将非物质文化遗产与传承人绑定在一起实施“捆绑式”申报，原因即在于强调“这一个”传承人的重要性。没有杰出的非物质文化遗产传承人，是无权申报非物质文化遗产的。

（四）身处原产地及重要集散地者优先

与物质文化遗产不同，非物质文化遗产具有很强的流动性。如陕西说书，据说基本上都是从陕西省横山区流出，并在各地扎根散叶的。在源流都很清晰的情况下，我们应尽量遵守作品原产地优先保护原则，允许原产地优先申报但坚持这一原则的前提条件是，该原产地遗产的流出而影响到原产地遗产项目的活态传承。对于作品原产地的认定，学者的论证固然重要，但最关键的还要看当地民间社会是否认同。如果当地民间社会并不认为它就是当地地域标志性文化，即或专家的证据再充分，也不能申报非物质文化遗产。因为该遗产在当下已经失去了起码的影响力。如果无法查出原产地，那么，该项遗产的重要集散地也可优先申报非物质文化遗产。遗产集散地申报的基本条件是：作品有足够的存世量，作品有杰出的传承人，作品仍处鲜活的传承状态。

（五）身处濒危状态者优先

无论是表演艺术、工艺技术，还是节日仪式，都有身处濒危状态者。造成濒危的原因很多，有当代技术的冲击，有外来文化的影响，有文化传统的更新换代，也有老艺人的自然离世以及生态环境的改变等。令人遗憾的是，这种颓势迄今仍未缓解，戏剧如此，众多的曲艺品种更是如此。例如，历史上人们耳熟能详的八角鼓、莲花落、太平歌词等，均已后继乏人。保护好京剧、昆曲这类国粹固然重要，但从保护文化多样性与独特性的角度来说，保护好这类已近濒危的草根型文化遗产往往更具价值。因此，应加强对这类濒危遗产的优先保护。

二、非物质文化遗产申报中的辨伪原则

非物质文化遗产普查本身，就是一个对所选项目不断甄选、不断辨伪的过程。辨伪对非物质文化遗产甄选来说，无论如何都是十分重要的。如因辨伪失误而导致伪遗产流入，不但会影响到整个非物质文化遗产保护工程的声誉，同时还会因严重挫伤非物质文化遗产传承人的积极性，影响到遗产项目的有序传承。那么，在普查工作中，如何才能判断出一个文化现象究竟是来自当代的捏造，还是来自历史的真传呢？

（一）通过实地调研辨真伪

要判断一个非物质文化遗产项目是真是假，仅凭看资料、听汇报是远远不够的。一个最简单的办法，就是通过实地观察来判断申报项目的真假。这里所说的“观察”，并不是让艺人脱离开他原有的生活环境，将他邀请到城里制作或表演给大家看。这种作秀式的、去功能化的做法，很容易造成伪遗产的流入。我们强调的是深入民间，并在深入民间的过程中考察传承人。对传承人的考察重点应集中在以下几个方面：

1. 技术考察。通常会让他们完成难度较大的“规定动作”，同时展示自己的“自选动作”。这种考察在国外是一种非常通行的做法。

2. 品德考察。对当事人的职业道德和人品进行深入的考察。

3. 传承意愿考察。如果当事人不愿将手中技艺传授给别人，那么，即使技艺再高，手艺再好，也不能成为非物质文化遗产传承人。

在考察申报人本人的同时，还应通过向周边民众咨询的方式，了解当事人在当地手艺人中所占位置。在现实生活中，出于利益考量，撇开一流传承人于不顾，将二流乃至三流传承人申报上来的情况并不少见。所以，在选拔非遗传承人的过程中，跨越人际网络，实施横向比较，也是十分必要的。在水平高下难分，且人际关系又错综复杂的情况下，通过对歌、比赛、展览以及老艺人投票等方式，让当地民众公选出自己心目中的非物质文化遗产传承人，也不失为一种既可消除矛盾，又可找出真正传承人的有效手段。

（二）透过态度辨真伪

看申报项目真伪，传承人的态度是试金石。一个非物质文化遗产项目能否获得可持续发展，文化自觉非常重要。所谓的“文化自觉”，就是通过自己的反省，意识到了自己所传遗产的重要，自己不能不传。如一个老人家说：“这门手艺在我家已经传了五代。到我这儿就断了，我和我的老祖宗没法交代”。一个老人家说：“咱们全中国就我们家还掌握着这门手艺，如果我们不传，这门手艺就绝户了”。这叫什么？这叫“家国情怀”，这叫“文化担当”。如果我们的百姓有了这种文化自觉，即或没有经费扶持，没有进入遗产名录，他们也会尽心尽力地将这些老祖宗所创文明传承好。反之，如果只是政府热情高涨，而当地百姓却无动于衷，基本上不会获得真正的传承。譬如说，近年来许多地方政府举办的各种祭祀大典，虽不乏正面意义，但从根本上说，是很难真正地传承下来的。

（三）透过功能辨真伪

凡文化皆有功能。但对非物质文化遗产而言，我们更看重它的原始功能。如广西壮族地区的歌圩，其原始功能是青年男女通过对歌来谈情说爱，选配择偶。如果这一原始功能已经丧失，对歌变成了单纯的舞台表演，则该文化事项已经因原始功能的丧失而不再有资格申报非物质文化遗产。据我们观察，许多非物质文化遗产项目之所以丧失了申报资格，几乎都与人为的改编、改造有关。

（四）透过环境辨真伪

任何非物质文化遗产都是环境的产物。没有特定生态环境的遗产，客观上是不存在的。在非物质文化遗产普查过程中，要时时刻刻注意到申报项目与周边环境的关系，从是否具备项目生长条件的角度出发，去判断申报项目的真伪。非物质文化遗产的周边环境包括多方面内容,如传统工艺技术类遗产需要足够的原生材料,需要特定的加工场所,需要恒定的销售渠道,还需要稳定的销售对象。如果上述环节无法形成一个缜密的原料供应网络,生产营销网络,该项目的真实性就会大打折扣。

思考题

1. 为什么说非物质文化遗产资源普查非常重要?
2. 非物质文化遗产普查需要重点注意哪些问题?
3. 非物质文化遗产甄选原则是什么?
4. 如何鉴别伪遗产?

第六章

非物质文化遗产的商业化经营

要想通过单纯的保护来留住非物质文化遗产，事实上是很难的。单纯保护不但会因资金匮乏而步履维艰，非物质文化遗产所具有的诸多价值也很难充分展现出来。因此，我们完全可以在充分尊重非物质文化遗产传承规律的基础上，通过市场引导激发起传承人传承非物质文化遗产的积极性，从而实现非物质文化遗产的良性发展。这样做不但可以增加传承人的收入，从而更好地促进非物质文化遗产的活态传承，同时还可以通过市场经营实现非物质文化遗产价值的最大化，并实现通过遗产保存历史、教育后人、发展经济、传承文明的最终目的。

第一节 非物质文化遗产商业化经营的可行性与问题

非物质文化遗产能否进行商业化经营？在商业化经营过程中又会遭遇哪些问题？这是本章节讨论的主要问题。

一、非物质文化遗产商业化经营的可行性

在探讨非物质文化遗产能否进行商业化经营这个问题之前，必须首先明白非物质文化遗产的“商业化经营”与“产业化开发”的区别，以避免造成更多的理论上的混乱。从表面看，无论是非物质文化遗产的“商业性经营”，还是非物质文化遗产的“产业化开发”，都是通过“走市场”让非物质文化遗产获得经济效益的。从这个角度来看，两者完全相同。但从作用模式看，两者又是完全不同的两码事。

所谓非物质文化遗产的“商业性经营”，是指将某种非物质文化遗产制成

品当成商品，通过市场营销获得利润。如泥人、泥老虎、泥狗的销售，昆曲、京剧的商演，都属于非物质文化遗产“商业化经营”范畴。

如果以“能否走市场”作为分类标准，那么，非物质文化遗产大体可分为两类：一类是可以“走市场”的——如传统戏曲、曲艺、杂耍以及形形色色的传统表演艺术。这类遗产历史上就是“走市场”的。而另一类遗产项目——如神话故事、民歌民谣以及宗教仪式等。

对于那些历史上就“走市场”的非物质文化遗产项目，由于其自身就是市场经济的一部分，所以，让这类遗产“走市场”，不但不会给这类遗产的传承带来负面影响，反过来还会在走市场的过程中获得更大的发展空间，并在这个过程中实现非物质文化遗产的有序传承；而对于那些历史上不“走市场”的遗产项目，“走市场”并不符合这类遗产的传承规律。倘若一定要将它们推向市场，其结果，只能是促使其早日消亡。如我们一定要让那些严肃的祭祀仪式以及人人都能讲述的传说故事“走市场”，其结局一定会以失败告终。

总之，非物质文化遗产究竟能否进入市场，能否进行商业化经营，决定权不在人们的主观意志，而在非物质文化遗产固有的传承规律——这个规律仍是历史上“走市场”的可以继续“走市场”，历史上不“走市场”的尽量不要“走市场”，而介乎于两者之间的，要谨慎“走市场”。只要我们按着这一规律办事，通常都不会出现太大的问题。

二、非物质文化遗产商业化经营可能带来的问题

当然，在市场经济条件下，那些处于准商业状态的非物质文化遗产事项，很容易成为非遗商业化的“雷区”。譬如，少数民族聚居区用于祭祀、求爱、娱乐的民间歌舞，本不具备商业价值，但随着这些地区旅游市场的出现，这类歌舞便很容易因市场需要变成商业化表演。对此，我们持审慎的乐观态度。因为这样做尽管在一定程度上会影响到这些民族歌舞的原真性，一些表演也很容易让参演者失去原有激情。但有传承总比没传承好。有传承，不但可以使当地人获得更多的经济回报，进而激发起当地人传承非物质文化遗产的积极性，同时也避免了因农村人口外流而导致的非物质文化遗产失传。当然，凡事必须有度。对于那些严肃的祭祀仪式，还是应尽量避免过分的商业炒作，以确保这类遗产的严肃性与纯真性。

总之，我们应该看到，商业介入本身也是一柄“双刃剑”，我们在巧用市场这只“看不见的手”以刺激非物质文化遗产自主传承的同时，也应充分考虑到失当的商业介入，同样会给非物质文化遗产传承带来负面影响。这种负面影响主要体现在以下两个方面：一是因追求商业利益最大化给非物质文化遗产原真性造成的负面影响，二是因追求及时回报而给非物质文化遗产原真性造成的负面影响。

从价值取向看，商业投资追求的是商业利益最大化。一旦进入市场，一旦进入这一评估体系，人们就会以商业利益最大化作为自己的奋斗目标，并要求非物质文化遗产传承必须符合“商业规律”，而不是非物质文化遗产“传承规律”。以传统表演艺术为例。传统表演艺术如京韵大鼓、八角鼓、北京琴书等都是一人伴奏一人演唱的。作为非物质文化遗产项目，即使赔钱，也应如此。但这些项目一旦进入商业运作，以追求商业利益最大化为目标的商家，就很容易为节省成本，增加利润，而将一人演唱一人伴奏的二元演出模式，改造成一人演唱、录音机伴奏的一元演出模式。从经济规律看，这种缺斤短两的演出，也许非常符合商业规律，但从非遗传承规律看，却违反了非遗的传承规律，变成了“半拉子”传承。由此可见，商业介入与有序传承，有时确实是一对很难调和的矛盾。在这个过程中，一旦追求商业利益最大化的经济诉求占据上风，非物质文化遗产的科学保护也就走到了尽头。

那么，商业社会强调及时回报又会给非遗的真实性带来怎样的影响呢？

商业经营强调及时回报。今天投入最好明天就能获得产出，甚至明天就能“回本”。这种做法在以谋利为目的的商业社会不会受到任何指责。但是，这种念头一旦进入非物质文化遗产保护领域，就很容易为获取短期利益而干出杀鸡取卵、竭泽而渔的事情。据研究，在少数民族村落游中，与原生态民俗展示相比，改编后的旅游产品在改编之初更容易获得经济回报。但经长期跟踪我们又发现，一旦游客们知道这里上演的只是导演们改编过的伪“民俗”，马上就会心生厌倦并永远不再为此买单。许多以“改编”起家的旅游地，之所以创办之初门庭若市，一段时间后又门可罗雀，都与因改编而导致原生资源丧失有关。事实最终将会证明，由于原生态民俗可以让游客大开眼界，并从眼前的表演中领略到数百乃至数千年前的远古风情，所以，与伪“民俗”相比，这种原生态游更有后劲。可见，在利益这块“蛋糕”的分配上，是“钱”字当先，还是“保”字当先，结果完全不同。

第二节 各类别非物质文化遗产项目的商业化经营

如果从能否“走市场”这个角度对非物质文化遗产实施分类，那么，非物质文化遗产大致可分为“可以走市场的非物质文化遗产”与“不可以走市场的非物质文化遗产”这样两个大类。那么，到底哪些非物质文化遗产可以进行商业化经营，哪些非物质文化遗产不能进行商业化经营呢？

一、民间文学类遗产的商业化经营

在普通人的理解中，所谓民间文学类遗产的商业化经营，就是指以销售门票获取经济回报的一种谋利方式。事实证明，与专业型表演艺术相比，民间传说、故事、神话或是民谣，是很难通过“走市场”获取经济回报的。民间故事家讲故事图的也不是经济利益，而是娱乐身心、教化后人。历史如此，今天亦如此。从这个角度来说，我们并不建议这类不适合“走市场”的非遗项目一定要通过走市场的方式进行商业化经营。在非遗保护史上，也确有人为民间故事家建过“故事厅”，以促使这类遗产实现商业化经营。但事实证明，由于这类运作违反了民间故事传承规律，最终无一不以失败告终。

二、传统表演艺术类遗产的商业化经营

传统表演艺术类遗产的商业化经营，是指通过现场销售门票以获取表演艺术经济价值的一种谋利模式。

中国的传统表演艺术大致可分为两类：一类是以广场为载体的群众性表演艺术，一类是以舞台为载体的专业型表演艺术。历史上，以广场为载体的群众性表演艺术，如舞狮、舞龙、踩高跷、划旱船等，主要用于迎神赛会以及民众自娱，故而，这部分表演艺术基本上不会“走市场”，更不会通过商演进行商业化经营。而以舞台为载体的专业型表演艺术——京剧、昆曲、秦腔、吕剧等，历史上便服务商演，两者情况完全不同。对于上述遗产，只要我们秉承历史上“走市场”者继续“走市场”，历史上不“走市场”者不要“走市场”的原则，

通常都不会出现太大问题。需要注意的是，随着整个社会商品意识的提高，有些历史上不曾“走市场”的项目也在尝试“走市场”，如被称为“纳西古乐”的纳西族道教音乐、火爆热烈的安塞腰鼓和婉转悦耳的侗族大歌等，在当代市场中都找到了自己的一席之地，这当然是好事，但那些常年在外的走穴演出模式，很容易让传承人脱离原有生态，并让他们所传非物质文化遗产失去原有功能，变成单纯的表演艺术，这一点应特别注意。

三、传统工艺美术类遗产的商业化经营

传统工艺美术类遗产的商业化经营，是指通过传统手工艺品的销售以获取经济回报的一种谋利模式。那么，我们能否对传统工艺美术类遗产实施商业化经营呢？答案是肯定的。

历史上，传统工艺美术类遗产是“走市场”的典型代表，“走市场”也是这类遗产的必由之路。古代如此，今天亦如此。“走市场”不但可以促进这类遗产的有序传承，同时还可以通过市场这只“看不见的手”，解决传承人甚至更多人的生计问题。实践证明，除极特殊情况外，绝大多数传统工艺美术制品都可以通过“走市场”，实现手工产品的商业化经营。

与其他非物质文化遗产类型不同，传统工艺美术类遗产主要保存在极少数艺人或匠人手中。作为各级政府，他们推动传统工艺美术类遗产传承的关键，不是通过毫无节制的“输血”，把艺人们“养起来”“供起来”，而是通过命名等方式，充分调动起民间艺人传承非物质文化遗产的积极性，并以此带动当地手工市场的发展与繁荣。艺人们会凭借政策上的利好，在增加收入的同时，实现所传手艺的有序传承；反之，如果让民间艺人脱离市场，不但会增加政府的财政负担，还会将他们培养成毫无生命力的温室花朵，反倒不利于非物质文化遗产的活态传承。

四、传统工艺技术类遗产的商业化经营

我们所说的传统工艺技术类遗产的商业化经营，是指通过对遗产地工艺技术类遗产产品的营销，以获取其中之经济价值的一种谋利手段。那么，我们是否可以对这类遗产实施商业化经营呢？答案同样是肯定的。

传统工艺技术类遗产主要指衣食住行等与人类生活息息相关的传统生

活技术，如服饰制作方面的纺织技术、印染技术、剪裁技术、缝制技术、衣物保存技术，饮食方面的烹调技术、腌制技术、酿造技术，建筑方面的堪舆技术、选材技术、温控技术，交通方面的舟车制作技术，道路桥梁等交通设施营造技术等。说得更宽泛些，只要与人类生活有关而又难以纳入其他非物质文化遗产类别的传统文化事项——诸如各民族传承的传统医药知识，正骨、针灸、推拿知识等，均可纳入传统工艺技术类遗产。

这类与日常工艺息息相关的传统工艺技术类遗产根据专业程度不同，又可分为“非专业型工艺技术类遗产”与“专业型工艺技术类遗产”两部分。前者服务于自身，多半不具有商品属性。如一般百姓给自家人缝制衣裳的技能、制作菜肴的技能，基本上都属于这类遗产。而通过开办裁缝铺、中餐馆、中医诊所，将高超的传统服装裁剪技术、传统饮食烹调技术、传统中医药技术作为谋生手段的专业型工艺技术类遗产，则具有广泛的商品属性，完全可以通过“走市场”，对这部分遗产实施商业化经营。历史上这类遗产都是通过“走市场”的方式加以传承的，让它们继续“走市场”，是完全可行的。

五、传统仪式类遗产的商业化经营

传统仪式类遗产的商业化经营，是指通过对传统仪式的商业化运作以获取经济价值的一种谋利方式。但是，由于传统仪式类遗产本身所具有的神秘性，就决定了这类仪式本身并不适宜于商业化经营。当然，我们反对对传统仪式进行商业化经营，并不意味着不能利用庙会仪式这类契机，进行商业化经营。要知道，无论何地的传统庙会都会聚拢大量人气。有人气便有商机，我们完全可以在仪式之外，获取更多的经济回报。

六、传统节日类遗产的商业化经营

我们所说的传统节日类遗产商业化经营，是指通过对传统节日的商业化运作以获取经济回报的一种商业运作模式。那么，传统节日类遗产是否可以进行商业化经营呢？

传统节日凝结着一个民族成百上千年的集体记忆，也是展示其物质文明与精神文明的重要窗口。历史上，集宗教、文化、艺术、娱乐于一身的传统节日活动，一直充当着招揽四方商贾的重要角色。只要运作得当，很容易成为一个地区的经济增长点。近年来,在市场经济的推动下,我们在节日食品、礼品的"推陈出新"上,已经取得了不俗的成绩。宏观地看,许多地方的儿童玩具、节日饰品、节令食品、民族服装、民间舞蹈、民间戏曲类遗产的繁荣与振兴,都与传统节日的复兴有关。各大中城市春节庙会所获丰厚利润,也印证了传统节日对地方经济的拉动作用。

传统节日类遗产在商业化运营过程中,一要注重对传统节日类遗产深度地发掘,二要注意对节日类遗产广度的挖掘。前者强调的是对遗产的所有层面——如节日美食、节日饰品、节日礼品等进行全方位发掘,后者强调的是对一年中所有能够发掘出商业价值的传统节日进行全方位发掘。因为仅局限于对一两个传统民俗节日进行单一发掘的做法,通常都不会得到很好的经济回报。中国历史悠久、民族众多,传统节日资源相当丰厚,例如在人口不足500万的贵州黔东南地区,就有传统节日390多个(如苗族的芦笙节、吃新节、鼓杜节、龙船节、姊妹节、爬坡节、苗年,侗族的萨岁节、斗牛节、播种节、花炮节、赶歌会、侗年,水族的端节,瑶族的盘王节等)。可以说是月月有节、天天有节,只要方法得当,完全可以通过对当地传统节日资源的深度发掘,获取丰厚的商业回报。

七、传统农业技术类遗产的商业化经营

传统农业技术类遗产的商业化经营,是指通过对传统农业技术的商业化运作以获取经济回报的一种谋利方式。那么,传统农业技术类遗产是否可以进行商业化经营?答案自然是肯定的。

就农业的本质而言,我们所说的农业是指利用动植物以及微生物的生长规律,通过人工栽培或养殖等方式以获得经济回报的人类经济活动。"走市场"是农业技术类遗产的基本特征。我们对这类遗产实施商业化经营,就是利用农业技术善于"走市场"的规律,在满足人民生活的同时,进一步促进传统农业生产技术的有序传承。实践证明,不仅农业(种植业)、林业(造林营林)可以"走市场",畜牧业(养殖业)、渔猎业(水产及野生动物养殖与捕捞)同样可以"走市场"。在北京的农业遗产资源中,大部分农业遗产资源都与果树种植、皇家贡品有关,而这显然又与北京是中国著名古都有关。将其中的农业生产技术发掘出来,不仅可以提高当地农产品的品质,同时还可以给当地农业增

加更多的“看点”与“卖点”。另外，如果将传统农业技术类遗产中的垛田营造技术、桑基鱼塘的鱼蚕共生技术、林下参种植技术等与研学结合起来，将会产生更好的经济效益。

思考题

1. 非物质文化遗产的商业化经营与产业化开发到底有什么区别？
2. 在非物质文化遗产商业化经营过程中需要注意哪些问题？
3. 民间文学类遗产的商业化经营主要表现在哪些方面？
4. 传统表演艺术类遗产的商业化经营主要表现在哪些方面？
5. 传统工艺美术类遗产的商业化经营主要表现在哪些方面？
6. 传统工艺技术类遗产的商业化经营主要表现在哪些方面？
7. 传统仪式类遗产的商业化经营主要表现在哪些方面？
8. 传统节日类遗产的商业化经营主要表现在哪些方面？
9. 传统农业技术类遗产的商业化经营主要表现在哪些方面？

第七章

非物质文化遗产的产业化开发

在现实生活中，许多人都认为非物质文化遗产只能保护，不能开发。而近年来针对非物质文化遗产的错位开发，似乎也证明了这一点。难道非物质文化遗产真的只能保护，不能开发吗？答案是否定的。

第一节 非物质文化遗产产业化开发的可行性

非物质文遗产到底能不能进行产业化开发？在回答这个问题之前，我们应该首先弄清什么是非物质文化遗产的“产业化开发”。

一、非物质文化遗产产业化开发与商业化经营的区别

与把某种非物质文化遗产制成品当成商品，并通过市场营销的方式获得利益的非物质文化遗产“商业化经营”不同，非物质文化遗产“产业化开发”，是指用大机械化生产和现代企业管理的方式，对非物质文化遗产制成品所进行的批量化生产。首先，这种全新的生产模式如果直接作用于非物质文化遗产自身，机械化大生产肯定会给以纯手工为基本特征的非物质文化遗产传承造成直面冲击；其次，以现代化管理为基本特征的管理模式，也肯定会对传统手工技艺的原有生态环境——传统行会组织的管理模式、行业信仰、行业规矩、行业道德等造成直面冲击。因此，我们反对传承人对非物质文化遗产进行产业化开发。

但是，我们这样说，并不意味着我们反对利用非物质文化遗产中的某些元素进行产业化开发，如将传说故事改编成电影电视，将童话故事改编成卡通文学，等等。实践证明，只要这种开发不直接作用于非物质文化遗产本身，再

多的开发，也不会对其“上游”——非物质文化遗产造成致命伤害。

二、非物质文化遗产开发的可行性与必要的前提条件

非物质文化遗产的产业化开发与商业化经营从表面看都是以营利为目的的商业性活动，但从本质上说，两者又完全不同。非物质文化遗产的商业化经营是指通过走市场获取非物质文化遗产的经济价值，而非物质文化遗产产业化则是指开发者利用非物质文化遗产中的某些元素，对非物质文化遗产实施机械化生产，如将民间传说故事、神话、史诗改编成电影、电视剧，将传统泥塑玩具改造成塑料制品，或是在传统配方的基础上开发出令人耳目一新的新型饮料等。由于它只是汲取了非物质文化遗产制成品中的某些元素，并没有改变或是影响到传承人的活态传承，所以，并不会对非物质文化遗产的真实性带来任何负面影响。我们不但不反对非物质文化遗产的产业化经营，反而，还深信非物质文化遗产作为一笔重要的文化资源，将会在中国文化产业化的发展进程中发挥更大作用，而非物质文化遗产产业化很可能也会成为中国未来经济的一个重要生长点。但这样做需要一个前提条件——必须保护好非物质文化遗产这一独特的、不可再生的文化战略资源，无论如何开发，都要以保护好这泓源头活水为前提。所谓保护好“源头活水”，是指这种开发不要直接作用于传承人所传非物质文化遗产自身。只要不干涉传承人，即或操作失败，也不会给作为源头活水的非物质文化遗产带来不必要的伤害。

有人认为，这种大工业生产的产品已经不再是原汁原味的“非物质文化遗产”，因而，一再排斥这种大工业生产行为。其实，这是一种误解。正如我们不应将当代仿品当成文物一样，我们也不应将这类以非物质文化遗产为元素创作出来的工业产品当成非物质文化遗产。它们只是非物质文化遗产制成品的仿制品，不是非物质文化遗产传承人的手工制品，没有必要对它们求全责备，更不应用非物质文化遗产的标准来要求它们。

第二节 非物质文化遗产产业化开发三原则

其实，我们真正需要讨论的不是非物质文化遗产到底能不能开发，而是

“谁来开发”“何处开发”和“怎样开发”的问题。实践告诉我们,只要遵循“异人”“异地”“异品”原则,非物质文化遗产开发中所遇到的所有问题,几乎都可以迎刃而解。

一、异人原则

所谓“异人原则”,是指非物质文化遗产的传承与开发,必须由两个不同的主体分别进行。其中,传承人只负责原汁原味的传承,而开发者则主要负责新产品的研发。

作为一种优秀的民族文化遗产,非物质文化遗产不但应该开发,而且必须开发。但开发主体不应是传承人,而应是开发者。这是由传承人的职责决定的。传承人在这个问题上,也应该深刻意识到传承的重要性,并坚守原汁原味的传承,千万不要因贪图一时之利而忘记本职、放弃传统,将自己卷入大机械化生产中。因为大机械化生产一旦介入传承,势必会对传统手工技艺的传承造成冲击,造成传统手工技艺的断流。当然,我们说传承人不能开发,并不意味着其他人不能开发。在我们看来,除传承人之外的其他人,特别是从事文化产业的投资者、开发者,完全可以利用非物质文化遗产中的某些元素,对非物质文化遗产实施产业化开发。以《宰相刘罗锅》这则民间故事为例。作为传承人,他的任务就是把《宰相刘罗锅》的故事原汁原味地继承下来,传承下去。他本人是不能对这个故事进行产业化开发的。因为传承人一旦有了开发的念头,肯定会为迎合市场对作品实施改编改造,而改编的结果,必然会使这则传说故事变味。但是,作为影视剧方面的开发者,则完全可以根据自己的喜好,将这则传说故事改编成电影、电视剧,对此,人们不会有任何异议。总之,由传承人所从事的传承与开发者所从事的开发,可以“同时并举”,但务必“分别实施”。事实证明,只要将“保护”与“开发”放置在两个完全不同的平台上,就完全可以实现“传承”与“开发”的双赢。反之,如果将传承人的“传承”与开发者的“开发”放置在同一个平台上,不但非物质文化遗产开发会因保护上的种种“规矩”而受到重重限制,非物质文化遗产的“传承”也会因多如牛毛的产业化开发而难保纯真。

二、异地原则

所谓“异地”原则，是指非物质文化遗产的传承与开发，应放置在不同区域进行。否则，开发者的开发就会影响到非物质文化遗产的原有生态，进而对非物质文化遗产造成灾难性破坏。

为确保原汁原味，保护好非物质文化遗产赖以生存的原生环境是非常重要的。这就要求我们必须将“传承”与“开发”分置在两个完全不同的平台上——传承人在 A 地搞他的传承，开发者在 B 地搞他的开发，以避免“大机械化生产”这一“外来文化”对于传承人及其所属环境造成冲击。“分地实施”不但可以使身处原生状态中的非物质文化遗产得到更为精心的保护，也可为今后的产业化开发创造出一个更为宽松的创业环境。更为重要的是，由于此时的产业化经营，已经脱离了非物质文化遗产母体，无论怎样创新，都不会对作为源头产品的非物质文化遗产造成致命伤害。总之，分地治之，是化解非物质文化遗产传承与产业化开发这对矛盾的一个非常有效的手段。

三、异品原则

所谓“异品”原则，是指非物质文化遗产产业化开发产品应与原有手工产品相区别，以减少产业化开发对原有产品的冲击。

我国对非物质文化遗产资源的产业化开发刚刚起步，尚有相当大的拓展空间。但是，为保护好非物质文化遗产资源，产业化开发必须以确保非物质文化遗产自身安全为前提。确保安全的最直接的方式，就是尽量避免生产与传承人作品完全相同或相近的文化产品。即或生产同类产品，也必须以确保传统手工技艺的安全传承为前提。当前，对非物质文化遗产所实施的产业化开发尚处于简单复制阶段。这种价格低廉的产品复制，很容易对传统手工技艺造成巨大的市场冲击。倘若我们纵容这种开发，其结果必然是“丢掉西瓜，去捡芝麻”。因为与机械化生产出的低端产品相比，纯手工制品无疑具有更高的含金量。我们理想中的产业化开发，应该是尽可能多地汲取非物质文化遗产中的某些元素，然后根据市场的需求，打造出一批既适合当代消费者口味，又不会对传统手工技艺造成直面冲击的新型产品。举例来说，开发者所要做的不是用大机械化生产的方式，去生产与扑灰年画、杨柳青年画完全相同的文化产品，而是将这些年画中最精美的图案提炼出来，或放大或缩小，然后将它们印制到茶杯、文具、背包上，或是干脆将这些精美图案做成钥匙链、小饰品。这样做既可避免开发对传统手工技艺造成的冲击，也可利用非物质文化遗产中的某些元素，获取更为可观的经济效益，从而实现传承人与开发者的“双赢”。

在非物质文化遗产产业化开发三原则中，“异人”是前提，“异地”是保障，“异品”是关键。只要坚守非物质文化遗产产业化开发的这三项基本原则，非物质文化遗产的传承与开发，就会像在两条平行轨道上跑的车，看起来近在咫尺，但永远不会撞到一起。

第三节　非物质文化遗产各门类的产业化开发

非物质文化遗产是由许多门类共同构成的。在这些门类中，有些可以进行产业化开发，有些不适宜产业化开发。那么，到底哪些适于产业化开发，哪些不适于产业化开发？如果适于产业化开发，我们又应从哪里入手，对这些非物质文化遗产事项实施产业化开发呢？

一、民间文学类遗产的产业化开发

民间文学类遗产的产业化开发，是以大机械化生产方式从民间文学类遗产中获取经济价值的一种谋利模式。那么，这类非物质文化遗产项目能否进行产业化开发呢？答案是肯定的。

我们反对对民间文学类遗产进行商业化经营，但并不反对以民间文学为素材的产业化开发。历史上，我们就有通过编辑、出版、展演等方式，将民间文学中蕴涵的经济价值充分释放出来的传统。五四运动以来，特别是 1978 年党的十一届三中全会以来，我国出版的数以万计的民间传说故事集、神话集、歌谣集等，都是通过出版这种大机械化生产的方式，将这类遗产推向市场的。此外，以民间传说、故事、神话为元素，对它们进行改编、再创作，也是国际社会颇为流行的做法。我国当代影视作品中的电影《阿诗玛》、动画片《百鸟衣》、电视剧《宰相刘罗锅》等,也都是在民间文学的基础上改编、再创作出来的,都可视为民间文学产业化中非常成功的范例,值得我们认真学习。

民间文学类遗产的产业化开发大体有两种模式:

(一) 通过编辑、出版、拍摄,将民间文学转化为新型文化产品,从而实现对民间文学的产业化开发。如将民间文学编撰成民间故事集、神话集、歌谣集,或是制作成 VCD、DVD 等,都是通过出版发行的方式实现这部分遗产产业化开发的。

(二) 通过改编,使民间文学以一种更符合当代人口味的形式展现出来,在充分发挥遗产社会价值的过程中,实现民间文学类遗产的产业化经营。民间文学类遗产对新文学、新艺术的产生,往往会起到举足轻重的作用。这正应了鲁迅的那段话:“旧文学衰颓时,因为摄取民间文学或外国文学而起一个新的转变,这例子是常见于文学史上的。”[1] 在新文学创造过程中,从民间文学中汲取营养,不但可以增强文学作品的人民性,使作家创作变得更加通俗,同时还可以加入更多的现代化元素,使传统获得更多的当代认同。多年前,我国影视界已经开始关注这个问题,并开发出诸如动画片《渔童》等一系列作品。但与国外相比,我国民间文学类遗产的产业化开发仍有相当长的路要走。

目前,在国际社会上,将民间文学作品改编成电影、电视等新型传媒的做法,已经成为一股不可阻挡的文化潮流。但由于这方面的法律并不健全,所以,未经所有国允许而擅自改编他国民间文学者屡见不鲜。[2] 这种跨国掠取他国文化资源用于自己新文化创造的做法,显然有碍公平。中国是个民间文学资源相对丰厚的遗产大国。我国立法部门应尽快制订出一套具有可操作性的法律法规,像遏制文物流失一样,遏制本国民间文学遗产资源的外流。

二、传统表演艺术类遗产的产业化开发

传统表演艺术的产业化开发,是指通过多媒体制作等方式,使传统表演

1 鲁迅:《门外文谈》,《鲁迅全集》第六卷,人民文学出版社 1981 年版,第 95 页。

2 依现有知识产权法规定,当代知识产权人的产权享有年限为 50 年。而像历史故事、神话传说活这样一类历史悠久的民间文学作品是不属于特有财产的。作为世界公共文化的一部分它可以不受任何限制地任人享用。目前,联合国教科文组织等国际组织已经着手非物质文化遗产所有权的研究,希望通过立法,改变这种无偿使用他国文化资源的现状。

艺术进入市场并获取经济价值的一种盈利模式。事实证明,对这类遗产进行产业化开发是可行的。

运用多媒体技术促进表演艺术类遗产活用,是未来中国非物质文化遗产产业化经营的一条重要途径。对优秀表演艺术的关注,往往是跨地域、跨时间和跨文化的,而现场表演所能满足的只能是少量在场观众的需求,无法满足更多的现场之外广大民众的需要。这就为利用网络与多媒体技术实现演艺资源的全球共享提供了可能。开发领域可以是电影、电视,也可以是CD、DVD或是各种网络产品。历史上,现代传媒曾是中国传统表演艺术的主要杀手,但现在我们的任务是打破“不破不立”的线性思维模式,化“敌”为“友”,使现代传媒变成推广、弘扬传统表演艺术的技术平台,让传统表演艺术类遗产在现代传媒技术的关照下走得更远。

三、传统工艺美术类遗产的产业化开发

传统工艺美术类遗产的产业化开发,是指通过大机械化生产的方式,以获取更大经济价值的一种商业经营模式。事实证明,对工艺美术类遗产实施产业化开发是可行的。

在非物质文化遗产框架内,工艺美术类遗产是非常容易进行产业化开发的。但开发的主体不应是传承人,而是开发者。开发的产品也不应是传统手工艺品的简单模仿,而是借用传统手工技艺的某些元素进行更多层面的创新。如不是简单地用大机械化生产的方式去制作苏绣、粤绣、蜀绣、湘绣,并与传统手工技艺争夺市场,而是将这些精美技艺与图案落实到桌旗、服装、被面等刺绣衍生品上。随着人们生活水平的不断提高,这类遗产的开发前景可观。

对工艺美术类遗产实施产业化开发,势必会涉及产品开发的多梯度问题。历史上,家庭作坊式的传统经营对产品开发的力度往往十分有限,但一旦进入规模化经营,企业都会加大开发力度。于是,多层次、多梯度的产品开发便会应运而生。通常,一个产品的全面开发常常可以体现在以下五个梯度上。

(一)产品的初级开发

是指按照产品原有样子所进行的复制级开发。如用大机械化生产方式

生产大阿福、泥泥狗、剪纸、香包、风筝、年画等，这都属于无须新创的低层次开发。这种开发的最大特点是产品在风格式样、工艺流程或是在选料用料上，与原有手工生产相比几乎没有变化，所不同的只是开始用大机械化生产的方式进行规模化经营。这种大机械化生产的基本特点是产量高，成本低，少个性。它的优势是产品虽然面向低端，但市场广大。问题是这种批量化生产很容易对传统工艺美术市场造成冲击。故此，即或开发也应加以必要的限制。

（二）产品的二度开发

是指在使用原料不变的情况下，根据现代人的审美需求与营销便利，对原有手工艺品进行的变量开发。如可以通过放大的方式，将“阿福”做成大型城市雕塑，或是将原来配挂在身上的香包，经放大作为家居挂件，以满足现代城市居室装潢的需要。有放大，自然有缩小。特别是作为旅游观光地销售的旅游商品，体量过大，会因携带不便影响销售。而通过缩小体量，将大型民间工艺品制成可随身携带的小型工艺品，以满足旅客旅游购物的需求。这就是针对传统产品所进行的具有变量性质的二度开发。

（三）产品的三度开发

是指在保留物件原有形态的基础上，对产品实施的质（材质）与量（体积）的同步改造。这种改造有时是因原料不足，有时是因携带不便。如韩国原有傩面具多用硬木雕成，但随着原材料的锐减与携带的不便，人们开始考虑用树脂材料作为替代资源。目前韩国流行的小型佩饰面具挂坠，基本上都是采用树脂翻模技术翻制而成的，成本非常低廉。当有些大型艺术品因重量影响销售时，同样可以通过改换轻质材料的方式赢得更多客户。如用塑模喷沙方式制作巨型佛像等，都有不错的艺术效果。

（四）产品的四度开发

是指根据“去粗取精”原则，在保留原物精华的基础上，对其实施选择性开发。如传统泥泥虎的面部非常漂亮，但体量太小，缺乏装饰效果。这时就可以通过去粗取精的办法，将其最精华、最漂亮的前脸部分保留下来，经放大，做成独立的民间艺术品挂件，悬挂在墙上或是镶嵌在镜框中供人观赏。

（五）产品的五度开发

是指对工艺美术类产品所进行的更深程度的开发。譬如，如果我们将钧瓷产品开发到能“聆听到钧瓷开片之声”的程度，便可以说是产品的深度开发了。通常，人们只知道钧瓷之美，但很少有人知道或是能欣赏到钧瓷出窑后开片之声的悦耳。如果我们将出窑后钧瓷的开片之声录制下来，作为“天籁之声”推向音响市场，便可以视为对钧瓷这类遗产的更深程度的开发。这种开发虽然在理论上并没有脱离原有产品，但事实上其制成品已经与原物件没有太大的关系了。

四、传统工艺技术类遗产的产业化开发

传统工艺技术类遗产的产业化开发，是指通过大机械生产方式，对原有以手工艺生产为基本特征的传统工艺技术类遗产进行产业化开发，以获取经济价值的一种商业经营模式。针对这类遗产的产业化开发不但可行，而且还具有无可限量的发展空间。如传统服饰、传统饰品、传统饮食、传统建筑、传统交通工具、交通设施以及家传配方等方面，不但都有尝试，而且成果可圈可点。医药方面，北京的同仁堂、杭州的胡庆余堂、广州的陈李济、武汉的叶开泰、武汉的马应龙、苏州的雷允上、广州的潘高寿等，都可称之为非物质文化遗产产业化开发的成功典范。但与已经占据国际中药市场90%份额的日、韩、新等国相比，仍有很长的一段路要走。

五、传统仪式类遗产的产业化开发

我们所说的针对传统仪式类遗产所进行的产业化开发，是指通过大机械生产方式，对传统仪式进行产业化开发并以此获取经济回报的一种经营模式。我们认为，由于传统仪式本身具有很强的神秘色彩和庄重色彩，这便决定了这类遗产自身并不适合产业化开发。但与其息息相关的传统仪式用品的生产，完全可以通过大机械化生产的方式进行产业化开发。

六、传统节日类遗产的产业化开发

传统节日是从传统仪式的基础上发展起来的。从本质上看，两者是相通

的。作为通过大机械化生产以获取非物质文化遗产经济价值的产业化生产，在传统节日领域是否可行呢?

我们认为,对传统节日本身实施产业化开发基本上是不可行的。但是,这并不影响我们通过大机械化生产的方式,在节日食品、节日服饰、节日饰品、节日礼品方面,开发出更多更好的产品。

七、传统农业技术类遗产的产业化开发

传统农业技术类遗产是指人类在历史上创造,并以活态形式原汁原味传承至今的、具有重要价值的传统农业生产技术与经验。它包括传统农业生产技术、传统牧业生产技术、传统林业生产技术以及传统渔猎业生产技术等。传统农业技术类遗产就其本质而言,是非常适合“走市场”的,它具备了商业化经营的所有潜质。所以,传统农业技术类遗产是可以进行大规模产业化开发的,如我们可以通过大机械化生产的方式开垦出更多垛田、梯田,通过大机械生产的方式,开发出更多的农业生产技术。问题的关键也不是能否开发,而是由谁开发。作为老手艺的传承者,传承人对自己所传农业生产技术是不能开发的。否则,“老手艺”就会变成“新手艺”,传承人等于自动放弃了传承人为后世保留“老手艺”的历史使命。但作为传承人之外的其他人,则完全可以以传统农业生产技术类遗产为元素,并对其实施产业化开发。由于这类开发是在非物质文化遗产“下游”进行,不会影响到传承人所传非物质文化遗产的本身,也不会对传统农业技术类遗产造成不好的影响。

中国有近万年农耕文明史,在这过程中创造出了太多的传统农业技术文明。从传统农业技术类遗产获得创新灵感,将是未来中国农业产业化发展的一条必由之路。

思考题

1. 民间文学类遗产主要有哪几种开发模式?
2. 传统表演艺术类遗产主要有哪几种开发模式?

3. 传统工艺美术类遗产主要有哪几种开发模式?
4. 传统工艺技术类遗产主要有哪几种开发模式?
5. 传统仪式类遗产可以重点开发哪些产品?
6. 传统节日类遗产可以重点开发哪些产品?
7. 传统农业技术类遗产可重点开发哪些产品?

第八章

非物质文化遗产传承主体

物质文化遗产与非物质文化遗产都是人类历史上创造的宝贵财富，但两者在表现形态上却全然不同：前者是以有形的状态呈现在我们面前的，由于它"看得见""摸得着"，保护起来相对容易，但作为表演艺术类、工艺技术类以及节日仪式类的非物质文化遗产，由于是以技术或技能这种"看不见""摸不着"的形式保存于传承人头脑之中，所以保护难度很大。但是，如果换一种思维方式去理解这笔遗产，保护非物质文化遗产也许就会变得简单许多——既然作为非物质文化遗产的"技艺"与"技能"保存在传承人的头脑中，我们何不从保护传承人做起，来保护这笔遗产呢？无数事实已经证明，只要保护好传承人，也就等于保护了非物质文化遗产；只要传承人带徒授艺，非物质文化遗产就会代代相传，永不断流。所以，无论是日本，还是韩国或是其他国家，都将保护传承人作为保护非物质文化遗产的头等大事。

那么，什么是传承人？到底什么样的人才有资格成为非物质文化遗产传承人？在非物质文化遗产传承过程中，不同项目传承人数的多寡是各不相同的，这是否会影响到非物质文化遗产传承主体的类型划分？此外，不同门类的非物质文化遗产传承人在中华文明的创建过程中，到底又承担着怎样的责任和义务呢？这将是本章所要解决的主要问题。

第一节 非物质文化遗产传承主体的基本特征

要保护好非物质文化遗产，首先就要保护好传承人。这是个说来简单，操作起来却十分困难的问题。因为无论哪个方面出现偏差，都会影响到传承人的遴选，都会影响到该遗产项目的兴衰存亡。

那么，究竟什么样的人才有资格成为非物质文化遗产传承人呢？

所谓的“非物质文化遗产传承人”，是指那些直接参与了非物质文化遗产传承，成就突出，并愿意将自己所掌握的相关知识与技能原汁原味传授给后人的某些自然人或社会群体。

从这个定义不难看出，是否有资格成为非物质文化遗产传承人，主要看他是否符合以下标准。

一、传承主体所传必须是非物质文化遗产

在认定一个自然人或社会群体是否有资格成为非物质文化遗产传承人时，首先要看他们所传表演艺术类、工艺技术类以及节日仪式类传统文化事项，是否具有百年以上的历史，是否原汁原味传承至今，是否具有重要的历史认识价值、艺术价值、科学价值、社会价值以及基因传递价值。如果上述诸项均已具备，那么，仅就他所传传统文化事项而言，已隶属非物质文化遗产范畴，传承者当然也就具备了申报非物质文化遗产传承人的资质。由此不难看出，所传项目是不是非物质文化遗产是非常重要的。

二、传承主体必须亲身参与非物质文化遗产的活态传承

物质文化遗产是以“物”为载体的，而非物质文化遗产是以“人”为载体的，这个“人”便是“非物质文化遗产传承人”。为确保非物质文化遗产能以活态的形式一代接一代地传承下去，申报者必须亲身参与非物质文化遗产的活态传承。那些在非物质文化遗产保护工作中作出过重要贡献的组织者、协调者以及热情参与者，尽管为非物质文化遗产保护做出过艰辛努力，但由于并未直接参与到非物质文化遗产的活态传承中来，或者未能熟练掌握非物质文化遗产的专业知识与核心技术，故而不能申报非物质文化遗产传承人。

人类社会的经验大致可通过两种渠道获得：一种是通过阅读而获取的经验，我们把这种经验称为知识型经验，例如，我们通过阅读说明书，几分钟就可以迅速了解并掌握电饭煲的使用方法。另一种是通过长期摸索、积淀获取的经验，我们将这种经验称为实践型经验。这种经验很难通过阅读快速获取，通常都需要一个漫长的实践过程，而非物质文化遗产正是这种需要长时间实践而获取的实践型经验。由于非物质文化遗产主要是通过口耳相传、口传

心授的方式进行的，所以，遴选传承人时，我们更倾向于选择那些长期工作在相关领域，并已取得相当成就的老艺人或是老匠人。在考察传承人时，我们重点关注两个方面：一是重点考察该传承人对自己所传技术或技艺的了解程度，他的技术是否能得到业内人士的高度评价和认可；二是重点考察该传承人对自己所在领域历史、文化、信仰、行规以及行业道德等的了解程度，他的行业知识与行业道德能否得到业内同行的高度认可。总之，在传承人的选拔上，应重点考察该传承人的总体传承能力。

根据国内外经验，非物质文化遗产传承人的年龄在 50 岁以上较为合适。据统计学分析，在 50~70 岁这个年龄段中，传承人所传“绝活”最多，所知相关传统也最多。当然，由于年龄、体力、手劲、腰板、眼力等诸多因素的限制，这个年龄段的传承人虽然在体力上开始走“下坡路”，但这并不影响他们带徒授业。传承人能把自己长期以来积累起来的知识与经验传授给他的继承者，这才是最重要的。

三、传承主体必须能力过人且成就突出

非物质文化遗产的传承并非一人所能完成。且不说团体传承、群体传承项目需要很多人所有传承，就算是一人所传的个体传承型项目，也很少凭借着一人之力就能完成该项目的所有传承。譬如弓箭制作技艺、风筝制作技艺、毛猴制作技艺这类小众传承项目，也都需要通过众多传承人来共同传承的。但是，国家人力、物力、财力有限，只能通过选拔，将同类项目中最优秀的传承者遴选出来，并进行保护。所以，是否能力过人且成就突出便显得十分重要了。

四、传承主体必须确保所传项目的基因纯正

就像保护生物物种时我们特别强调品种的正宗与基因的纯正一样，在保护非物质文化遗产时，我们同样强调各遗产项目品种的正宗与基因的纯正。那么，非物质文化遗产品种的正宗、基因的纯正，又是由什么决定的呢？当然是传承人。事实已经证明：只要传承人“传承血脉”正宗，非物质文化遗产必然正宗；只要传承人所传技艺纯正，非物质文化遗产自然纯正。为确保非物质文化遗产项目的纯正与正宗，我们在传承人的遴选过程中，必须严格把关，

并将那些门派最正宗、“血统”最纯正的非物质文化遗产传承人遴选出来。

为确保所传基因的纯正，我们在选拔非物质文化遗产传承人时，也有一套完全不同的评价标准。

首先，与有文化的知识分子相比，我们更倾向于选择那些没有文化、不会识文断字，但掌握有一技之长的行家里手。这是因为识文断字者可以通过读书、看报获取更多的外来知识，但问题是他们获取知识的渠道越多，便越无法保证所传基因的纯正；反之，那些不识文断字者由于不能通过其他渠道获取相关知识，只能通过师傅带徒弟的方式获取相应的本土知识，所以，他们所传知识与经验反倒会更加正宗、更加纯正。这对于以保护当地优秀传统文化基因为基本目标的非物质文化遗产保护工程来说，无疑是非常重要的。

其次，与大企业型传承人相比，我们更倾向于那些有一技之长的街边摊贩或是手艺人。在非物质文化遗产遴选过程中，许多大企业经常榜上有名。原因是这些大企业更容易给地方财政带来更丰厚的经济回报。其实，非遗的评选标准并不是它的经济贡献度，而是是否还保留有这门手艺的“真传”。大企业的大机械化生产已经与“传统手工技艺”无关，将“传承人”这份荣誉颁发给这些大企业，本身就意味着作为非物质文化遗产的这门传统手工技艺的“终结”。因此，与大企业型传承人相比，我们更应该重点保护那些在当地具有很高知名度的、货真价实的民间艺人。

最后，与勇于创新的社会人群相比，我们更倾向于那些热爱且一直坚守传统的社会人群。他们热爱传统，他们所传非物质文化遗产更容易原汁原味；相反，那些思想活跃、酷爱创新的社会人群，由于更容易受到外来文化影响，无法保证他们所传“基因”的纯正性，并不适合申报非物质文化遗产传承人。长期观察的结果告诉我们：年龄在50岁以下的传承人，他们所传技艺的纯正度通常都存在明显问题。如他们所唱民歌多半夹杂有美声唱法，他们所剪剪纸多半有西方绘画的影子，也就是说，最纯正的民间唱法和民间剪法在他们身上并没有被原原本本地继承下来。这种承载有太多西洋成分的“非物质文化遗产传承人”，一旦进入传承队伍，就很难确保他们所传基因的纯正。

五、传承主体必须愿意将自己的所学传授给后人

我们在评选传承人时，除重点审查该项目传承人是否具有足够的知识储

备与技能储备外，还非常看重其是否愿意将自己所掌握的全部知识与技能毫不保留地传授给后人，否则，即便才高八斗，也不能申报非物质文化遗产传承人。在现实生活中，我们可以将传承人的工作大致分为两个部分进行分段考核：一是看他们是否能以活态的形式，将祖先创造的技术或技艺原汁原味地继承了下来；二是看他们是否以活态的形式，将祖先创造的技术或技艺原汁原味地传承了下去。前者强调的是传承人是否得到了“真传”，后者强调的是他的徒弟们是否能得到“真传”。作为中华文明的“二传手”，传承人的这两项工作缺一不可。

第二节 非物质文化遗产传承主体分类及意义

一、非物质文化遗产传承主体的分类

非物质文化遗产在传承过程中所需人手有多有少。如有些表演艺术、传统工艺技术，只需一个人便能实现非物质文化遗产的有效传承（如山东快书、毛猴制作），而有些表演艺术、传统手工技术，则需要几个、几十个，甚至几百个人来共同传承（如相声、小戏、昆曲、京剧以及工艺烦琐、流程复杂的传统手工艺项目），还有一类项目——传统节日仪式类项目需要更多人参与传承（如我们的许多庙会都需要动辄数十个花会组织共同传承）。由于参与人数不同，非物质文化遗产传承人也呈现出明显的“类型化”特征。从传承项目所需人数出发，我们可以将非物质文化遗产传承主体大致分为以下三大类型。

（一）个体传承型传承人

在非物质文化遗产传承过程中，有些非遗项目是以个体传承的形式呈现在人们面前的。如国家级非物质文化遗产项目“聚元号”弓箭制作技艺，就是由杨福喜从父亲手中继承下来并传承至今的。这类技艺通常是以血缘传承的方式一脉单传，故而，该类遗产的核心技术主要掌握在传承人一人手中。由于弓箭制作技艺艺人很多，为确保指定对象的唯一性，在指定这类遗产时，传承项目需与特定传承人一并指定。这种被捆绑在一起的“双指定”管理模式意味着，至少到目前为止，只有这个传承人所传项目，才是政府认可的非物质文

化遗产项目，从而避免了同类项目“乱搭车”行为的发生。

这类遗产项目所传技艺技术含量高、专业性强，又可养家糊口，因此这类技艺多在家族内部传承，有时甚至是一脉单传。

（二）团体传承型传承人

与个体传承型传承人相比，我国绝大多数非物质文化遗产项目，都是以团体传承的形式呈现在我们面前的，如皮影、木偶、侗族大歌、苗族舞蹈等。这些参与人数众多的遗产项目，通常都是凭借着某一团体的力量共同传承。我们将这类传承人统称为“团体传承型传承人”。在这类遗产的传承过程中，尽管某些个人确实发挥着举足轻重的作用，但倘若没有其他传承人的参与，也不可能实现这类遗产的有效传承。所以，这类遗产的传承人不是某个个体，而是由若干自然人组成的某个团体。譬如，荣宝斋木版水印技艺、京剧演唱技艺等，都是由众多传承人以团体的形式共同传承。在保护这类遗产时，也应充分考虑到传承团体的作用，任何一种过分强调某个个体而忽视整个团体的想法与做法，都会给这类遗产的传承带来负面影响。

团体传承型项目的最大特点也是难点，就是需要通过构建稳定的团体关系来确保项目的有序传承。由于历史上这类项目就是靠团体的力量实现共同传承的，故不存在“祖传秘方”问题，可以在更广泛的范围内选拔具有专业潜质的后继人才。由于需要用团体的力量共同传承，故如何将每一位团队成员的积极性都调动起来，并形成稳定的工作团队非常重要。建议这类项目不设“代表性传承人”，而是设置“项目联系人”，以确保这类项目的团体属性。

（三）群体传承型传承人

群体传承型传承人是指以若干传承团体共同组成的人数更多的传承载体。与团体传承人相比，两者都具有明显的复数特征。所不同的是，团体传承型项目只需要一个团体，而群体传承型项目需要若干个团体。某些传统节日或是仪式，通常都是由若干个花会共同传承的。例如，北京门头沟妙峰山庙会，就是由粥茶会、面茶会、青菜会、献盐会、缝绽会等数十个文会以及杠箱会、狮子会、中幡会、杠子会、石锁会、双石会、吵子会、花坛会、开路会、五虎棍、秧歌会、太平会等数十个武会共同传承的。这类遗产项目的传承者虽然也被泛称为“人”，每个项目也确有“代表性传承人”领衔，但其传承主体已不再是某个个人，甚至不再是某个团体，而是更多的个人或是更多的团体共同传承。为确保这类项目所有参与者的共同权利，这类项目通常不会指定“传承人”或是“代表性传承人”，而是择其中最优秀者为“项目联系人”，以确保遗产项目的群体属性。

在非物质文化遗产中，传统节日、传统仪式以及大型庙会等都是由众多传承团体共同传承的。这类传承项目的核心驱动力来自对民族精神与传统美德的高度认同，比较容易保持其原有本色，但组织难度大，也很容易因不了解传统节日与仪式在弘扬民族精神与传统美德过程中所发挥的重要作用而受到种种误解。

二、非物质文化遗产传承主体分类的现实意义

由于传承人所传项目难易程度不同，用工多寡不同，工序流程不同，保密程度不同，所需传承人人数也会呈现出明显差异。根据非物质文化遗产项目与所用传承人数量的对应相关，我们将非物质文化遗产传承人分为个体传承型传承人、团体传承型传承人、群体传承型传承人三个类型。这种根据非物质文化遗产传承规律而制定出来的传承人管理模式，到底具有怎样的现实意义呢？

首先，对传承人实施精细化管理可以明确项目传承人或传承群体的责任和义务。要想保护好非物质文化遗产，首先就应该知道谁是这个项目的传承人以及他应该承担起怎样的责任。凡个人传承者，责任当然在该传承人本人；凡团体传承者，责任当然在整个团体；凡群体传承者，责任当然在整个群体。只有这样才能将传承一个民族文化遗产的任务分解到人。

其次，对传承人实施精细化管理可以使政府更了解自己的管理目标，一旦传承上出现问题，政府至少清楚自己知道应该督促谁、监察谁、管理谁、问责谁。反之，如果一味实施粗放化管理，将由很多人甚至众多团队传承的遗产项目，统统归结到一个传承人的名下，其他传承人就会自卸包袱，放弃传承。

再次，对传承人实施精细化管理也是完善非遗传承人福利待遇的需要。按劳取酬是公平分配的重要体现。如果将这一原则贯穿到非遗保护领域，那么，针对传承人的补贴至少应分为以下三种模式：

（一）由个体传承人传承的项目，一旦有了补贴，补助金当然应该归该传承人个人所有。

（二）由数人、数十人乃至上百人传承的团体传承型项目，如皮影、木偶、京剧、昆曲等，一旦有了补助，该补贴理应归该团体所有成员所有——因为该

项目的传承是由该团体所有成员共同完成的。

（三）那些动辄数千人、数万人甚至更多人群共同参与的大型非物质文化遗产项目，补贴应归参与组织所有成员共同拥有。如大型庙会活动等，一旦有了补贴，补贴则应发放给专门负责管理春祈秋报、迎神赛会的民间社火组织，并用于庙会活动的正常运营。至于这笔钱是用于庙会期间的粥棚，还是用于活动场所的装饰，完全由这些民间组织自己负责。通常，民间组织都有良好的自律性，账目往来也都有着良好的公示传统，不必担心这笔经费的滥用。

最后，对传承人实施精细化管理也是减少传承人矛盾，巩固传承人间既有和谐关系的需要。生长在原生环境中的非物质文化遗产本是不需要政府的财政扶持的，但在外来文化冲击加剧、非物质文化遗产项目危在旦夕的情形下，作为一国政府不可能不动用国家的力量，保护好自己的传统基因。但进行经济扶持时，如果不了解非物质文化遗产传承规律，就很容易引发传承人间的矛盾，反会因为原有和谐关系的打破而影响非物质文化遗产的正常传承。

总之，对传承人实施精细化管理，是非物质文化遗产科学保护的重要一步。要想保护好非物质文化遗产，首先就应该弄清非物质文化遗产传承规律，然后再利用这些规律去保护我们的非物质文化遗产。如果否认非物质文化遗产传承规律，不加区别地去管理所有的非物质文化遗产，其结果只能是越管问题越多。

第三节
非物质文化遗产传承主体的基本职能

在中华文明的创造与传承过程中，除了孔子、孟子这些古代典籍中记载的文化精英，还有一大批人也发挥着至关重要的作用。而他们，就是在青史中少有记载，但在民间口碑中广为传颂的建筑大师鲁班、纺织能手黄道婆、造纸术发明人蔡伦、活字印刷术发明人毕昇等人。用今天的术语来说，他们就是“非物质文化遗产传承人”。今天，中国非物质文化遗产保护工程所要保护的，也正是这样一批具有独特才艺且仍活跃在人间的“鲁班”“蔡伦”“黄道婆”和“毕昇”。

那么，作为一国之宝的非物质文化遗产传承人，他们在传承一国文明的过程中，究竟发挥着怎样的作用？又具有怎样的职能呢？

一、传承历史知识

在人类历史上，历史知识的传递主要是通过文字与口述这样两种完全不同的方式进行的。在有文字民族中，文字记录是他们传递历史知识的最主要的方式，而且，这种传递主要由官方来完成。进入青史这种记录方式具有超强的稳定性，故而，文字记录一直被视为文字民族记录本民族历史的最主要的方式。但在无文字民族中，由于没有文字，神话、传说、史诗、叙事诗便成了这些民族记录历史的最主要的方式。在无文字民族中，这些民族的历史，主要是通过巫师、酋长等来完成的。作为非物质文化遗产传承人，他们在民族历史知识的传递中，发挥了重要作用。这种传递尽管不乏附会和艺术加工，但其主体内容通常是真实可信的，应该成为研究无文字民族历史的重要参考。

当然，由于民族传统不同，即或是口头传承，各民族的表述方式也会因生产方式的不同而呈现出明显差别。在被称为“史诗带”(北纬 45 度线及以北地区)的北方游牧民族地区，他们记录历史的主要方式是史诗。这些民族的历史，特别是这些民族军事民主制时期的历史，主要是通过史诗来传承的。如蒙古族歌手演唱的《江格尔》、藏族歌手演唱的《格萨尔》、柯尔克孜族歌手演唱的《玛纳斯》，所讲述的基本上都是这些民族军事民主制时期的历史。而历史上曾经生活于北方，其后又大举南迁的苗族、瑶族、彝族等，他们的录史方式主要以古歌为主，但内容更加广泛。故事常常从开天辟地、始祖诞生、创造人类、建立秩序说起，全面展示出这些民族筚路蓝缕的创业过程，是研究这些民族早期历史的不可多得的重要读本。与此不同的是，中原地区农业民族早期的录史方式尽管不乏古歌，但至少到后期是以神话、传说、故事为主的。由此可见，在无文字民族或无文字社会中，民间历史知识的传递主要是通过故事家和歌手来完成的。在民间社会中，非物质文化遗产传承人崇高地位的确立，显然与他们在传递一个民族或是一个氏族历史知识方面所发挥的巨大作用息息相关。

二、传承传统工艺技术

在人类历史上，非物质文化遗产传承人还常常扮演着一个民族科技成果创造者与传承者的重要角色。历史上，各种风车、水车等机械设备的制作技术，各种瓷器陶器的烧制技术，各种织物的织造印染技术，各种美酒的酿制技术，各种中草药药材的炮制技术等，都是通过各地能工巧匠，老郎中、老艺人、老匠人等老把式们创造并传承下来的。作为传统科技成就的创造者与传承者，他们为人类科学技术的发展作出了杰出贡献。没有他们的努力，就不可能创造出如此灿烂的物质文明与精神文明。保护非物质文化遗产的一个重要目的，就是要将历史上创造并以活态形式传承至今的、具有较高科技含量的非物质文化遗产事项发掘出来，为当代新科技的进步提供更多的参考。

与其他非物质文化遗产事项不同，科技类遗产多掌握在专业性极强的老艺人、老匠人或是老郎中手中。而其中的“祖传秘方”，基本上代表了这类遗产的核心技术，也是非物质文化遗产传承人的传承重点。

三、传承传统文学艺术

在传承民族文化遗产的过程中，非物质文化遗产传承人同时还扮演着一个民族文学艺术创作者、表演者与传播者的重要角色。中国的昆曲、京剧、史诗、歌谣、剪纸、皮影、石雕、木雕，正是通过他们一张张巧嘴、一双双巧手传承下来的。

民间艺人对传统文学艺术的传承，主要体现在以下两个方面：一是对本民族表演艺术的传承，二是对本民族传统工艺美术的传承。两者虽然都根植于民间，但表现方式完全不同。前者强调的是通过口头及肢体语言来表达民间审美，后者强调的是通过色彩、线条与造型来表达民间审美，分属于完全不同的两个行当。他们的艺术创造，对于丰富本民族民间文学、表演艺术以及传统手工技术，发挥了重要作用。他们的奉献，丰富了中国人民的艺术生活，提高了大众的艺术鉴赏水平。在评价整个文学艺术发展史时，既不能忽略文化精英对文学艺术的深刻影响，也不能忽略民间艺人对文学艺术的深刻影响。

四、传承民族精神与传统美德

非物质文化遗产传承人在传承一个民族物质文明的过程中，也在不知不觉中传承着一个民族的精神文明。例如，他们在讲述一则则故事、吟唱一部部史诗、裁剪一幅幅剪纸、雕刻一尊尊石像，让人们产生审美愉悦的同时，也将正直、善良、团结、互助、机智、勇敢、谦恭、忍让、助人为乐、舍己救人等美好品质，传递给了每一个人。非物质文化遗产传承人也由此获得了民族精神与传统美德忠诚捍卫者这样一种特殊身份。

与官方教育不同，民间的这种大众化教育更多地通过民间文学、表演艺术、传统工艺美术等艺术形式来完成。寓教于乐是民间教育的主要范式。

当然，在看到非物质文化遗产传承人为人类文明发展所做贡献的同时，也应该清醒地意识到非物质文化遗产传承人在传承过程中客观存在的一些问题。传承人所传非物质文化遗产就像一条流动的河，从远古流淌到今天。在它们身上，或多或少会残留有某些往昔的痕迹。例如我们听到的苗族古歌、仪式歌、宗教音乐，本身就是一首首祭神的神曲；我们看到的剪纸、皮影、木偶戏，本身就是远古巫术道具的残留；我们欣赏到的许多地方剧目，本身就是祈雨、还愿仪式的重要组成部分。这就要求我们在继承这些遗产的过程中，必须从马克思主义唯物史观出发，客观地看待历史上所曾发生过的一切，并对非物质文化遗产及其传承人给予更多的宽容。

思考题

1. 谁是非物质文化遗产传承主体？
2. 非物质文化遗产传承主体大致可以分为几种类型？
3. 选拔非物质文化遗产传承人的标准是什么？
4. 非物质文化遗产传承人的主要职责是什么？

第九章 非物质文化遗产保护主体

在非物质文化遗产保护这个问题上，历来存在着“非物质文化遗产传承主体”与“非物质文化遗产保护主体”这两个群体。

所谓“非物质文化遗产传承主体”，就是指那些专门负责非物质文化遗产传承工作的传承人、传承团体或是传承群体，也就是人们通常所说的“非物质文化遗产传承人”。一个国家的非物质文化遗产传承——无论是民间文学、表演艺术的传承，还是传统工艺美术、传统工艺技术的传承，还是传统仪式、传统节日的传承，都是通过他们来进行的。这一点，亘古未变。而所谓“非物质文化遗产保护主体”，则是指那些利用自己的行政优势、学术优势、资本优势、舆论优势或是人力优势，专门为非物质文化遗产传承提供各种组织、管理、服务的各级政府部门、学术团体、各种商业组织、新闻媒体以及民间社团组织。

那么，作为非物质遗产的保护主体，它们到底由哪几部分构成？它们在非物质文化遗产传世过程中，又发挥着怎样的作用？人们对该群体中的非物质文化遗产专家委员会成员又有哪些要求？遴选非物质文化遗产专家委员会成员的标准又是什么？这是本章节将要讨论的主要问题。

第一节 非物质文化遗产保护主体的构成

在非物质文化遗产传世过程中，同时存在着一个以政府为主导的非物质文化遗产保护主体。“非物质文化遗产保护主体”虽处于传承圈之外，似与传承并无直接联系，但事实上，他们对非物质文化遗产传承起着重要的推动作用。这一群体以各级政府为主，同时还包括学界、商界、新闻媒体以及民间社团组织。

一、政府职能部门

在人类历史上，并不是只有传承人才重视民间传统文化的传承。翻阅历史我们会看到，历朝历代的政府，在保护民间传统文化过程中，也都发挥过重要作用。例如历史上对民歌、乐府的搜集整理，对传统戏曲、民间说唱的推广，有许多都是在官方的直接推动下完成的。近代以来在中国大地上展开的对民间小戏、民间舞蹈、民间美术、民间传说故事以及民间谚语等的搜集整理工作，更是在我国政府的直接领导下举全国之力共同完成的。它告诉我们，随着人类遗产保护意识的增强，有责任感的政府都会对本民族的优秀传统给予越来越多的关注。作为非物质文化遗产保护主体，政府的作用不容低估。

目前，负责中国非物质文化遗产保护工作的决策机构，是中央政府设立的非物质文化遗产保护工作部际联席会议。该机构由原文化部牵头，由原文化部、国家发展和改革委员会、教育部、国家民族事务委员会、财政部、住房和城乡建设部、原国家旅游局、国家宗教事务局和国家文物局等 9 个部委共同组成。以此为参照，各地也都建立有不同级别的联席会议制度。

目前，负责中国非物质文化遗产保护工作的行政主管机构是文化和旅游部。2006 年 12 月在当时的文化部社会文化司下设非物质文化遗产处。2007 年 6 月，文化部社会文化司加挂“非物质文化遗产司”，负责相关工作。地方非物质文化遗产保护工作则由当地文化行政主管部门中的社会文化处代管。

我国非物质文化遗产保护执行机构是 2006 年 9 月成立的中国非物质文化遗产保护中心。该中心成立后，我国各个省、自治区、直辖市分别设立省级非物质文化遗产保护中心。这些中心的工作一直下延到各市县，是我国各省市自治区非物质文化遗产保护体制中的核心工作机构。

非物质文化遗产保护是一项专业性极强的工作。许多国家都很强调专业队伍的建设问题，以确保保护工作的科学性与严肃性。非物质文化遗产的专业化管理，首先应该从制度建设抓起。通过建立严格的人才管理制度，提高该领域的准入门槛，从根本上杜绝队伍建设中的非专业化倾向。同时，通过建立严格的终身教育制度，提高整个行业从业人员的专业水平，以确保从业者的整体素质。

二、学术界

尽管历史上许多国家都在关注非物质文化遗产,但许多具体工作并不都是由政府完成的。在这方面,作为“先知先觉者”的学术界似乎发挥了更大的作用。在日本和韩国,他们的非物质文化遗产保护工程的启动,都是在这些被称为“有识之士”的学术精英的呼吁下完成的。在我国,学术界也一直秉持自古以来便形成的保护本国优秀遗产的传统。如发起于五四时期的中国近代歌谣学运动,发起于20世纪80年代的“中国民族民间文艺集成志书”搜集编撰出版工作,都是在学术界的积极参与下完成的。在2003年启动的中国民族民间文化保护工程中,中国学术界的理论研究不但很好地指导了中国非物质文化遗产保护实践,同时,由学者组成的各级非物质文化遗产保护专家工作委员会的建立,也为各级政府的科学决策提供了重要咨询。

三、商界

在非物质文化遗产传世过程中,不管赞成与否,商界的参与都是一个不争的事实。但对于非物质文化遗产保护工作来说,这却是一个极其敏感的话题。因为这股力量如果参与得当,将会通过市场这只“看不见的手”,有效地推动非物质文化遗产的活态传承,特别是对那些比较容易进入市场的非物质文化遗产项目而言,商业推动力度之大是一般人很难想象的;但是,这股力量如果参与不当,他们给非物质文化遗产所带来的伤害,也是一般人难以想象的。一些地区非物质文化遗产所遭受的种种冲击,有许多都与商界的不当介入有关。

目前,中国的非物质文化遗产商业化运营,主要体现在与旅游休闲产品相关的表演展示、民间工艺品开发以及影视剧制作等几个方面。参与单位主要有各种开发公司、文化公司以及影视集团等。

四、新闻媒体

在传统社会中,非物质文化遗产的传承是没有媒体参与的。但在经济全球化的今天,没有新闻媒体的积极参与,就很难唤起人们保护本国遗产的意识。因此,在非物质文化遗产保护队伍中,新闻媒体显然应该占据重要一席。新闻媒体应充分发挥自身优势，调动传承人传承本国遗产的积极性，还要唤起全社会的保护意识，进一步调动起全社会的积极性，动员大众更多、更主动地参与到非物质文化遗产保护中来，把非物质文化遗产保护变成整个社会的自觉行动。

五、民间社团组织

非物质文化遗产保护不仅是政府的责任，也是全体国民的义务。随着整个民间社会非物质文化遗产保护意识的提升，人们对非物质文化遗产的认知度也在不断提升。这种责任意识的制度化建设，就是非物质文化遗产保护社团组织的大量出现。非物质文化遗产社会组织大致可分为以下两个大类：第一类是技艺传承型民间社团组织。如风筝制作协会、洞箫协会等。这类组织的最大特点是以某种技艺或技能的传承为宗旨。加入这类民间社团组织的成员，通常都会以学习到某种技术或技能为出发点，其成员的最大特点，便是热爱传统，且动手能力较强。这类民间社团组织的领导者多半是具有一定影响力的非物质文化遗产传承人，所以，其后继人才的挑选多半在这里进行。第二类是研究型协会，又称研究会。这类协会、研究会多由学者或具有一定研究能力的社会人组成。这类协会以研究为主。如剪纸研究会、非物质文化遗产研究会等。从国外经验看，政府所需研究成果，很多都是通过购买服务，由这类民间社团组织来完成的。如韩国非物质文化遗产项目的搜集、整理、出版工作，多半是通过政府购买服务，由韩国民俗学会、韩国比较民俗学会、韩国历史民俗学会等民间组织来完成的。

第二节 非物质文化遗产保护主体的基本职能

在非物质文化遗产传承问题上，我们历来主张“民间事民间办”。但这并不等于说政府、学术界、商界、新闻媒体、民间社团组织只能袖手旁观。作为非物质文化遗产保护主体，它们虽然不能越俎代庖，直接参与到非物质文化遗产传承中来，但仍可在非物质文化遗产保护方面作出自己的贡献。事实已经证明，在非物质文化遗产传承过程中，没有政府的扶持，学术界、商界、新闻媒体以及民间社团组织的积极参与，仅凭传承人一己之力，非物质文化遗产是很难存活下来的。政府、学术界、商界、新闻媒体以及民间社团组织的积极参与不但必要，而且可行。

那么，作为非物质文化遗产保护工程的发起者、指导者和参与者，各级政府部门、学术界、商界、新闻媒体以及民间社团组织在非物质文化遗产保护过程中，究竟应该发挥怎样的作用，作出怎样的贡献呢？

一、政府部门的职能

在非物质文化遗产保护过程中，以中国为例，政府部门的职能主要体现在以下四个方面：

（一）建立健全完善的组织管理体系

中国非物质文化遗产保护工程是中国历史上最大的一个以保护本国非物质文化遗产为基本目标的文化救亡工程。这一工程能否得以正确的实施，是否建立起健全完善的组织管理体系是问题的关键。这个组织管理体系包括以下几方面内容。

1. 决策机构——部级联席会议的职能

非物质文化遗产保护涉及方方面面，中国在非物质文化遗产保护工程启动伊始，便建立了非物质文化遗产保护工作部际联席会议制度，目的是统一协调各部委意见，解决非物质文化遗产保护、申报工作中存在的问题。其主要职能包括：

（1）拟订保护工作的方针政策；

（2）审定中国非物质文化遗产保护规划；

（3）协调处理保护中涉及的重大事项；

（4）审核“国家级非物质文化遗产代表作名录”名单，并上报国务院批准公布等。

2. 行政领导机构——文化和旅游部的职能

中国非物质文化遗产保护工作的行政主管单位是文化和旅游部。文化和旅游部下设非物质文化遗产司。在地方，负责非物质文化遗产保护工作的行政主管单位是各省（区、市）文化厅下设的社会文化处。文化和旅游部相关机构的主要职能是：

（1）拟订非物质文化遗产保护政策，起草有关法规草案；

（2）拟订国家级非物质文化遗产代表项目保护规划；

(3) 组织开展非物质文化遗产保护工作，承办国家级非物质文化遗产代表项目的申报与评审工作；

(4) 组织实施优秀民族文化的传承普及工作。

3. 执行机构——中国非物质文化遗产保护中心的职能

中国非物质文化遗产保护中心是中国非物质文化遗产保护工作的具体执行单位。它是经中央机构编制委员会办公室批准正式成立的国家级非物质文化遗产保护专业机构，承担全国非物质文化遗产保护工作的具体事宜。它的主要工作包括：

(1) 非物质文化遗产保护工作的政策咨询；

(2) 组织开展全国范围的非物质文化遗产普查工作；

(3) 指导保护计划的实施；

(4) 进行非物质文化遗产保护理论研究；

(5) 举办学术、展览（演）及公益活动，交流、推介、宣传保护工作的成果和经验；

(6) 组织实施研究成果的发表和人才培训等。

2006 年，中国非物质文化遗产保护中心成立后，各省（区、市）也纷纷成立了各自的非物质文化遗产保护中心。这些保护中心事实上已经成为今天各省市自治区非物质文化遗产保护体制中的核心机构。各地非物质文化遗产申报工作主要由该中心负责。

（二）建立健全完善的政策保障体系

非物质文化遗产保护工作面对的是一个民族的历史传统，但这并不意味着抱残守缺、故步自封，或是不分良莠地将历史上创造的一切都继承下来。它的真正目的，是想通过全体国民的共同努力，将祖先在历史上创造出来的一切优秀技艺与技能、知识与经验继承下来，并以活态的方式传承给后人。

然而，任何一种非物质文化遗产都是远古文化的传承。在它们身上尽管聚集着丰富的人类文明精华，但同时也残存有早该淘汰的糟粕。这些成分在漫长的发展过程中，已经与非物质文化遗产形成了某种无法割舍的共生关系。所以，尽管在非物质文化遗产申报过程中，也会尽可能多地“汲取精华”，将那些非常优秀的非物质文化遗产钩沉出来，但要想找到纯而又纯的非物质文化遗产，事实上是相当困难的。再加上如果按国际社会普遍实施的真实性保护原则，即或遗产略有瑕疵，也不应该对这些非物质文化遗产进行任何改动；否则，就会因当代人的介入而使之变得面目全非。要想保护好这些遗产，只能对这些遗产报以更多的宽容。

为确保遗产的真实性，政府有必要制定出一套完整且又具有相当包容性的非物质文化遗产保护政策，通过政策的制定和实施，确保非物质文化遗产的有效传承。此等文化政策，不仅社会主义国家有，资本主义国家同样存在。

（三）建立健全完善的资金运作体系

在文化遗产保护过程中，非物质文化遗产保护与文物保护一样，同样面临保护经费问题。而且，随着非物质文化遗产保护力度的加大、保护范围的扩大，经费投入还需要不断增加。

在国际社会，用于非物质文化遗产保护的工作经费主要来自以下四个渠道：一是来自中央政府的财政预算，二是来自地方政府的财政预算，三是来自民间财团的资助，四是来自专项彩票的收入。目前，中国的非物质文化遗产保护经费主要来自中央财政和地方财政。历史上，中国并没有专门为非物质文化遗产保护设立专项基金的传统。近年来，民间专项基金的出现虽然结束了非物质文化遗产保护经费来源单一的局面，但短期内还很难为迅速崛起的非物质文化遗产保护工程提供数量庞大的经费支持。在国际社会，专门为文化遗产保护设立专项博彩基金已成常态，但中国在这方面工作尚未起步。

保护经费不足，是国际性难题，带有相当的普遍性。但是，如果不增加经费投入以加大濒危遗产的抢救力度，我们就很可能会因此而失去更多的遗产，付出更大的代价。

（四）建立健全完善的法律保障体系

《中华人民共和国非物质文化遗产法》已由中华人民共和国第十一届全国人民代表大会常务委员会第十九次会议于 2011 年 2 月 25 日通过，自 2011 年 6 月 1 日起正式施行。此法的出台，适应了文化多样性发展的世界潮流，丰富了我国社会主义法律体系，对继承和弘扬中华民族优秀传统文化、增强民族凝聚力和创造力，推动文化的大发展大繁荣将产生重大而深远的影响。[1]

从实施层面看，立法可以确保全民参与非物质文化遗产保护的权利与义

1 蔡武：《〈非物质文化遗产法〉具有里程碑意义——关于贯彻〈中华人民共和国非物质文化遗产法〉的几点思考》，《人民日报》2011 年 3 月 2 日。

务，确保各级政府机构中非物质文化遗产保护机构的完整性与有效性，确保非物质文化遗产保护经费的正常投入与有效落实，确保非物质文化遗产传承人的合法权益与义务，也可以确保非物质文化遗产保护工作的规范性与协调性，这是非物质文化遗产法建设的核心内容。同时，“非遗法”的出台，“将党中央关于文化遗产保护的方针政策上升为国家意志，将非物质文化遗产保护的有效经验上升为法律制度，将各级政府部门保护非物质文化遗产的职责上升为法律责任，为非物质文化遗产保护政策的长期实施和有效运行提供了坚实保障”。[1]

总之，以上四大体系的建立，奠定了我国政府有效组织、规划、建立中国非物质文化遗产保护体系的组织基础、政策基础、法律基础和经费保障。

二、学术界的职责

在非物质文化遗产保护工作中，学界虽无法直接参与非物质文化遗产的活态传承，但作为非物质文化遗产保护工作的积极参与者，它所发挥的作用却是任何一方都无法替代的。在传统社会中，作为一种在自发状态下成长起来的非物质文化遗产，无须学界的助力就可以实现自主传承。如历史上传承下来的民间舞蹈、戏曲、说唱，很少是通过学界之手传承下来的。但每当社会转型等原因使这些传承了千百年之久的非物质文化遗产面临危机之时，作为先知先觉者，学术界往往会挺身而出，承担起文化救亡的历史重任。在非物质文化遗产保护工作中，学术界的职责主要表现在以下三个方面：

（一）通过深入研究，发现非物质文化遗产保护及传承规律，并用以指导当前的非物质文化遗产保护实践。从理论高度弄清什么是非物质文化遗产，为什么保护非物质文化遗产以及怎样保护非物质文化遗产，并用自己的研究成果来影响社会。

（二）借鉴国外先进经验，用作本国非物质文化遗产保护实践的参考。我国在非物质文化遗产保护方面起步较晚，要想迎头赶上非物质文化遗产保护先进国并跻身世界非物质文化遗产保护先进国行列，就应该虚心学习，并将他们的先进理念和先进做法介绍进来为我所用。

（三）建立咨询制度，辅助政府决策工作。非物质文化遗产保护具有很强

1　蔡武：《〈非物质文化遗产法〉具有里程碑意义——关于贯彻〈中华人民共和国非物质文化遗产法〉的几点思考》，《人民日报》2011 年 3 月 2 日。

的产专业性,仅凭政府的行政之力是很难保护好这些非物质文化遗产的。组建专家队伍,研究解决非物质文化遗产保护过程中出现的问题,是国际社会的普遍做法。各国专家委员会的主要职责包括:

1. 保护规划的制定与监督;
2. 普查方案的制定与监督;
3. 国家级名录的评审、保护与管理;
4. 濒危遗产名录的评审;
5. 传承人的认定、保护与管理;
6. 文化生态保护区等保护模式的规划、认定与监督等。

三、商界的职责

在文化遗产保护过程中,商界的贡献有目共睹。纵观世界各国文化遗产保护史,我们会发现这样一则规律:许多国家的文化遗产保护,都是从商业运作,特别是旅游开发开始的。随着旅游产业的飞速发展,特别是随着乡村民俗游的全面启动,以歌舞表演、传统技艺展示为代表的非物质文化遗产开发,受到越来越多的重视。在这个过程中,商界的介入功不可没。在非物质文化遗产开发过程中,商界的介入主要表现在以下两个方面。

(一)参与非物质文化遗产的商业性经营

在民间,许多非物质文化遗产本身就是市场经济的一部分。这些遗产的传承人既是该遗产技艺的保有者、产品制造者,也是该遗产的经营者。随着非物质文化遗产市场规模的不断扩大,产品数量的不断增加,势必需要更多的文化经纪人参与到非物质文化遗产的商业化经营中来。由于他们只参与非物质文化遗产的商业化营销,并不干预非物质文化遗产的产品生产,这种参与非但不会给非物质文化遗产传承带来不好的影响,反倒还会因商界的积极参与,促进非物质文化遗产的市场化进程。

(二)参与非物质文化遗产的产业化开发

使用传统手段生产传统工艺美术品、传统医药,展演传统戏曲、曲艺,是这类非物质文化遗产传承的重要手段。但这种常规操作产能有限,有时很难满足更广泛的市场需求,这就要求有更多的商业家在保护好非物质文化遗产的基础上,有针对性地对部分非物质文化遗产实施产业化开发,即使用大机械化生产的方式生产刺绣、蜡染、印染产品，或是利用电影、电视等现代传媒改编传说、神话、故事等。中国的非物质文化遗产相当丰厚，如果能将这些遗产开发出来，无疑会给中国的文化产业带来更多活力，但令人遗憾的是，以往人们很少能意识到这一点。直至美国将中国的《花木兰》拍成动画，日本将中国的《牛郎织女传说》拍成大型芭蕾舞剧，人们才猛然意识到本国文化资源的惊人流失。中国的商界应该在确保非物质文化遗产不受破坏的前提下，主动介入到非物质文化遗产再开发中来，为中国的非物质文化遗产产业化开发增添后劲。

当然，专门以大机械化生产为特征，以非物质文化遗产为基本元素的产业化开发，与以手工生产为基本特征的非物质文化遗产活态传承是完全不同的两码事。如果处理不好，非物质文化遗产的活态传承，很可能就会因大机械化生产的进入而快速消亡。有关这个问题，我们将在下一章专题讨论。

四、新闻媒体的职责

在非物质文化遗产保护中，新闻媒体既不是工程的组织者，也不是工程的执行者，更不是工程的传承者，但它所发挥的作用却不容低估。国内外非物质文化遗产保护实践表明，没有新闻媒体的介入，非物质文化遗产保护理念就不可能被人们熟悉，非物质文化遗产保护工作也不可能转化为整个民族的自觉行动。因此，如何发挥好新闻媒体的作用，是各国政府都十分关注的问题。

在非物质文化遗产保护工作中，新闻媒体的职责主要体现在以下三个方面：

（一）通过媒体让人们知道什么是非物质文化遗产

通过媒体宣传让大众知道什么是非物质文化遗产，什么不是非物质文化遗产，知道作为各地地域标志性文化的非物质文化遗产在当地具有怎样的分布，以及它们在本地区经济、社会及文化发展过程中到底扮演怎样的角色。让全体国民对本民族非物质文化遗产的特点、存量、分布、品质以及传承中出现的问题，做到心中有数。

（二）通过媒体让人们知道为什么保护非物质文化遗产

媒体有责任告诉大众这些非物质文化遗产所具有的重要的历史认识价值、艺术价值、文化价值、社会价值、科学价值与基因传递价值。告诉大众非物质文化遗产在解读解当地社会、历史、文化、艺术、经济以及政治过程中的重要性,使保护非物质文化遗产变成每位公民的自觉行动。

(三)通过媒体让人们知道怎么保护非物质文化遗产

知道非物质文化遗产重要是一回事,知道如何保护非物质文化遗产又是另外一回事。新闻媒体的第三项工作,就是通过媒体的宣传让每一位公民知道怎样保护非物质文化遗产。普及保护知识,传播保护经验,同样是新闻媒体的一项重要工作。要通过各种渠道,将非物质文化遗产的保护理念、知识、经验与方法,告诉每一位公民,使他们在正确理念的引导下,保护好祖先传承下来的每一项非物质文化遗产。

五、民间社团组织的职责

非物质文化遗产是一个民族最宝贵的精神财富。作为社会的一分子,当然有责任也有义务参与到非物质文化遗产保护中来。民间社团组织在功能上大体可以分为两个大类:

第一类是专门负责非物质文化遗产活态传承的传承型协会。这类民间社团组织的领导者多半是具有一定社会影响力的非物质文化遗产传承人,而它的参与者通常也都是该项目的热情参与者。该项目后继人才的挑选与培养多半在这里进行。传承型社团组织的最大特点是以传承某种技艺或技能为宗旨。

第二类是专门研究非物质文化遗产传承规律的研究型协会,又称 ×× 研究会。这类协会多由学者或具有一定研究能力的社会人士组成。这类协会以专项研究或宏观研究为主。如剪纸研究会、非物质文化遗产研究会等。从国外经验看,政府所需研究成果,很多情况下都是通过购买服务,由这类民间社团组织来完成的。

总之,在非物质文化遗产普查、申报和保护工作中,作为非物质文化遗产保护队伍中的一员,无论是指挥这一工程的政府部门,还是参与决策、实施及宣传工作的学术界、商界同仁、新闻媒体、民间社团组织,大家都有责任,也有义务参与到非物质文化遗产保护工作中来。但在参与之前,必须清醒地意识到,这些非物质文化遗产保护主体的工作不是亲自参与传承,而是借助自己的行政优势、学术优势、经济优势、舆论优势、人才优势,来帮助、鼓励、推动民间社会对非物质文化遗产的自主传承。

第三节
非物质文化遗产保护主体的素质要求

保护非物质文化遗产的过程,同时也是一个非物质文化遗产价值不断被发现、被认知的过程。

非物质文化遗产是通过人的发现而获得意义的,但就像并不是所有人都能发现千里马一样,并不是所有人都具有发现非物质文化遗产价值的眼力。这就需要遗产的保护者们必须具备非物质文化遗产学以及相关学科的知识。当然,仅仅这样还不够,这项事业还需要遗产保护工作者必须具备高尚的人格以及崇高的职业道德,否则,便很难承担起发现、发掘和保护遗产的神圣职责。那么,作为非物质文化遗产保护工作者,到底应具备怎样的学术功底和职业操守呢?

一、必须具备非物质文化遗产学方面的专业知识与素养

要想保护好非物质文化遗产,首先就应该知道什么是非物质文化遗产、为什么要保护非物质文化遗产以及怎样保护非物质文化遗产,否则,就无法胜任遴选、鉴别、保护非物质文化遗产的重任。譬如,20 世纪 50 年代发展起来的户县农民画,20 世纪 70 年代发展起来的金山农民画,技法不可谓不好,水平不可谓不高,但是,它并未被纳入国家级非物质文化遗产代表作名录,原因即在于在传承时限上,它尚未达到至少具有一百年以上历史的准入门槛。泰山封禅的规模不可谓不大,艺术水准不可谓不高,但同样不能进入非物质文化遗产代表作名录,原因是它产生虽早,但并未能以活态的形式原汁原味传承至今。可见,要想从纷纭复杂的文化事项中发现非物质文化遗产,就必须具备非物质文化遗产学的专业知识,并从传承时限、传承形态、传承状态、传承品质、传承范畴等方面来判断该文化事项是不是非物质文化遗产。当然,上述要求还只是衡量非物质文化遗产时的一个定性分析尺度,在评估非物质文化遗产质量时,还要根据非物质文化遗产自身的优秀度、濒危度、知名度以及遗产的原生度等,对遗产的杰出程度进行量化分析。此外,一个传统文化事项能否被评为非物质文化遗产,还必须以具有杰出传承人做支撑。没有非物质文化遗产传承人,是不能被评为非物质文化遗产的。

总之，如何认定、传承、保护非物质文化遗产，是非物质文化遗产学研究的重要内容，也是每位非物质文化遗产保护工作者必须具备的专业性知识。如果缺乏相关知识，不但会将真正的非物质文化遗产拒之门外，将伪遗产堂而皇之地纳入非物质文化遗产代表作名录，还会因为不了解非物质文化遗产传承规律与保护规律，给非物质文化遗产造成“保护性”破坏。随着非物质文化遗产保护运动的不断深入，对非物质文化遗产造成致命冲击的已经不是原有的外来文化，而是来自各级政府、学界、商界、民间社团组织等的不当干预。如何将非物质文化遗产保护理念普及到每一位国民，已经成为非物质文化遗产保护工作者的一项重要职责。

二、必须具备相关领域的专业知识与素养

作为一名非物质文化遗产保护工作者，仅有非物质文化遗产学方面的知识还远远不够，还必须具备一些非物质文化遗产学之外的专业性知识。如民间文学、表演艺术、建筑学、民俗学、绘画、书法、酿造学等方面的知识与技能。此外，与非物质文化遗产学息息相关的人类学、民族学、宗教学、历史学、语言学、考古学等方面的知识，也应该有所掌握。作为一种传统文化事项，非物质文化遗产在漫长的历史发展过程中，不可能不与各种文化事象发生这样或是那样的联系。要想弄清非物质文化遗产的多方面价值，就不能不用上述多学科的理论与方法，对遗产进行更深刻的文化解读，并从中发现更多的价值与意义。否则，就很难对非物质文化遗产做出恰如其分的学术判断。

为避免这类问题的发生，有关国家一般都将非物质文化遗产保护专家划分为非物质文化遗产保护专家委员会委员和非物质文化遗产保护工作专家委员会专门委员。前者多半由德高望重、眼界开阔的著名学者组成，并有权参加所有领域非物质文化遗产项目的评审；而后者多由某一方面的专业人士组成，具体负责某领域非物质文化遗产项目的评审。由于分工明确，从而避免了非专业评估给非物质文化遗产评定工作带来的负面影响。

三、必须具备高尚的人品与崇高的职业道德

在对非物质文化遗产进行评审时，评审者除需具备非物质文化遗产学学科知识与相关专业知识外，高尚的人品与崇高的职业道德同样不可或缺。

众所周知，非物质文化遗产本身就是一笔有限的社会资源。这笔资源究竟应该由谁获得，本身便存争议。要想从纷纭复杂的传统文化事项中，区分出什么是非物质文化遗产，什么不是非物质文化遗产，已有相当难度。要想从同型遗产中区分出哪个是国家级遗产，哪个是省区级遗产，哪个是县市级遗产，则更为困难。这里所说的难度除技术层面外，还涉及地方利益甚至面临各种复杂人际关系的考验。如果不能秉以公心，那么，非物质文化遗产评审的公正性就会遭受质疑了。

为避免此类情况发生，各国在评审委员的选拔上，都十分强调对其人品的认定。如《韩国文化财委员会规程》就明确规定：文化财委员会委员必须由德高望重、学识渊博的专家学者组成。为确保评审工作的公正性，一些国家还进行过必要的制度建设。如评审委员的考察经费均由国家支付，地方政府不得向专家组成员支付任何费用，从而抑制了评审工作中的贪腐行为。

思考题

1. 什么是非物质文化遗产保护主体？
2. 非物质文化遗产保护主体主要是由哪几部分构成的？
3. 在非物质文化遗产保护过程中，政府的职能是什么？
4. 在非物质文化遗产保护过程中，学界的职责是什么？

下编

第十章

民间文学类遗产

这里的民间文学是指产生并流传于民间社会、足以反映民间社会情感与审美情趣的口头文学作品。“民间”强调的是民间文学的流传范围，“口头”强调的是民间文学的流传方式。民间文学在日韩等国又被称为“口碑文学”，在俄罗斯又被称为“劳动人民口头创作”。

民间文学有三个突出特点：

一是全民性。从内容上看，民间文学代表的是一个民族最基本的世界观、价值观、人生观和审美观，所以也就自然而然地成了我们了解一个民族文化个性与文化底色的重要窗口；从形式上看，民间文学具有明显的非专业性特点——人人能讲、人人能说，虽“路分”不高，但可以代表一个民族最基本的表达方式。这一点与作家的专业创作不同，与专业性很强的评书、戏曲等亦有区别。

二是活态性。与已经落在纸上并很少改动的作家文学不同。民间文学是活在民间、活在当下的文学。每次讲述都会因讲述者与讲述环境的不同，而有不同程度的改动。

三是服务性。民间文学不是纯文学。它通常是作为民众生活的一部分呈现在我们面前的。如：人们讲神话目的是解释天地万物的由来，讲传说目的是解释当地山川水系、风俗习惯、历史典故的由来，讲童话是为了教育孩子，讲谚语是为了传递生产知识与生活知识。

第一节 民间文学类遗产的基本范畴

民间文学产生并流传于民间社会，其体量虽远远超过作家文学，但从体裁看，民间文学的分类并不复杂，它大体可分为神话、传说、故事、歌谣、谚语五个大类。下面简单介绍一下民间文学各体裁所具有的一般特点、内涵与功能。

一、神话

（一）神话的定义

“神话”一词的本意是“神的故事”，泛指远古人类在历史上创造并以各种形式传承或保存至今的、用于解释各种自然现象与社会现象的具有神圣性质的散文体民间文学作品。它是一个民族对其史前历史的集体追忆，是研究上古史的珍贵资料。

（二）神话的分类

神话大致可分为自然神话、人类起源神话以及文化起源神话三类。

1. 自然神话。自然神话是以解释天地及宇宙万物来源为主的神话。由于认识水平有限，原始人类还不可能从根本上把握自然界的变化规律，只能将万物起源归结于神明创造。自然神话大体也可分为“创世神话”和“万物来源神话”两个大类。前者又可分为垂死化身型、混沌开辟型、卵生型、神创型数种。垂死化身型神话认为世上先是出现一个大神，大神死后，尸体变化成天地日月、山川河流，于是有了今天的世界。混沌开辟型神话认为天地是从一团混沌状态或一团大气演化而来。卵生型神话则认为宇宙初开如鸡子，天地万物便是从这卵中变化而来的。神创说在神话中也占有相当重要的位置。汉族的《女娲神话》、瑶族的《密洛陀》、纳西族的《创世纪》、苗族的《苗族古歌》都属于这一类型。

万物来源神话是远古人类对宇宙万物由来的一种说明。它与创世神话有联系也有区别。例如对日月星辰、风霜雨雪、山川草木来源的说明，多属于这一类。中国南方神话，多认为洪水与雷公有关，雷公为洪水的制造者，而中国北方神话则将洪水与共工相联系，并认为是共工怒触不周山从而造成洪水泛滥。

在自然神话中，也不乏人类征服自然、改造自然的原始母题。如广泛流传于民间社会的射日神话、补天神话、治水神话等，都属于这一范畴，表现了人类对征服自然的渴望和对美好生活的向往。这类神话的价值在于，通过它们，我们才有可能了解到上古人类的生产生活和上古人类的思维方式以及他们的原始哲学。

2. 人类起源神话。人类起源神话也叫“族源神话”“图腾神话”。这类神话所讲述的是人类来源问题。主要有动物变人型、植物变人型、无生物变人型以及神造型、洪水遗民型数种。图腾神话的基本特征是将一个氏族的起源溯至图腾，故这类神话也叫“图腾生人神话”。如玄鸟生商、三仙女吞朱果生布库吕雍顺、神犬盘瓠与高辛氏女结婚生瑶人等，都属图腾生人型人类起源神话。与图腾观念有关的生人神话主要有动物变人、植物变人和无生物变人神话这三种，其中以动物变人型神话最为普遍。神造说是人类起源神话中较为普遍的一种，比较典型的有女娲造人神话与《圣经》中的上帝造人神话。而洪水遗民型神话所讲述的主要是大洪水过后兄妹成婚再造人类的故事。故事把洪水遗民与血缘婚结合在了一起，具有重要的历史认识价值。

3. 文化起源神话。文化起源神话是指解释人类社会典章制度、风俗习惯、器物由来的文化事项由来型神话。人类文化是人类共同体在漫长的历史岁月中集体创造出来的文化产物。在神话中，人们常将一些伟大发明归于某位神明的名下，如伏羲画八卦、仓颉造字、有巢氏作居室、燧人氏发明火、神农氏始耕稼、轩辕氏创设各种文明制度等。这些神话对于我们了解远古社会的文化创造具有重要意义，是一部展现远古人类文化风貌的百科全书。

二、民间传说

（一）民间传说的定义

民间传说是指产生并流传于民间社会的具有某种解释性功能的民间故事。由于它与特定历史人物、历史事件、自然风物、社会习惯有机地结合在一起，具有一定的真实性，故民间传说也常被人们称为“民间社会的口传历史”。

对处于社会发展不同阶段的不同民族来说，民间传说所具有的真实性并不完全相同。在无文字民族中，传说就是他们的“正史”，他们深信传说就是历史上真实发生过的事情。在民俗调查中，我们也很容易找到一则亲身经历故事最终演变为民间传说的事例。这类以治史精神传承于民间社会的真实故事，是研究这些民族产生、发展、迁徙、战争不可多得的宝贵资料。但同时我们也必须看到，在有文字民族中，随着文体分工的细化和正史记录的出现，传说的实录功能日趋退化，虚构成分逐步增加，一些传说故事甚至只是以某一历史事件或历史人物作为引子而演绎出的一幕幕貌似真实的历史故事。如汉民族中流传的李白传说、鲁班传说等都属于这类虚构成分较多的传说。

(二)民间传说的分类

民间传说大体上可分为历史人物传说、历史事件传说、地方风物传说和动植物传说四大类。

1. 历史人物传说。历史人物传说是指那些与历史人物有关的民间传说。这类传说的主人公一般多是历史上实有其人的著名人物。帝王将相、民族英雄、历代文化名人、起义领袖、业内祖师等,经常出现在这类传说中并成为这类传说的讲述对象。在无文字民族中,历史人物传说是记录历史人物的重要史料,传说的可信性也会相对大些。但在有文字民族中,由于正史对历史人物的关注,人物传说的实录功能已大大削减,尽管传说所述实有其人,但传说的演绎成分已大幅增加,传说的真实性也常遭质疑。

2. 历史事件传说。历史事件传说是指以讲述历史上真实发生过的历史事件为主要内容的传说。历史事件传说与历史人物传说密不可分,它们的不同之处在于,前者注重历史事件的始末而后者注重历史人物的本身。与人物传说相比,历史事件传说具有更多的真实性。这种现象是否可以理解为它的重点不是描写人物,故而演绎成分也就相对少些?还是历史事件都有着特定的时间与地点,这无形中又限制了历史事件传说的演绎?在调查中人们发现,许多历史传说都是由个人亲历故事演变而来,只是在口耳相传过程中,经过人们的加工取舍,最后演变为“历史事件传说”。从某种角度来说,这类传说所具有的真实性是不容置疑的,但同时又不能简单地将它们理解为正史,因为在传承过程中文本已经发生某种改变。随着口述史学的兴起,民间传说已经受到越来越多的重视,这一现象也表明民间传说在社会科学研究中所具有的史料价值。

3. 地方风物传说。地方风物传说是指那些与各地自然风光、人文景观、风土人情,甚至地方土产有关的民间传说。这类传说具有较强的地域性,为乡土文化与自然景观提供了来自民间社会的解读。

4. 动植物传说。动植物传说是指以解释动植物基本特征为主要内容的民间传说。人死后幻化为某种动物或植物是这类传说的基本叙事模式。这类传说历史久远,保留有浓厚的原始思维的影子,是研究人类原始思维和人类社会对各种动植物习性、特征认知方式的重要材料。

三、民间故事

（一）民间故事的定义

民间故事是指以口头形式创造并流传于广大民间社会的散文体讲述形式。由于这类故事的讲述对象主要是儿童，又称“童话故事”，譬如“狗耕田的故事”“灰姑娘的故事”“火龙衣的故事”“猫狗成仇的故事”“徐文长的故事”以及“呆女婿的故事”等。

（二）民间故事的分类

民间故事有广义民间故事与狭义民间故事之分。广义民间故事包括民间文学散文体中的所有体裁，即凡产生并流传于民间社会的散文体叙事文学均可称为民间故事，如神话、传说、故事等，而狭义民间故事则仅指那些幻想性较强的童话故事、动物故事和现实性较强的生活故事等。

1. 幻想故事。幻想故事产生较早，其中有大量反映人类社会早期社会生活、风俗习惯、原始观念的内容，是研究史前文化的重要资料。由于这类故事意在借用古老观念传播人类最基本的道德意识，具有明显的教化意义，深为儿童喜爱，故也被称为“童话”。在思想内容上，它所表现的是劳动人民最基本的价值观、世界观，反映了劳动人民勤劳、勇敢、善良、智慧、正直、朴实的优秀品格。在艺术形式上，这类故事的人物、情节、结构、语言都具有明显的类型化、模式化特点。

2. 动物故事。动物故事是指那些以动物为主人公的民间故事。故事中的动物虽没有神奇力量，但大多性格鲜明。通过动物之间发生的纠葛，反映人际社会中人与人之间的关系，是这类故事的基本特征。同时，这类故事也是儿童了解各种动物习性的重要渠道。

3. 生活故事。生活故事是指那些写实性较强的民间故事。如中国社会长期流传的长工斗地主是生活故事的一大主题，它反映了中国这个世界上最大的农业国在历史上所曾经历过的社会冲突，反映了历史上地主阶级压迫农民，以及中国农民奋起反抗的主题。巧媳妇、呆女婿故事也是生活故事中的一种重要类型。前者歌颂了处于社会底层的劳动妇女的聪明智慧，后者则常常通过巧媳妇或是大字不识的农夫，反衬出封建文人的迂腐。

4. 笑话。与生活故事比较接近的还有笑话。笑话短小精悍、讽刺性强，是针砭时弊的有力武器，具有很强的认识价值，比较著名的有“巴拉第根仓的故事”“徐文长的故事”等。

四、民间歌谣

民间歌谣（简称民谣）泛指产生并流传于民间社会的各种篇幅较小的民间吟诵形式。它尽管篇幅短小，但数量巨大，在民间文学中占有一定位置。民谣与民歌不同。民谣以吟咏为主，民歌以演唱为主。由于在表演艺术中已经有民歌一类，这里所说的民谣特指专门用于吟诵的童谣、时政歌和仪式歌等，如“九九消寒歌”“时政歌”“撒帐歌”等。

五、民间谚语

民间谚语是民间社会专门用于传授知识与经验的固定短语。它言简意赅、通俗易懂、押韵流畅，是民间智慧与经验的集中体现。常见的有农谚、养生谚、气象谚等。如“清明前后，栽瓜种豆”“头伏萝卜，二伏菜，三伏四伏种荞麦”反映的就是农业生产知识与经验，“饭后百步走，能活九十九”反映的就是中国人的养生知识与经验，而“山头戴草帽，大雨马上到”“八月十五云遮月，正月十五雪打灯”反映的就是中国人的物候学经验，是中国对于传统气象知识的高度总结。

第二节 民间文学类遗产的保护意义

民间文学类遗产到底有什么价值？保护民间文学类遗产到底有什么意义？这关系到民间文学类遗产存在的理由，也关系到一个国家精神文明的建设和整个国家国民素质的提高。当然，由于题材不同，民间文学所呈现出的社会意义也会各有侧重。

一、是弘扬民族精神与传统美德的重要手段

绝大多数民间文学都充满正能量。故事家讲述的民间故事，在让人们产生审美愉悦的同时，也将正直、善良、团结、互助、勇敢、谦恭、忍让、助人为乐、舍己救人等美好品质，在潜移默化中传递给每一个人。《孔融让梨》让我们学

会了什么叫谦让,《狗耕田》让我们学会了什么叫善良,《七仙女传说》让我们明白了什么叫忠贞,《花木兰》让我们知道了什么叫家国情怀,《鹤妻的故事》让我们知道了什么叫无度和贪婪。在民间社会,人们世界观、价值观、人生观的形成在很多情况下都是在民间故事的潜移默化下完成的。

二、是文学艺术创作的重要源泉

民间文学既是作家创作的思想源泉,也是作家创作的艺术源泉。

在内容上,民间文学为作家创作提供了大量素材与母题。如中国电视剧《钟馗嫁妹》《神笔马良》《火龙衣》,日本电视剧《鹤妻》《花开爷爷》《竹取物语》,西班牙电视剧《地狱铁匠》,韩国电视剧《很久很久以前》《桔梗》,都是在民间故事的基础上创作完成的。民间文学不但为作家创作提供了取之不尽用之不竭的素材,也为作家创作提供了正确的价值导向。可以说中国作家文学中几乎所有的母题——如才子佳人母题、千里寻夫母题、望夫石母题、好人好报母题、恶人恶报母题、仙女下凡母题、两兄弟母题等,在民间文学中都能找到自己的源头。

在形式上,民间文学还为作家创作提供了重要的叙事范式和讲述模本。

从宏观到微观的叙事范式。中国民间故事叙事方式多是从宏观到微观,如“从前有座山,山上有座庙,庙里有个老道讲故事”,用的就是这种叙事模式。这种叙事模式也深深地影响到了作家创作,如《三国演义》就是从宏观讲起,最后落笔于微观。这种叙事方法几乎成为中国作家文学的一种主流叙事范式。

结构上的三段式范式。三段式是民间故事讲述的主要方式。所谓的三段式是指通过相似情节的三次重复,推进故事发展,最终达到刻画人物的目的。民间文学的这种叙事模式可增强叙事的故事性,强化故事的教化意义,非常符合儿童的思维习惯,因此多出现在童话故事的叙事之中。这种叙事模式也深深地影响到了作家文学。如《水浒传》中的“三打祝家庄”,《红楼梦》中的“三进大观园”,使用的也都是这种叙事模式。

三、是民间社会解读各地风土民情的重要手段

民间文学不是简单的纯文学,而是民众生活的重要组成部分。许多民间文学作品在教化民众的同时,也在帮助人们解读当地山川地势、风土人情、自

然风物、社会风俗等方面发挥重要作用，是我们了解地方文化、民间解读的重要窗口。如《独一处的传说》，讲的就是一件真实的历史故事。有些传说虽然有些夸张，但同样不乏历史的影子。如北京有个《高亮赶水》的传说。话说刘伯温按着皇帝的旨意在元大都原址上修建北京城，但要想建城就要制服盘踞在这里的老龙王和老龙母。老龙王和老龙母看朱棣建城决心越来越大，便决定出来捣乱。他们化身成一对老夫妇，用两只水篓装起全城的井水，要推车带走。宰相刘伯温知道后命山东大汉高亮去追，并告诉他捅破水篓之后，要赶紧往回跑，万不可回头。高亮骑了马，出了西直门，追上了龙王、龙母，捅破一只水篓后，高亮拨转马头就要往回跑，可他忘了刘伯温告诉他的那句"万不可回头"的话，刚一回头就被大浪卷走了。遗憾的是，他捅破的那只水篓装的是咸水，不是甜水。装甜水的那只水篓被龙王带到了玉泉山，所以，老北京人在城里能喝到的都是苦水，只有皇帝才能喝到玉泉山的甜水。由此不难看出，尽管高亮赶水不代表历史的真实，但北京的地下水哪苦哪甜的分布规律，在这里被说得一清二楚，而这正是这部传说的价值。

四、是认识民间社会地方史的一面镜子

民间文学自始至终都有记录历史的功能。在远古神话中，《女娲抟土造人》反映的是早期人类社会的群婚生活。当时的人们尚未意识到男性在婚姻中的作用，故神话中女娲自己就可以通过抟土之法造出最早的人类。而《女娲补天》则证明早在很久以前，中国先民就已经掌握了冶炼技术。

但在不同民族中，民间文学的录史功能并不相同。在没有官方正史的民族或地区，民间文学常被视为本民族历史的重要组成部分，是研究这些民族或地区历史的重要史料。如我国大理白族地区的百姓从来不把《火烧松明楼》当成传说，他们认为这就是真实的历史在我国天津武清一带，当地人认为《太平天国传说》本身就是历史，是参加过义和团运动老一辈的亲历故事。总之，在无文字民族或无文字群众中，传说就是他们的历史，是他们记录历史的唯一方式。这些民族或人群的历史，基本上都是通过民间口传的方式来完成的。这种历史知识的传递方式尽管不乏附会与艺术加工成分，但其主体内容通常是真实可信的，可以作为研究这些无字民族或无字人群历史的重要参考。但在有文字民族中，情况会大有不同。在有文字民族中，由于有了专门记录历史

的史官，有了专门记录历史的传统，所以文字社会的传说真实度会打折扣，这一点需特别注意。

五、是传递民间智慧与本土知识的重要渠道

民间文学不仅仅是文学，同时也是民间智慧的聚宝盆，许多行业的生产经验与生活经验，甚至包括做人的道理，都是通过民间谚语来传承的。

总结生产经验是民间谚语的拿手绝活。如“头伏萝卜二伏菜三伏四伏种荞麦”，讲的是农业生产不能违背农时，否则不是减产，就是颗粒无收。“高山戴草帽，大雨马上到”，讲的是山头起雾与下雨之间的联系，是民间社会气象经验的高度总结。“长木匠，短铁匠，不长不短缝衣匠”，讲的是不同行当的下料技巧，即木匠下料一定要多留一些，铁匠下料一定要少留一些，缝衣匠下料讲究的是刚刚好。木材长可裁短，铁料短可延展。对于相关领域的工匠来说，有了这句话，胜读十年书。“拳不离手曲不离口”“一天不练手脚慢，两天不练丢一半”，讲的都是基本功锻炼的重要性，这与“拳不离手，曲不离口”是一个道理。“男怕《夜奔》，女怕《思凡》，讲的是武生戏《夜奔》，旦角戏《思凡》的表演难度之大。而“千斤话白四两唱”，讲的是京剧念白之难远超唱功。没有这些通俗易懂、好记好背的艺谚，很多手艺是很难传承下来的。

第三节　民间文学类遗产的保护要点

民间文学人人会讲，个个能说。虽然“路分”不高，但由于民间文学能代表整个社会的价值观、世界观和人生观，在内容上能代表一个国家、一个民族的文化底色，在形式上能代表一个国家、一个民族最典型的表达方式和审美倾向，所以，民间文学值得被保护。

一、重点保护与当地文化息息相关的传说故事

民间传说是民间文学中申报非物质文化遗产项目最多的文学体裁之一。我们在保护民间传说的过程中，要把它与当地人的生产生活结合起来，通过解读当地的山川物产、风土民情，来凸显这类遗产强大的社会功能，而不是看着民间故

事的书本去死记硬背。其实，对于民间传说的传承而言，能用传说故事讲出当地万事万物的由来就已经足够，过度的文学化反倒会影响故事的真实。在条件成熟的地方，还可以通过留家庭作业的方式，动员孩子们到民间去搜集民间传说、童话故事，或是谚语、童谣，让他们在搜集过程中感受地方文化，增强乡土认同。

二、重点保护儿童们喜闻乐见的童话故事

童话故事是民间文学重要类型之一，也是民间社会教育儿童的重要手段。保护童话故事的最好办法，就是将童话故事与儿童教育结合起来。通过童话故事，可以让孩子们知道什么是勇敢，什么是善良，还可以懂得做人的道理。童话教育有多种方式：一方面，可以继承先辈留下的家教传统，通过讲故事教育儿童；另一方面，也可通过童话故事进校园、进课堂，或是让孩子们将听到的童话故事讲述出来的办法，强化童话教育，让孩子们在听故事、讲故事过程中，学会做人的道理，找到学习的榜样。

三、重点保护与当地生产生活密切相关的民间谚语

谚语是民间文学的重要组成部分，也是传递民间智慧的重要手段。在谚语的传承过程中，要将民间谚语与当地百姓的生产生活有效地结合起来，从中发现当地人的生活智慧与本土知识，通过让反映民间智慧与本土知识的民间谚语“活起来”，实现我们保护民间文学的初衷。

第四节 民间文学类遗产的申报原则

作为一种已经进入濒危状态的遗产类型，有没有可能通过申报来促进民间文学类遗产的发掘与保护？如果有，我们又应该重点发掘什么？这是目前我们需要重点考虑的问题。在我们看来，具体如下特征的民间文学值得重点考虑并优先申报。

一、已经连片成群并成为地域标志性文化者优先

与藏族、蒙古族、柯尔克孜族的长篇史诗，满族的长篇小说不同，民间文

学基本上以篇幅短小者居多,如流传于新疆地区的“阿凡提”,流传于蒙古族地区的“巴拉根仓”,流传于福建地区的“妈祖传说”,流传于绍兴地区的“徐文长”,单从每个故事的体量来看都不大。在非遗项目申报中,如果仅拿上一篇短短的民间故事去申报,显然不如篇幅宏大的史诗胜算大。但如果我们将这些同型故事聚拢在一起,形成成群连片的民间故事丛,再作为一个整体打包申报,获评通过的概率就要大得多。

在民间社会中,以“故事丛”形式出现的民间故事汇聚现象非常普通,原因有二:一是当地能够吸引故事的“素材”(如山水)相对集中,很容易在当地产生大量同型故事。如流传在泰山脚下的“泰山传说”,流传在黄山脚下的“黄山传说”,流传在桂林周边的“桂林山水传说”,都属于这一种。二是某故事主人公一旦获得当地人认可,人们就会将同型故事附会到他一个人的身上,并由此形成与该主人公有关的“故事丛”。如流传在新疆地区的“阿凡提”,流传在绍兴地区的“徐文长”,都是因同型故事众多而形成的“故事丛”。像这种由同型故事构成的故事丛、笑话丛,在遗产申报过程中是比较容易获得批准的。

二、在影响上既有深度又有广度者优先

在民间文学中,有些作品既无浩瀚篇幅,也无独特表达,但影响甚广。如我们熟知的“孟姜女传说”“梁祝传说”“白蛇传传说”以及“牛郎织女传说”,篇幅都不大,但同样都成功入选了国家级非物质文化遗产代表作名录,原因即在于这些作品所具有的强大的影响力。

民间文学的影响力是由作品的影响深度与影响广度这两个不同维度的尺度共同构成的。所谓“影响深度”,是指一个民间文学作品影响人们日常生活的深度。即看看它仅仅是人们茶余饭后的谈资,还是已经深刻地影响到了当地人的衣食住行、婚丧嫁娶、待人接物。所谓“影响广度”,是指一个民间文学作品的影响范围到底有多大。是一个村、一个县,还是一个国家甚至诸多国家?当然,影响越大,申报成功的概率也就越高。以“梁祝传说”为例,这个传说不但影响到了南方,同时也影响到了北方;不但影响到了整个汉族地区,同时也影响到了少数民族地区;不仅影响到了中国,同时也影响到了整个华人世界。像这类影响范围如此之大的作品,当然有机会列入国家级非物质文化

遗产代表作名录。从这个角度来说，凡对民间社会有重大影响力与渗透力的民间文学作品，当然可以考虑优先申报。

三、在传承上有杰出故事传承人者优先

民间故事讲述家是民间文学的重要载体。一个地方民间文学传承的好与不好，传承人是问题的关键。在申报民间文学类遗产时，除看作品本身具有多少重要价值外，还要看故事家表述能力与传承数量的多寡。如讲述能力甚高，传承数量巨大，可优先申报非物质文化遗产代表作名录。

四、作品原产地及重要集散地优先

与物质文化遗产不同，非物质文化遗产具有很大的流动性。但在非遗申报过程中，还是要尽量遵循民间文学原产地或是民间文学重要集散地优先申报原则。在民间文学原产地的认定中，学者的意见固然重要，但关键还是要看当地社会是否认同。如果当地社会并不认为这是本地的东西，即或专家论证再好，考证再“真”，也不能申报非物质文化遗产。如无法考证出原产地，那么，作品存世量较多、优秀传承人较多，且作品仍处鲜活状态的民间文学重要集散地亦可优先申报。

第五节 民间文学类遗产保护中容易出现的问题

从非遗学角度看民间文学，就会发现所谓的民间文学实际上与所有原生文学一样，多半都是集文学、艺术、历史和知识于一身的，所以我们说民间文学是研究民间历史、民间文学、民间艺术、民间本土知识以及民间智慧的重要资料。但随着当代传媒的迅速发展、民间传人的不断离世，民间文学正在不断地被“边缘化”。当下的民间文学已经真正成为不折不扣的濒危遗产。民间文学出现的问题主要表现在以下三个方面。

一、讲述者老化问题严重且传承队伍后继乏人

在非物质文化遗产项目中，民间文学是很难进入市场并获得经济回报

的。“路分”不高也很难受到整个社会的关注，再加之随着老一辈故事家的不断离世，传承环境的改变，传承队伍已经进入青黄不接状态，如不抓紧保护，民间文学很有可能会成为在中国消失得最快、消失得最早、消失得最彻底的遗产类型。要想从根本上解决这个问题，一是需要政府扶持，从制度设计、经费补贴上解决民间文学传承难的问题，二是改变错误的传承理念，让民间文学传承从书本回归民间，从文学回归生活，让民间文学回归到服务民生的传统上来。

二、远离生活尽失活态并逐渐向书面文学靠拢

远离生活是当下民间文学活态传承中遇到的最大问题。真正的民间文学，是以民众生活一部分的形式呈现在我们面前的。如当有人需要了解当地山川地势时，人们会讲到当地的山水传说；当小孩子不听话，家长需要纠正他们的错误时，人们会用到相关的童话故事；当有人需要了解当地的农耕生产经验时，人们会讲到各种各样的农谚、气象谚。这才是真正的、非遗保护希望看到的民间文学。但现在我们看到的民间文学，正在远离生活，并向纯文学的方向发展。而向纯文学靠拢的结果，便是民间文学的“文学化”和实用功能与社会功能的彻底丧失。

以民间传说为例，我们需要保护的，并不是那些已经被文学化、书本化了的民间传说，而是那些仍然活在民间并帮助民间用以解读当地风土民情、山川水系的民间传说。作为传承人，能用传说故事讲出当地万事万物由来就已经足够，过度的文学渲染反会影响到传说故事的真实。同样，我们保护谚语也不是单单为了保护一种民间文学样式，而是通过保护谚语，去保护和传递一种民间智慧与本土经验，让传统农耕智慧“活起来”，并用它去解决当代农业所无法解决的各个难题。

三、传承环境改变与传承生态丧失

任何一种民间文学的生存都需要相关生态环境做支撑。随着城镇化进程的加快，外出务工人群的增加，以及会讲故事的老一代故事家的离世，作为民间文学重要载体的农村已然发生明显变化，这在相当程度上影响了这类遗产的传承。与此同时，作为民间故事另一重要载体的城市，也因当代传媒的迅猛冲击，娱乐方式的急速改变，以及会讲故事人群的断崖式下跌，致使民间

文学的传承与传播开始变得越发困难。听故事与讲故事人群的锐减以及讲述环境的丧失,直接导致了民间文学类遗产已经陷入无法自拔的境地。在这个过程中,许多地方政府虽然也在做着各种努力,如建立故事厅,试图通过收取门票等方式以解决传承人生活困难问题,但效果并不理想。道理很简单,作为一种人人能说、个个能讲的民间故事,凭什么一定要让人们花钱去听?"历史上走市场的继续走市场,历史上不走市场的不要走市场"是一条非物质文化遗产传承规律。如果违反了这一规律,结果自然难以乐观。

思考题

1. 民间文学类遗产主要包括哪几个部分?
2. 保护民间文学类遗产到底有什么意义?
3. 民间文学申报非物质文化遗产时,哪些项目可以优先申报?
4. 民间文学类遗产传承到底遇到了哪些问题?

第十一章 传统表演艺术类遗产

传统表演艺术类遗产是指人类在历史上创造,并以活态形式原汁原味传承至今、具有重要价值的各种传统表演艺术活动。

在非物质文化遗产中,传统表演艺术类遗产,特别是以地方小戏与民间说唱为代表的传统表演艺术类遗产,目前多数已处于濒危状态,各级政府应集中精力,抓紧时间,通过相应的政策扶持,对这类遗产实施抢救性保护。

第一节 传统表演艺术类遗产的基本范畴

传统表演艺术类遗产包括民间说唱、戏剧、歌舞、音乐、传统体育竞技等几个大的门类。这类遗产集中体现了人类表演艺术精华。人类最美的语言、最好的唱腔、最美的肢体语言、最好的服装道具主要集中在这里。传统表演艺术是我们了解中国传统文化与传统审美的重要渠道,具有重要的历史认识价值、艺术价值和社会价值。

一、民间说唱

(一) 民间说唱定义

民间说唱又叫“曲艺”,是一种以“叙述体”为基本特征的表演艺术形式。在我国,最早被记录下来的民间叙事诗出现在商周时期。到了汉代,民间叙事诗已经非常普及。如今天我们所看到的《孔雀东南飞》,就是这一时期汉族民间叙事诗的典型代表。随着汉代时佛教传入中国,以“俗讲”“变文”为代表的民间讲唱形式逐渐取代了传统叙事诗,并得到了广泛的传播。至宋代,随着城市发展，民间说唱得到进一步普及。宋元以来，降至清季，不但涌现出一大批专业级民间说唱艺人，还产生了众多曲艺品种。宋代的“诸宫调”“鼓子词”，元明的“弹词”“鼓词”“道情”“宝卷”，清代的“子弟书”“岔曲”“相声”等，都是说唱文学的著名曲种。据不完全统计，历史上，我国共有民间说唱品种近 400 种，目前仍能以活态形式传承至今者有 200 多种，但绝大多数已经处于濒危状态，生存前景并不乐观。

在少数民族地区，民间说唱又被称为“史诗”。所谓史诗，是指以诗体形式演唱民族历史的叙事体诗歌形式。它用诗的语言，记叙了这些民族有关天地形成、人类起源、民族迁徙、部落战争及民族英雄光辉事迹等诸多内容。一部史诗就是一部民族的历史。史诗虽不乏艺术成分，但在更多的情况下，人们更愿将它视为本民族的历史，具有重要的史料价值。

在少数民族地区，民间说唱还有一种重要表现形式，这便是反映身边生活故事的民间叙事诗。目前，中国少数民族地区民间叙事诗主要分布在西南少数民族地区，此外，在同纬度的长江中下游地区也有少量分布。

（二）民间说唱分类

民间说唱大体包括“说”和“唱”两种形式，即所谓的“说故事”与“唱故事”两个大类。

“说故事”以“说”为主，语言是散文化的。如北方的评书、南方的评话都属于这一类。北方的相声和南方的滑稽戏也属于散文体表现形式，但它们说的不一定都是“故事”。当然在现实生活中也有以“说”为主，以“唱”为辅者，如北方的鼓书，南方的评弹等，在实际操作中，这部分作品也可纳入“说故事”中。

“唱故事”以“唱”为主。这类民间说唱有腔有调，有辙有韵，有鼓板丝弦伴奏，如京韵大鼓、河南坠子、扬州清曲、苏州弹词、兰州鼓子词、莲花落等。还有一种被称为“韵诵体”的艺术表演形式，如山东快书、数来宝、四川金钱板、锣鼓书等。这类曲种通过竹板、钢板、锣鼓等击节道具的伴奏，作品具有很强的节奏感。

在少数民族地区，史诗又被细分为“创世史诗”和“英雄史诗”两大类。

所谓“创世史诗”，是指专门讲述天地开辟、人类起源的韵文体民间说唱。这类史诗多产生于一个民族的童年时代，充满了早期人类对各种自然现象的天真解释，也记录下了人类在征服自然的过程中所经历的种种磨难。从内容上看，创世史诗与神话颇为相似，只是在表述方式方面略有不同——创世史诗是韵文体，而神话则是散文体。在我国，创世史诗集中分布在北纬30度线以南的广大西南少数民族地区。比较著名的有苗族的《苗族古歌》、瑶族的《密洛陀》、彝族的《梅葛》、纳西族的《创世纪》等。

所谓“英雄史诗”，是指以说唱形式专门反映军事民主制时期民族英雄征战、杀伐为主要内容的韵文体说唱文学作品，在时间上明显晚于创世史诗，是“英雄时代”的特定产物。英雄史诗的篇幅一般都很长，演唱起来短则几天，长则几十天。这类作品通常散韵相间，以唱为主。演唱时都有固定的模式和套路，如歌唱英雄时有“英雄赞”，歌颂骏马、宝刀时有“骏马赞”“宝刀赞”。我国最著名的三大史诗分别是藏族的《格萨尔》、蒙古族的《江格尔》和柯尔克孜族的《玛那斯》。

民间叙事诗可分为两个大类：一个是以反映男女爱情为主的民间叙事诗，如流行在云南德宏傣族自治州的《娥并与桑洛》、流行于彝族支系撒尼人居住地的《阿诗玛》。一个是以反映阶级斗争为主的民间叙事诗。如流行在湖北崇阳一带的《钟九闹漕》、流行于蒙古族地区的《嘎达梅林》和流传于苗族地区的《张秀眉之歌》等，所反映的都是阶级斗争与民族斗争主题。可以说，民间叙事诗一直都在直面社会问题。

二、传统戏剧

（一）传统戏剧定义

传统戏剧是指在历史上产生，并以活态形式传承至今的代言体表演艺术形式。它既包括由民间艺人直接创作并表演的、广泛流行于民间社会的民间小戏，如北方的二人转、内蒙古的二人台、贵州的花灯戏，以及形形色色的道具戏，如皮影戏、木偶戏、面具戏等，也包括在小戏基础上发展起来的大型戏剧形式，如京剧、评剧、昆曲等。

（二）传统戏剧分类

传统戏剧大致可分为民间小戏、道具戏与大型传统戏剧三个大类。

1. 民间小戏

民间小戏多是民间社会自娱自乐的产物，因而人们很难考订出这些戏曲品种的产生年代。但是，这些民间戏曲中各种表现形式的来源还是有案可稽的。通常，民间小戏的曲调多来自当地民歌，动作多来自当地舞蹈，情节多来自当地说唱。在中国戏剧发展史上，宗教祭祀活动对民间小戏的形成产生过重要影响。如流行于贵州、安徽等地的傩戏即来源于古老的“驱傩”仪式，北方的“道情”“二人台”又多来源于民间娱神赛会。

2. 道具戏

所谓“道具戏”，泛指用人形道具进行演出的民间小戏。这类小戏种类很多，可根据使用道具的不同将它们分为木偶戏、皮影戏、面具戏等数种。

木偶戏最初专指用小木杖操纵，用木刻小人表演的木偶戏，后又出现了一种将手直接套入木偶体内进行表演的布袋木偶。此外，还有在水中表演的水木偶、用火药作动力的药发木偶等。木偶在表演过程中一直受人操纵，故又称“傀儡戏”。

据研究，最早的木偶可能来自殉葬用的人俑。据说早在西周时期，就已经出现了用木俑随葬的习俗。在河南信阳出土的楚墓女俑已装假发，手腕亦转动自如，而山东莱西西汉墓出土的悬丝人俑已经可以由人操纵。这种用于殉葬的人俑后来成为“丧家之乐”中的主角。至汉代，这种原始木偶出现在喜庆的“宾婚嘉会”上。唐代是中国木偶戏的形成期，其标志之一便是完整剧目的出现。至宋，中国木偶戏已经成型。今天所看到的悬丝木偶、杖头木偶、药发木偶以及肉傀儡、水傀儡等，在宋代都已出现。木偶戏的产生，对我国戏剧发展起到了积极的推动作用。

皮影戏也是道具戏的一种。剧中的人物、动物均用动物皮革刻制成侧面像，放在纱帐里面，通过从里向外透射出的灯光，将皮影影像投射在屏幕上供人观看。著名的皮影戏有甘肃兰州影、青海灯影戏、黑龙江皮影戏、河南驴皮影、陕西牛皮娃娃影、山西纸窗影、福建抽皮猴、北京蒲团影、江浙羊皮影、河北滦州影等。

和木偶戏一样，皮影戏也是由幕后艺人操纵演出的。操纵的同时，艺人还要为戏中人物配唱、读白，旁边还有锣鼓丝弦伴奏。

面具戏是一种较为原始的剧种，被称为“人类戏剧史上的活化石”。早期的面具戏很可能来源于宗教仪式中的“驱傩”，后来才发展为民间戏剧。面具戏在汉族地区已不多见，但在傩文化较为发达的贵州、湖南、安徽等地仍有流传。面具戏的最大特点是面具的脸谱化，从脸谱造型上很容易分辨出剧中人物的忠奸善恶。

由于道具戏演员数量少，又不要求长相，直接降低了演出成本，在民间社会曾广为流传。

3. 大型传统戏剧

在中国，传统戏曲历史悠久，它起于先秦，兴于唐宋元明，至清已经发展成为一个非常成熟的艺术门类，并与古希腊戏剧、古印度梵剧并称为世界三大古老戏剧样式。随着历史岁月的磨砺，古希腊戏剧、古印度梵剧早已消失，在这三大戏剧表演艺术形式中，只有中国戏曲传承不断，并成为人类戏曲史上的一块活化石。

目前，中国戏曲史上较为著名的大型传统戏曲形式，基本上都是在地方小戏的基础上发展起来的。如风格以清丽、婉约著称的昆曲，便是在古老“昆腔”的基础上发展起来的。以程式化著称的京剧是在“西皮”“二黄”和昆曲曲牌以及柳子腔、吹腔等地方小曲的基础上发展起来的。此外，清末在对口莲花落基础上形成的评剧，明末在山陕梆子基础上形成的河南豫剧等，也都各有来源。这些戏曲艺术形式后来也都因为有了《打渔杀家》《贵妃醉酒》《宇宙锋》《刘巧儿》《花为媒》《杨三姐告状》《秦香莲》《穆桂英挂帅》《红娘》等剧目和梅兰芳、马连良、新凤霞、小白玉霜以及常香玉等一大批著名艺人的出现，成为中国戏曲艺术史上一座座不可逾越的丰碑。

三、传统舞蹈

（一）传统舞蹈定义

传统舞蹈是指人类社会在历史上创造并以活态形式原汁原味传承至今的以肢体语言为表现形式的各种舞蹈形式。传统舞蹈具有较强的自娱性和稳定性，一旦定型便很少改变，是了解一个民族或一个地区肢体语言艺术的重要窗口。各地历史传统、风俗习惯、宗教信仰以及自然环境不同，各地的传统舞蹈也会呈现出明显差异。这种地域舞蹈的独特性为后来的专业性舞蹈创作提供了大量的素材，是专业化舞蹈创作的重要源泉。

（二）传统舞蹈分类

传统舞蹈可分为宫廷舞蹈、民间舞蹈两类。前者主要用于国家祭祀及宫廷娱乐，后者主要用于民间祭祀和各种民俗活动。由于历史的原因，我国保留下来的宫廷舞蹈十分有限，所以广布于民间社会的民间舞蹈，便成了非物质文化遗产保护的重点。

民间舞蹈起源很早，它的产生与人类社会的早期生活，特别是人类社会早期的娱神活动密不可分。依功能不同，民间舞蹈又可分为娱人型舞蹈与娱神型舞蹈两大部分。娱人型舞蹈主要用于各种节庆、迎客、联欢、娱乐、演出等场合，如各种芦笙舞、秧歌、鼓舞、旱船、抬阁等都属于这一类。娱神舞蹈主要用于各种丧葬、祭祀、祈祷、治病、驱邪等宗教仪式。但事实上即或是娱人舞蹈，亦多半与娱神活动有关，有些甚至就来源于民间娱神活动，是研究人类社会审美发展史的重要参考。

四、传统音乐

（一）传统音乐定义

传统音乐是指人类在历史上创造并以活态形式原汁原味传承至今的具有重要价值的传统音乐表现形式。

（二）传统音乐分类

传统音乐大致可分为“歌”与“曲”两大部分。“歌”，亦称民歌，泛指有歌词的演唱，如陕北的信天游、赫哲族的船歌、山东的沂蒙小调、云南彝族的海菜腔以及内蒙古的酸曲等。

“曲”是指用乐器演奏曲调，如《梅花三弄》《春江花月夜》《渔舟唱晚》《水龙吟》等。至于舞蹈中的舞蹈音乐、戏曲中的戏曲音乐、曲艺中的曲艺音乐，均可放入舞蹈、戏曲及曲艺中，作为它们整体中的一部分进行系统的搜集整理。

五、传统体育竞技

（一）传统体育竞技定义

所谓传统体育竞技，是指按一定组织形式、顺序与规则，在平等前提下，让人们参与的以强身健体、提高身体素质与心理素质为目的的竞技娱乐活动。中国历史悠久,体育竞技活动源远流长。太极拳、武术、杂技、蹴鞠等众多体育项目已经作为中国符号被永远铭刻在中国传统文化中。中国传统体育竞技类遗产种类繁多,但作为非物质文化遗产申报项目,所遴选的并不是日常所见的各种体育赛事,而是那些在历史上创造并以活态形式原汁原味传承至今的各种拿手绝活,如沧州武术、少林功夫、蒙古式摔跤、吴桥杂技等。此外,那些具有重要历史认识价值而目前已经所剩不多的传统体育竞技项目,如蹴鞠、沙河藤牌阵等,也应该成为我们的保护重点。

(二)传统体育竞技分类

1. 传统武术。传统武术是以攻防技击为其主要特征体育活动。传统武术又可按地域、拳种等分为不同流派。如中国著名的太极拳流派就有陈式太极拳、杨式太极拳、孙式太极拳、吴式太极拳、武式太极拳等五大派系。

2. 传统养生气功。传统养生气功的最大特点是以"三调"养生为主。气功在漫长的历史发展过程中,不断吸收来自不同历史时期对人体身心健康有益的理论与方法,并由此形成各自的流派,其中较为著名的有以中医理论为指导的医家气功,如"五禽戏""六字诀""八段锦"等。以道家理论为指导,强调性命双修的道家气功,如"周天功"等。以佛家理论为指导,强调修性,强调调心、调息的佛家气功,如"禅定""因是子静坐法"等。以锻炼人体之"形",以外练筋骨皮为主要特征的武家气功,特点是运动量和动作难度都较大,代表性功法有"易筋经""少林内功"等。

3. 传统摔跤术。传统摔跤术的最大特点是以摔法为其主要特征,有中国式摔跤、蒙古族式摔跤、藏式摔跤等。

4. 传统民间竞技。传统民间竞技的最大特点是以娱乐为主要特征,如舞龙、舞狮、踩高跷、抖空竹、抢花炮等。

第二节 传统表演艺术类遗产的保护意义

传统表演艺术通常是指通过人的演唱、演奏或人体的肢体动作、表情等来塑造形象、传达情绪、表达情感,从而表现人类生活的各种艺术表演活动。那么,保护好传统表演艺术遗产到底具有怎样的价值和意义呢?

一、是保护当地最美肢体语言的重要手段

传统表演艺术类遗产是一个民族或一个地区最美肢体语言的集中体现,肢体语言又被称为“身体语言”。它是指演员在表演过程中,通过头、眼、颈、臂、肘、腕、手、身、胯、腿、足等部位的运动来传达人物思想,借以表情达意的一种重要的表演艺术形式。一个民族最优美的肢体语言正是通过一次又一次的表演传承下来的。活态传承对于传统表演艺术而言至关重要。

二、是保护当地最美唱词的重要手段

传统表演艺术是一个民族或一个地区最美唱词的重要载体。无论是大戏、小戏,还是道具戏,也无论是民间曲艺还是民歌山曲儿,唱词都是它们最重要的表达方式。传统唱词是历经千百年传承下来的表演艺术精华,其优秀程度之高至今无人超越。但是,要想对单纯唱词实施碎片化保护难度很大,最好的办法就是通过对传统表演艺术的保护,将最美唱词保护下来。事实已经证明,只要保护好传统表演艺术类遗产,一个民族或一个地区最美唱词也就保护下来了。

三、是保护当地最美唱腔的重要手段

在传统表演艺术中,唱腔占有举足轻重的地位。无论是山歌小曲、民间说唱,还是大戏、小戏,都需要优美唱腔的加持。在没有专利权的传统社会中,剧目移植是剧目传承与传播的重要手段。一个剧目的唱词一旦定型,其他剧种就会以学习的名义,将这个剧目移植过来。移植过程中,唱词改变很小,改变最多的便是唱腔。于是,唱腔也就成了我们区分同一剧目不同剧种的唯一手段。在保护传统表演艺术中,我们应该集中精力对最美唱腔实施重点保护。

四、是保护当地最美传统化妆术的重要手段

化妆术的起源与传统表演艺术密切相关。从最初驱傩面具的佩戴,到后来舞台之上的粉黛装束,一直伴随着中国传统表演艺术走到今天。这些源自

远古并一直以活态形式传承至今的传统化妆术保留有众多文化密码，是我们研究古代化妆术与地方传统化妆术的重要窗口。

五、是保护当地最美传统表演服饰制作技艺的重要手段

毋庸讳言，一个民族最美的服饰也多集中在传统表演艺术之中。经验告诉我们，这些传统表演服饰一旦获得社会认同，就会作为“遗产”固定下来，并成为各类角色的重要标识。其文化内涵之深，远不是一般人所能知晓的。另一方面，传统表演服饰还是一个时代服饰发展的风向标，在中国传统服饰发展过程中，也曾发挥过重要的引领作用。

六、是保护当地高台教化传统的重要手段

传统表演艺术类遗产的价值远不是用一句“美不美”就能涵盖的。它在给人以美的享受的同时，还发挥着重要的教化人心的作用。

与用“四书五经”培养出来的精英阶层不同，社会底层传统美德的形成多半是通过听书、看戏、讲故事等方式习得的。戏曲、曲艺这些表演艺术除能让广大观众获得大量文史知识外，还能起到很好的教化作用。如《海瑞罢官》会告诉你什么叫不畏强暴，什么是除暴安良；《西厢记》《拜月亭》《墙头马上》会告诉你什么叫让“天下有情人终成眷属”，什么叫美好爱情的忠贞不渝。清琴隐翁说过这样一段话：“传奇虽小道，别贤奸，明治乱，善则福，恶则祸，天道昭彰，验诸俄顷，无论贤愚不肖，皆是动其观感之心，其为劝惩感发者良便，未始非辅翌名教之一端也。”[1] 中国新文化运动的主要发起人之一陈独秀在《论戏曲》中也认为，“戏园者，天下人之大学堂也；优伶者，实普天下人之大教师也”，并认为戏曲是“改良社会之不二法门”。[2] 在当今社会流传的“饭养身，歌养心”“听书唱戏劝人方”等说法，强调的同样是传统表演艺术的社会教化作用。

七、是普及历史特别是断代史知识的重要手段

在传统表演艺术中，历史题材占有相当比重。这些作品在增强普罗大众

1 琴隐翁著：《审音鉴古录》，转引自王秋桂主编：《善本戏曲丛刊》，影印本第 8 卷台湾学生书局，第 1–2 页。

2 三爱（陈独秀）《论戏曲》，《新小说》第 2 卷第 2 号第 5 页。

历史知识的过程中发挥了重要作用。

与知识阶层历史知识获得渠道不同,民间社会对历史知识的获得并不是通过《史记》《汉书》这样的典籍,而是通过一则则民间传说、一出出民间戏曲、一部部传统评书来完成的。如果追根溯源,我们就会看到许多历史题材的传统表演艺术类遗产中都有史书的影子。譬如京剧《文昭关》所讲伍子胥故事出自《史记》,《白帝城》托孤故事出自《三国志》,而《霸王别姬》《苏武牧羊》等剧目也都源自《史记》《汉书》这样一类正史。这些作品尽管在表现形式上有一定程度的艺术夸张,但这些故事所述历史还是有据可查的。除此之外,作为表演艺术,这些故事脉络清晰,人物形象生动,具体细节清楚,语言表达诙谐,是普通百姓了解本国历史的重要窗口。

在民间社会中,不同历史知识的获取渠道并不相同。譬如对地方性历史知识的获取通常是通过当地民间传说来完成的。譬如“八臂哪吒城的传说”讲的是北京城建城的种种说道与禁忌;对历史人物知识的获取多半都是通过民间戏曲来完成的。如普通百姓对唐代历史人物的了解不是通过《新唐书》《旧唐书》,而是通过戏曲《贵妃醉酒》《打金枝》《长生殿》来完成的;对宋代历史人物包公、穆桂英、杨四郎的了解不是通过《宋史》,而是通过戏曲《包龙图》《穆桂英挂帅》《四郎探母》来完成的。与百姓对历朝人物史的了解渠道不同,普通百姓对断代史的了解,基本上是通过评书、评话、大鼓书等长篇说唱来完成的。如对先秦历史的了解不是通过《史记》《汉书》,而是通过评书《封神演义》完成的;对三国史的了解不是通过《三国志》,而是通过评书《三国演义》来完成的;对隋唐史的了解不是通过《新唐书》《旧唐书》,而是通过评书《薛仁贵东征》《隋唐演义》《薛家将》《说唐后传》完成的。可以说,在传达本国历史知识方面,传统表演艺术功不可没。

第三节 传统表演艺术类遗产的保护要点

要想保护好传统表演艺术类遗产,整体保护非常必要。这既是保护各类遗产的基本原则,也是保护传统表演艺术的基本原则。表演艺术体量巨大，面对如此体量的文化遗产类型，要想在保护上实现质的突破，没有恰当的"抓手"是不行的。保护传统表演艺术类遗产，掌控好以下几个"抓手"十分必要。

一、重点保护传统表演艺术类遗产的活态传承

非物质文化遗产的中心词是"遗产"。所谓"遗产"，就是指祖先留给我们的各种物质财富与精神财富。保护非物质文化遗产的核心就是保护好历史上传承下来的各种老段子、老曲子、老剧目，而不是我们刚刚创造出来的各种"现产"。谁的老段子、老剧目、老曲子最多，谁就最有资格成为非物质文化遗产传承人。从田野调查实践看，许多非常优秀的、掌握了许多老段子、老曲子、老剧目的传承人，并不在非遗保护重点关注的大型表演院团，而是生活在社会底层的"草台班子"，所以即或掌握有大量传统剧目，也很少有机会进入非物质文化遗产代表性传承人名录。究其原因，是我们的评审标准出了问题，我们的评审标准不是要求申报项目"真不真"，而是"美不美"。按此标准，那些缺少资金扶持的"草台班子"，自然很难与"美"发生联系，自然也就无法顺利进入非物质文化遗产名录。但从遗产学角度看，正因为那些"草台班子"无钱改动，他们古老的行头、唱本、道具以及他们一传就是几百年的古老唱腔，也就被原汁原味地保护了下来，而这也正是我们需要保护的。这些生活在社会底层的、依然保存着古老表演传统的民间艺人及其所传艺术，应该成为我们下一步挖掘的重点，我们的扶持政策也应该及时调整并向他们倾斜。如政府可以通过公共文化基金对他们的演出给予一定的扶持，也可通过政策导向让他们将那些即将消失的传统表演艺术形式，尽可能多地恢复出来，而不是将他们纳入自己的麾下，让他们躺在遗产目录上睡大觉。

二、重点保护传统表演艺术类遗产的原始功能及文化空间

中国许多传统表演艺术，特别是那些产生并流传于民间的传统表演艺术，就其本质而言并不是纯而又纯的"艺术"，而是当地百姓的生活。就像民间社会从不把残存在传统村落中的傩戏当成艺术一样，人们表演傩戏的真正目的，是为自己驱邪禳灾。要想原汁原味传承好这些乡土艺术，最好的办法就

是保护好这些传统表演艺术的原初功能，而不是让它们脱离原初生活，变成符合当代审美要求的“舞台艺术”。传统表演艺术的最好状态不是“表演态”，而是“生活态”。散落在乡野间的传统表演艺术，一旦从百姓生活中被剥离出去，也就不再具有非物质文化遗产本应具有的价值了。

对于传统表演艺术而言，保护好与之相关的文化空间同样重要。从表演所处文化空间看，传统表演艺术大致可分为舞台表演艺术和广场表演艺术两个大类。前者多以纯艺术的形式呈现在人们面前。这类表演以“走市场”为主，强调的是演出的专业性。由于演员要以此维生，所有演出都会围栏卖票；而后者则是以百姓生活的形式呈现在人们面前。这类广场艺术的存在不是为了挣钱，而是通过表演展示本地人的历史，活跃当地人的生活，解决当地人的问题。如土家族的“茅古斯”、汉族的划旱船，展示的都是当地人的迁徙史，表演的目的是让族人铭记本民族先民筚路蓝缕、以启山林的创业史；侗族大歌、哈尼多声部展示的同样是当地人的生活，目的是满足、活跃、娱乐当地人的生产生活；傩戏展示的是当地人驱逐恶魔的传统，目的是通过驱魔守护一方的安宁。所以，这种传统表演艺术从不在舞台举行。如果我们改变演出场所，将广场表演搬上舞台，这些神事活动就会因文化空间的改变而带来功能上的改变，作为传承人所传的非物质文化遗产，就会因登上舞台而不再具有原有遗产项目的实用功能。

三、重点保护与传统表演艺术类遗产有关的服、化、道

传统表演艺术是一种集服、化、道等多种技艺于一身的综合性艺术。要想将这笔遗产原汁原味继承下来，不但要保护好表演艺术本身，同时还要保护好与之相关的传统表演服装制作技艺、化妆技艺和道具制作技艺。确保服、化、道最简单的办法，就是自己动手按着传承下来的老样子亲手去做，而不是到市场上去购买那些千篇一律的舞台用品。一种表演艺术能否原汁原味传承下来的重要标志之一，就是看他们能否将自己所需要的服装、道具制作出来，能否将极具地方特色的传统化妆技术原汁原味地继承下来。我们强调原汁原味的原因在于，非物质文化遗产所保护的不是我们当代人的审美，而是历史上的审美、祖先们的审美。要想把祖先的审美保护好、传承好，办法只有一个：必须从“原汁原味”做起，只有这样我们才能把祖先所传审美继承

下来并传承下去。

四、重点保存好老戏本、老唱本、老戏装等老物件

传统戏曲、传统曲艺的传承离不开老唱本。我们考察一个人能否成为表演艺术类非物质文化遗产传承人，其重要标志之一就是看他到底收藏有多少老戏本、老唱本。在收集、整理这些老戏本、老唱本的过程中，我们应尽可能使用传统的老办法，如记录唱腔时，应尽量使用包括工尺谱在内的古老的记谱方式。那种力图用简谱、五线谱取代传统记谱方式的做法，不利于非物质文化遗产的真实性传承，也不可能真真正正地将中国传统音乐的精髓记录下来。因为中国传统音乐的许多音符都藏在钢琴琴键的“键缝缝”里，使用任何一种外来记谱方式——无论是简谱，还是五线谱，不但不能将中国工尺谱所记音符准确地记录下来，还会因文化自觉的缺失，使人类音乐史上曾经使用范围最广的工尺谱，从我们手中彻底消失。

第四节
传统表演艺术类遗产的申报要点

在申报传统表演艺术类遗产时，应遵循以下要点。

一、在体裁上独具本土特色者优先

保护非物质文化遗产的终极目的是保护人类文化的多样性，要想实现这一目标，就必须从保护本土文化的独特性做起。所以，如何保护好乡土艺术便变得十分重要。土生土长的乡土艺术是乡土文化的重要组成部分。一个民族的民族特色，或是一个地域的地域特色，在很多情况下都是通过乡土艺术，特别是其中的地方性表演艺术呈现出来的。在申报非遗项目时，具有明确归属感的本土表演艺术应优先申报。

当然，这样做并不等于说一切外来表演艺术都不能申报。只要它们已经融入一国社会，或是已经成为某民族或是某地域的地域标志性文化，那么，无论来自哪个国家，也都有资格申报这一国家的非物质文化遗产。如来自西域的十二木卡姆，进入中国已有数百年之久，并已经成为中华传统

文化的重要组成部分,当然有资格申报中国的非物质文化遗产。

二、尚处原生状态且传承数量巨大者优先

传统表演艺术类遗产的传承大致可分为院团传承与民间传承两部分。历史上,院团归政府管辖,无论是项目申报,还是经费扶持,院团都会因“近水楼台”而得到政府的关爱。如果这些院团在非遗传承中确实发挥了重要作用,这种扶持当然无可厚非,但实际情况是这些院团表现得并不理想。原因有三点:

(一)创新有余,传承不足,院团没有完成好传承人本应完成的传承任务。大多情况是,这些职业院团的演出以新编剧目为主,并没有实现加大力度传承好传统剧目的基本目标。

(二)职业院团传承老剧目数量有限。即便是传承状态最好的剧团,所传传统剧目通常也不会超过 20 出,与民间社会“草台班子”动辄就能传承上百出老剧目相比,完全不在一个档次。

(三)院团所传剧目改编改造问题严重。据我们观察,很多老剧目都会在创新名义下,对灯光、布景、服饰、唱腔、动作上进行大的改动,与非遗项目所要求的“原汁原味”存在相当差距。

相反,由于民间剧团没有创新要求,他们的演出以传统剧目为主,而这正是我们急需保护的非物质文化遗产资源。在福建调查得知,就是一个普普通通的“草台班子”,所演传统剧目一般都能达到 200 多出,最多可达 300 余出。原因是当地的“草台班子”基本上是为当地百姓祭神或是红白喜事等人生礼仪服务的。这些仪式内涵不同,所能演出的剧目当然也会有所不同。没有一定的“量”,就很难满足民间社会“点戏”的要求。此外,由于这些“草台班子”一直严格恪守祖先留下的规矩,很少对所传剧目动手动脚,更容易做到原汁原味。保护遗产的角度计,在今后的申报与评审过程中,我们应将这类“草台班子”及其所传剧目应成为今后的申报重点。

三、在生存状态上身处濒危者优先

传统表演艺术类遗产是传统社会中应用范围最广的娱乐方式之一,在娱乐民众、教化社会的过程中发挥过重要作用。但随着现代传媒的冲击以及老

艺人的不断离世，这部分遗产正在遭受前所未有的冲击，已经成为非物质文化遗产中的重灾区。戏剧如此，民间说唱更是如此。如历史上人们耳熟能详的竹板书、快板书、八角鼓、莲花落、北京琴书、白族大本曲等，目前均已身处濒危状态。保护好京剧、昆曲这类国粹级非物质文化遗产固然重要，但保护好那些已有数百年历史但目前又已近濒危的民间小戏、民间说唱同样重要。从保护人类文化多样性与地域文化独特性的角度来说，保护好这类濒危遗产往往具有更加重要的价值。各级政府有责任出台相应的扶持政策，将这类遗产抢救下来并使之传承下去。

第五节
传统表演艺术类遗产保护容易出现的问题

传统表演艺术类遗产是祖先留给我们的共同遗产，加之它直面社会，更容易引起整个社会的关注。这本是一件好事，但如果理念不对、处理不当，好事容易变成坏事，并给遗产保护带来种种问题。传统表演艺术类遗产保护所存在的问题主要表现在以下三个方面。

一、行政过度干预带来的问题

在非物质文化遗产保护中，政府一直发挥着无可取代的作用。没有政府的主导，非物质文化遗产传承人及其所传项目就不可能得到周全保护。但问题在于非物质文化遗产是民间文化而非官方文化，这就给本来并不十分熟悉这一行当的政府部门出了道难题。不管，会落下不敬业、不作为的“差评”；而不当干预又会落下破坏非遗的“恶名”。鉴于此，各级政府在保护非遗之前一定要弄明白自己到底能干什么，不能干什么，并为自己做出一个准确的职能定位。作为政府，它的工作主要是做好项目遴选、政策制定、机构建设，以及非遗的研究、管理、宣传、弘扬等专业能力的培养等，而不是取代传承人，亲自参与非物质文化遗产的活态。

传统表演艺术是非物质文化遗产中最容易遭受行政干预的一种，在中国尤为如此。问题的出现显然与政府的制度设计有关。在国外，物质文化遗产与非物质文化遗产统归文化遗产部，作为遗产统一管理；而在中国，非物质文化遗产归属文化部(现为文化和旅游部)专门管理。在下面负责具体实施的则是负责群众文化工作的群众艺术馆。这个部门的一项重要工作是文艺创作,而文艺创作最常用的方法,就是将当地民间舞蹈拿来,经过“美化”,最后变成高大上的舞台艺术。事实证明,这种原本用于广场演出的民间舞蹈一旦登上舞台,其队列、走台都会发生明显改变。舞蹈是这样,民歌、音乐同样存在类似问题。当然,对传统表演艺术施以改造还有一个重要原因,这便是许多政府官员至今仍缺乏科学的保护理念,以致随意改编改造文化遗产成为常态。

那么,承担非物质文化遗产保护职责的各级政府主管部门,究竟应该将自己的注意力放在哪些方面呢?

其实,联合国教科文组织在颁布《非物质文化遗产保护文件及公约》时,早已意识到了因政府过度参与而有可能导致的非物质文化遗产“官俗化”问题,并将各级政府行为,严格限定在了建立国家相关档案机构、建立国家级非物质文化遗产主管机构、建立非物质文化遗产基金、制定非物质文化遗产保护总政策、编制国家级非物质文化遗产机构名单、颁布非物质文化遗产名录、鼓励非物质文化遗产研究、制定法律法规保护民间创作知识产权、建立必要的国际分类体系、鉴别及登记体系以及具有指导性质的搜集指南,加强国际合作与交流、组织评选,奖励非物质文化遗产代表作等宏观指导上,而丝毫不提各国政府对非物质文化遗产传承工作的具体参与。他们的上述做法应该视为近几十年来各国非物质文化遗产保护实践的经验总结,反映出联合国教科文组织不提倡各国政府对非物质文化遗产自主传承进行过多行政干预的明确态度。

二、传承人职能错位带来的问题

在社会分工中,每个社会群体的职责都会有所不同。作为文化创意工作者,他们的职责是创新;而作为传承人,他们的职责是负责传承,即通过自己的手,将人类在历史上创造的一切优秀遗产原汁原味地继承下来并传承下去。在韩国,人们在选定国家级非物质文化遗产传承人时,便明确要求他们必须是“原原本本领会或保存重要非物质文化遗产之技艺、技能,并能够原原本本地进行艺术表演或进行工艺制作者”。可见,“原汁原味”地传承非物质文化遗产，是国际社会对非物质文化遗产传承人的普遍要求。国际社会近半个世纪的非物质文化遗产保护实践已经证明：非物质文化遗产的真正价值不是创新，而是保留。保留数量的多与寡，保留质量的高低，是评价、衡量非物质文化遗产及其传承人的第一尺度。我们在保护、评选非物质文化遗产及其传承人时，更应该像动植物学家为物种基因库寻找最优秀的动植物基因一样，将那些最原始、最自然、最具有原生特点的传统文化基因，尽可能多地保护起来。

关于非物质文化遗产能否创新这个问题上，国内外是有着激烈的争论的。

一种观点认为，非物质文化遗产最重要的价值是它的历史认识价值。如果有新元素的不断加入，遗产也就会因新元素的加入而失去其本应具有的历史认识价值，因此主张对非物质文化遗产实施“原汁原味”保护。如韩国《文化财保护法》规定，作为非物质文化遗产保护对象民俗表演的理想状态是，“不论其表演者、表演时间、表演地点或表演原因如何变动，表演都应该准确无误、原封不动地‘重现’传统”。在这种情形下，语境被设定为“固定不变”。这种僵死的民俗表演，显然是受到了政府政策及决策者政见的影响。在韩国，《文化财保护法》的制定就是试图保持那些被指定为民俗表演的“最古老的”标准样式，具体方法便是坚持在每一场演出中都能重现出其相同的版本。也就是说，《文化财保护法》成了标准的模具。从《文化财保护法》的实施条例与实践经验看，韩国传统表演艺术的“原初形态”是指曾被搜集到的、年代最久远的“那一个”。一经核实，这一形态便成为政府指定的保护对象，被视为最初的版本。当这种最初形态被指定为“文化财”后，《文化财保护法》的条例就不允许它在表演中再有任何变动。[1]

另一种观点认为，非物质文化遗产本是民俗的一种，自有其传承规律。如果干预过多，客观上就会限制民俗的自主传承，活生生的“民俗”就会变成博物馆中僵死的“民俗”，这种违背事物发展规律的保护不值得提倡。韩国学术界的一些学者也认为：“事实上这种最初的表演形式可不光是受到保护政

1 ［韩］梁锺承：《韩国的文化保护政策：无形文化财与它的持有者》，李斯颖翻译，苑利校对，张庆善主编：《中国少数民族艺术遗产保护及当代艺术发展国际学术研讨会论文集》，文化艺术出版社2004年版，第622页。

策的重塑，民间艺人表演中的发挥也会再一次对其进行改造与加工”。[1]这种做法表面上维系了历史的原貌，使非物质文化遗产具有了更多的“文物”价值，但从另一方面看，这种做法无疑也违反了作为活态民俗之民间文化遗产所应具有的鲜活特点，从而使鲜活的民俗变成僵死的官俗，使纯纯正正的“真民俗”变成虚假骗人的“伪民俗”。

其实，民俗自有其传承规律。我们应该尊重民间文化的自主传承甚至是自主变化，但我们绝不提倡进行过多的人为干预，特别是那些来自政府、学术界、商界等外来力量的过度干预。这种干预不但会严重挫伤传承人传承非物质文化遗产的积极性，同时也会加速民间文化的官俗化，于人于已都没好处。至于表演过程中的逢场作戏或是现场砸挂，只要不是外力的有意改变都属正常。戏人们常讲的“一遍拆洗一遍新”，就是这个道理。

在保护传统表演艺术方面，我们应鼓励民间社火组织、“草台班子”等民间社会的积极性，并使那些已经进入官俗化程序的非物质文化遗产项目重归民间。

三、学术界错位干预带来的问题

近年来，中国学术界在非物质文化遗产保护中发挥了重要作用，但同时也存在一定问题。其中最大的问题是，我们知识界至今没意识到非物质文化遗产历史价值的重要性，甚至将非物质文化遗产当成简简单单的群众文化艺术，并从实用角度出发对其实施大规模改造，如用西方的一点透视改造中国的散点透视，用西方的人体解剖学原理改造中国的泥塑，用西方的美声唱法改造侗族大歌，用当代艺术表现手法改造传统的原生态表现手法，用高大上的京剧改造地方小戏，等等。改编后的“传统文化事项”虽然具有了更多的时代感，也因加入了更多“当代口味”而受到市场的欢迎，但那些原歌舞中所隐含的历史情结、文化情结、地方特色和民族特色，也随着西洋文化、汉文化、流行文化以及精英文化的大举进入而荡然无存。改造后的非物质文化遗产，也因失去了其原有的传统风貌而不再具有历史认识价值。非物质文化遗产

1 【韩】梁锺承：《韩国的文化保护政策：无形文化财与它的持有者》，李斯颖翻译，苑利校对，张庆善主编：《中国少数民族艺术遗产保护及当代艺术发展国际学术研讨会论文集》，文化艺术出版社2004年版，第622页。

保护工程的本质,并不是保护当今的主流文化,而是保护那些已经被边缘化了的,或是已经被遗忘了的乡土文化、民间文化等弱势文化。我们之所以如此坚守,那是因为这些原汁原味的乡土文化是中国文化的根本、民族文化的源头,是我们创造新文学、新艺术、新科学、新技术的本钱,岂能说改就改、说丢就丢?

当然,学术界的某些介入有时并非有意。但即或无意也并不意味着对非物质文化遗产就不会造成伤害。譬如,普查中我们对当地舞蹈所做解读,就很容易被当地社会接纳并变成当地社会的解读。这种介入虽无明确动机,但随着介入频度的提高,同样会对民间文化的原生性造成伤害。为避免类似问题,我们应尽量不要使用学术界既有的知识体系去改变民间解读,更不能用诱导的方式,从民间社会寻找我们所需要的答案。

其实,文化间的相互影响是再自然不过的事,我们不可能因保护某种遗产就将外来文化完全拒之门外。但外来文化的过多介入,特别是某些强势文化的有意介入,很容易导致作为国家重要文化基因之非物质文化遗产真实性、独特性的丧失。即或在国外,从保护本国文化传统的角度出发,也会毫不留情地拒绝外来文化对本土优秀传统的干预。

我们强调学术界审慎介入,是因为当今中国学术界的保护理念并不成熟。如果任其介入,其结果可想而知。

总之,当前学术界最重要的工作不是用精英文化去改造以非物质文化遗产为代表的民间文化,而是深入实际,从实践中发现非物质文化遗产的独特价值,探寻非物质文化遗产传承规律,并将这些研究成果推向社会,更好地指导我们的非物质文化遗产保护实践。

四、传统表演艺术远离民间带来的问题

与已经出版的各种表演艺术集成不同,我们所说的表演艺术类遗产不是指那些已经印刷成册的纯艺术,而是指那些仍然活在民间、活在当下,服务百姓生产生活的表演艺术。譬如我们所说的“打夯歌”并不是指那些已经印到了书本上的《打夯歌》,而是指仍然活跃在生产劳动中为协调劳动动作而吟唱的“打夯歌”;我们所说的“撒帐歌”也不是印到了书本上的《撒帐歌》,而是指结婚仪式上伴随着撒帐仪式吟唱的“撒帐歌”;我们所说的“恋爱歌”也不

是印到了书本上的《恋爱歌》，而是男女恋爱时用于表情达意的“恋爱歌”。作为非物质文化遗产的表演艺术，一定要贴近生活，与生活实无缝连接。一旦远离了生活，就很难说它是我们所要保护的非物质文化遗产了。

思考题

1. 传统表演艺术主要包括哪几个部分？
2. 为什么要保护传统表演艺术类遗产？
3. 保护传统表演艺术类遗产要重点保护什么？
4. 传统表演艺术类遗产的申报原则是什么？
5. 传统表演艺术类遗产保护中容易出现哪些问题？

第十二章 传统工艺美术类遗产

所谓传统工艺美术类遗产，是指人类在历史上创造并以活态形式原汁原味传承至今的，能够充分代表一个民族或是一个地区文化底蕴、审美情趣与工艺水平的传统工艺美术技能。只要具有一定技术含量与美学特征、时间超过百年的传统手工技艺，都可纳入工艺美术类遗产范畴。传统工艺美术所指范围非常广泛，它既包括传统画制作与绘制工艺、传统镂刻工艺、传统编织工艺、传统刺绣挑花工艺、传统印染工艺、传统彩扎工艺，也包括传统雕刻工艺、传统印模雕刻工艺、传统雕塑工艺、传统陶瓷制作工艺、传统金属制作工艺、传统髹漆工艺、传统文物修复技术等。

第一节 传统工艺美术类遗产的基本范畴

传统工艺美术类遗产所指范围非常广泛，但通常主要包括以下几方面内容。

一、传统画制作与绘制工艺

传统画制作与绘制工艺是指人类历史上创造并以活态形式传承至今的，以传统方式绘制或是印制传统画的传统手工技艺。

（一）民间手绘画绘制工艺

民间手绘画绘制工艺既包括手绘年画的绘制工艺，也包括手绘水陆画等绘制工艺。

（二）民间版画绘制工艺

民间版画绘制工艺既包括通过套印等方式印制版画的传统工艺，也包括印刻与手绘并重的传统年画的制作工艺。这些工艺体现在年画、彩印灯画、窗画、炕围画、纸牌、神码等各个方面。

（三）民间工艺画制作工艺

民间工艺画制作工艺特指用某种特殊材质制作画像的一些特殊工艺，如羽毛画、麦秆画、软木画、铁画、布艺画等制作工艺。

（四）国画绘制技艺

国画古称“丹青”，西洋画传入后，为与它相区别，故称“中国画”或“国画”。中国画最大特点是用毛笔、墨以及中国画颜料在宣纸或丝织物上作画，题材以人物、山水、花鸟、花卉、瓜果、翎毛、走兽、虫鱼为主，技法以工笔与写意为主，是绘画中最能代表中国作风与中国做派的艺术形式。

中国画历史悠久，最早出现在2 000多年前战国时期的丝织品上。这些作品为后来以线条为主要造型手段的中国画的产生开启了一代先河。两汉魏晋南北朝时期随着域外文明的涌入，在宗教画出现的同时，取法文学创作，绘制历史人物也成为一时风气，山水画、花鸟画亦在此时萌芽。隋唐时期，随着中国城市化速度的加快，绘画艺术也随之繁荣起来，山水画、花鸟画日趋成熟。在宗教画达到顶峰的同时，中国画也出现了明显的世俗化倾向，这种趋势在五代两宋时代又得到了进一步发展。而随着讲究意境的唐诗宋词的出现，中国的山水画、花鸟画达到空前繁荣，并在明清之际获得进一步发展。19世纪末，西方美术进入我国，在西洋画表现手法与艺术理念的影响下，我国的国画艺术呈现出明显的多元化倾向。

（五）书法艺术

狭义的书法艺术，特指用毛笔在宣纸或丝织品上书写汉字并使之上升到艺术层面的方式和方法，而广义的书法艺术则泛指用毛笔书写文字并使之上升到艺术层面的方式和方法。换言之，所谓书法，就是通过执笔、运笔、点画、结构、布局等多种手段，将文字的特点、含义以及执笔者的个性、主观感受与审美习惯集中表现出来的一门独特艺术。

中国书法历史悠久，早在3 000多年的商周已有萌芽，其后，秦篆、汉隶、晋草、魏碑、唐楷、宋行，各领风骚数百年。通过用笔用墨、结构章法、线条组合等方式，在体现汉字造型之美的同时，体现出不同时代的审美特性以及书法家们的个人追求、审美与操守。

二、传统镂刻工艺

传统镂刻工艺所含范围十分广泛，主要指使用各种镂刻技法来制作各种工艺品的传统制作技术。最常见的镂刻工艺主要有以下几种。

（一）皮影制作工艺

皮影是皮影戏必备道具。在皮影戏中，剧中人物、动物影像、亭台楼阁等背景，都是用动物皮革刻制而成的。演出时，艺人们将这些影像放在纱帐内，通过从里向外透射出的灯光，将皮影人物等的影像投射到屏幕上以供人观看。皮影制作工艺比较复杂，一般只能由专业艺人独立完成，是皮影戏保护的重点之一。从皮影制作材料看，皮影戏又分驴皮影、羊皮影、牛皮影和纸影等数种。由于材质不同，制作过程中选料、刻制、烘干、上色等工艺也会呈现出较大差异，需要具体问题具体分析，找出问题，区别对待。

（二）剪纸制作工艺

这是指用剪刀或刻刀在纸上裁剪或刻制出某种纹样的一种传统手工技艺。常见的剪纸工艺有普通剪纸工艺、刻纸工艺、套色剪纸工艺、衬色剪纸工艺、点染剪纸工艺等。

（三）其他材质镂刻工艺

广义的镂刻工艺泛指上述所有与镂刻有关的传统手工技艺，而狭义的镂刻工艺则是指除上述镂刻工艺之外的镂刻技术，特别是在金属、皮革等硬质材质上镂刻艺术品的独特工艺。常见的狭义镂刻工艺有镂金、镂银、剪革等镂刻技艺。

三、传统编织工艺

所谓传统编织工艺，泛指在织造或编织领域内仍然采用的古老的纺织工艺和编织工艺。

（一）丝织工艺

丝织工艺指以丝为原料的纺织业所特有的传统纺织技艺，如织造绫、罗、绸、缎等的传统工艺。

（二）棉织工艺

棉织工艺指以棉为原料的纺织业所特有的传统纺织技艺，如制作各种提花布、飞花布、斑布等的传统棉织工艺。

（三）锦织工艺

锦织工艺是指以染色丝为经纬线，经提花、织造工艺织造出有图案丝制品的一种原料的纺织业所特有的传统手工技艺。瑶锦、侗锦、苗锦、傣锦、武侯锦等各种锦类织品都是用这种传统织造技艺制作而成的。

（四）擀毡工艺

擀毡工艺是指以动物毛为原料的擀制出各种毡制品的传统手工技艺。氆氇、地毯、毡帽、毡鞋等都是用这种工艺擀制出来的。

（五）编织工艺

编织工艺是指利用藤、竹、木、草、毛等原料编织民间工艺品和生活用具的传统手工技艺，比较常见的编织工艺有竹编工艺、藤编工艺、草编工艺、纸编工艺、毛编工艺等。

四、传统刺绣挑花工艺

传统刺绣工艺是指用针引线，按设计好的纹样在布帛等基面上绣出各种图案的传统手工技艺。因刺绣者多为女性，故又称“女红”。

刺绣在我国历史悠久。据《尚书》记载，早在4 000多年前，中国已出现章服制度，并明文规定“衣画而裳绣”。这一技艺历经先秦、两汉直至明清，一直长盛不衰，并先后产生了苏、粤、蜀、湘四大名绣，以及极具地方特色的顾、京、瓯、鲁、闽、汴、陇等多个绣种。在针法上也出现了直绣、盘绣、堆绣、套绣、平绣、编绣、散错绣、打籽绣、擞和绣、辅助绣以及变体绣等多种绣法。

挑花是刺绣的一种。传统挑花工艺的独特之处在于，这是一种在棉布或麻布上用彩线挑出许多很小的十字结从而构成各种图案的传统手工技艺，故也称“十字绣”。挑花对象多为枕头、桌布、服装等，在我国西南地区广为流行。

五、传统印染工艺

这里特指在印染布料过程中所使用的各种传统手工技艺。传统印染技术主要有蓝印花布印染工艺、扎染工艺以及蜡染工艺等。

（一）蓝印花布印染工艺

蓝印花布印染工艺是指将镂有图案的木版或纸版放置在白布上，然后用石灰、豆粉混合而成的灰浆浇注，从而将图案印在布帛上，后经靛蓝浸染使之成为蓝色印花布的传统手工技艺。印染原料是常见药材蓼蓝草，故历史上又称“靛蓝花布”“药斑布”。其工艺流程是：先把镂空花版铺在白布上，然后用刮浆板把防染浆剂刮填到镂空花版的缝隙中并漏印在布面上。待干燥后将布放入染缸，20 分钟后取出氧化，通风 30 分钟，如此反复 6~8 次，拿出晾干后，刮去防染浆粉，一块完整的蓝印花布就制作出来了。

（二）传统扎染工艺

传统扎染工艺是指在染色时将织物的某一局部有规律地结扎起来使之不能着色，从而构成有规则图案的一种传统的染色方法。按扎染方式的不同，扎染又可分为串扎和撮扎两种。前者图案较小，呈星星状分布，后者图案较大，呈不规则花卉状或几何图案状。其工艺流程是：先将织物有规律地折叠捆扎起来，然后浸入靛蓝或其他天然植物染色剂中染色。

据考证，扎染在我国已有 1 600 年左右的历史。现存最早的实物是东晋时期的绞缬印花绢。至唐代，扎染获得飞速发展。至宋代，扎染因耗费人力而一度遭禁。后来这一传统工艺传到偏远的西南少数民族地区并被完好地保留了下来。

（三）传统蜡染工艺

传统蜡染工艺是用蜡刀蘸熔蜡，绘花于布后，再以蓝靛浸染，染后去蜡，从而使布面呈现出明显的蓝底白花或白底蓝花效果的一种古老的印染技术。蜡染用蜡通常是黄蜡（即蜂蜡），这种蜡不溶于水，但加温后可以熔化。人们正是利用了它的这一特性，使蜡染布料在浸染后呈现出明显的图案。扎染技艺始于秦汉，盛于隋唐，流传至今。目前，主要流传于我国西南少数民族地区。色彩除蓝白二色外，使用不同染料，还可染出红、黄、绿等多种效果。这种蜡染布多用于头巾、围腰、衣服、裙子、绑腿以及伞套、枕巾、包袱皮儿、书包以及背带等。

六、传统彩扎工艺

传统彩扎工艺是指以竹坯为龙骨扎制各种民间工艺品及生活用品的传统手工技艺。由于扎制好龙骨后要在龙骨上粘贴彩绘面料，故称“彩扎工艺”。彩扎工艺主要分为以下三类。

(一) 风筝制作工艺。包括软翅风筝、硬翅风筝、立体风筝、串风筝等制作技艺。

(二) 灯彩制作工艺。包括走马灯、灯车、灯树、灯轮、花灯等技艺。

(三) 纸扎制作工艺。包括各种阴间明器、纸人、纸马、纸牛等技艺。

七、传统雕刻工艺

传统雕刻工艺是指以石、砖、木、竹、玉等各种硬质材料雕刻各种民间工艺品及生活用品的传统手工技艺。常见的民间雕刻工艺主要包括以下几类。

(一) 石雕工艺

石雕工艺特指用各种石材雕刻各种人物造型、动植物造型以及其他纹样造型的传统手工技艺。

在我国，早在新石器时代早期，就已经出现了用各种石材雕刻而成的各种石人或石祖（石刻的男性生殖器）。石雕的主要材料是大理石、青田石、寿山石、惠安石和花岗石等。花岗石、大理石色泽统一，适用于大型雕刻；而青田石、寿山石价格昂贵，颜色丰富，更适合小件雕刻。在大型雕刻方面，传统作品主要有石人、石马、石狮子、拴马桩、石猴、石制镇墓兽等；小型雕刻方面，主要有各种印章、石砚、摆件、挂件以及把玩件等。

(二) 砖雕工艺

砖雕工艺特指用砖雕刻屋脊兽及各种墓室、建筑物构件等的传统手工技艺。砖雕在我国影响很大，与木雕、石雕并称建筑三雕。

中国砖雕源于东周瓦当、汉代画像砖。北宋砖雕是墓室中最重要的装饰物。金代墓室砖雕在前朝基础上又有较大发展。元代墓室砖雕开始衰落。从明代起，砖雕由墓室构件向建筑装饰构件发展。其中以江苏、安徽发展最快。自清代以来，除了江苏、安徽，山西、浙江、福建、广东、北京等地均有较大发展，砖雕也作为豪门大宅构件、大门、照壁或墙面的重要装饰出现在这一时期的建筑中。在题材的选择上，这时的砖雕以龙凤呈祥、和合二仙、刘海戏金蟾、三阳（羊）开泰、麒麟送子、狮子滚绣球、松（梅）兰竹菊、鲤鱼戏荷等吉祥图案为主；技法上，以浮雕、圆雕、镂雕为主，具有很高的观赏价值。

(三) 木雕工艺

木雕工艺是指以木头为原料雕刻窗门、梁柱、各种木雕造像、印章以及各种民间工艺品的传统手工技艺。

我国木雕历史悠久，早在7 000年前中国东南河姆渡文化中就已经有木雕鱼出现，这也是我国木雕史上的最早实物。战国时代木雕工艺开始普及，两宋以来，木雕更加普及。元明时期，随着我国海外贸易的发展和紫檀木、乌木、红木、鸡翅木、黄杨木、沉香木、楠木等大量名贵木材的输入，我国的木雕工艺也获得了长足进步。至明清，已经达到了一个相当高的水平，并一直绵延至今。木雕工艺对材质的要求比较严格，一般多以黄杨木、红木、樟木等硬质木料为主。传统木雕的制作讲究因材施工，根据木头的颜色、纹理、形态设计作品，以最大限度地发挥出木头本身所具有的无可取代的自然形态与自然属性。通俗地说，就是像什么雕什么。施工时，先雕出基本形态，然后由粗到细、由整体到局部、由简到繁，逐步深入，最后打磨成型。

我国古代的木雕艺术多用于家具，由于各个时代追求不同，所以每个时代都会在这些雕刻作品中留下明显的时代痕迹。

（四）竹雕工艺

竹雕工艺是指以竹子为原料雕刻笔筒、字画以及各种竹根工艺品等的传统手工技艺。

中国竹产丰富，历史上便有用竹的传统。现在能看到的最早的竹雕，是湖北出土的一个战国时期的兽蹄式连盖竹制漆盒。它先用竹雕琢成带有兽蹄样的支架，然后髹漆而成。目前能见到的最早的汉代竹雕器物是湖南长沙马王堆西汉墓出土的雕有龙纹的彩漆竹勺。至晋代，开始出现竹制笔筒。南北朝时期，据《南齐书·明僧绍传》记载，齐高帝萧道成就曾将一件用竹根雕成的如意笋箨蔻赏赐给当时的大隐士明僧绍。同时，这一时期也出现了竹根雕艺术。[1]竹雕刻工艺的真正繁荣始于唐代，如现存日本国正仓院的中国唐代竹制尺八，便刻绘有仕女、树木、花草、禽蝶等图案。这种留青法的刻制，一方面最大限度地保留下了竹表细密的组织结构，另一方面也使得阴文浅雕的图案能够更加长久地保留下去。从唐代留下的其他作品看，这一时期的竹雕所采用的技法，基本上也都是线刻。至宋代，不但竹雕受到世人的欢迎，就连竹雕艺

1 北周文学家庾信《奉报赵王惠酒诗》中，一句“野驴然树叶，山杯捧竹根”便直接点出了当地人喜用竹根雕制酒杯的传统，说明当时已经出现了竹根雕艺术。

人也被载录青史。[1]

至明清两代，我国竹雕艺术已经发展至鼎盛时期。这一时期文人雅士写竹、画竹、种竹、刻竹蔚然成风，客观上也提高了竹雕艺术的品位。明代竹刻艺术主要集中在嘉定（今上海嘉定区）、金陵（今南京市）两地，又称“嘉定派”和“金陵派”。[2]嘉定派大师朱松邻祖孙三代善深刻法（指浮雕或圆雕），这种刻法由于铲去了较多竹地，凸显了表现主体，也增加了器物的立体感。而金陵大师李耀、濮仲谦善浅刻法。这种技法不讲雕琢，只讲天成。至清中期，竹刻工艺中的留青法也日臻成熟。留青也称“皮雕”，是一种保留竹皮处为花纹，去除竹皮处为背景的一种雕刻方法。由于竹皮细腻，竹肌粗糙，且时间越长，两者的质感就会越发分明，从而造成画面层次的丰富性与作品质地的多样性。

总之，至清代，中国竹雕技艺日臻成熟，除上述诸人外，还出现了尚勋、吴之璠、周颢等名家，竹雕产区也从原来的嘉定、金陵，扩大到东南诸省。

（五）玉雕工艺

玉雕工艺是指以玉为原料雕刻各种玉制饰物、印章、摆件等的传统手工技艺。在我国，玉雕工艺历史悠久，在新石器晚期的遗址中，多有玉器的发现。至商朝，作为一门专门的行业，琢玉技术已相当成熟，这种古老的技艺从古至今，一直没有断绝。这显然与玉一直被古人视为美好品格与君子风范特定标志物的文化背景有关。

玉雕所用原料非常丰富，常用的材料大致有白玉、黄玉、碧玉、青玉、墨玉、独玉、岫玉、翡翠、水晶、玛瑙、绿松石、芙蓉石等几十种。因玉本身质地细腻、坚硬温润，特别适合做名贵饰品，如玉坠、玉环、玉佩、簪子、步摇以及各种人物、器物、鸟兽、花卉等摆件。玉雕艺人的匠心在于有效地利用材料本身所具有的纹理、色泽、质感，设计出与上述要素相吻合的巧色作品。

（六）牙雕工艺

牙雕工艺是指以象牙为原料雕刻象牙饰物、印章、摆件等的传统手工技艺。象牙质地细腻，软硬适中，光泽柔和，纹理细腻，非常适合雕刻。考古学告

1　据元代陶宗仪《辍耕录》记载，南宋有艺人詹成，善竹雕，其所雕竹鸟笼“四面皆花版，于竹片上刻成宫室、人物、山水、花木、禽鸟，纤毫具备，其细若缕，且玲珑活动”。技艺之高，令人称奇。故陶宗仪赞道：“求之二百余年，无复此一人。”

2　据清代金元钰《竹人力·凡例》介绍，当时竹艺“雕琢有二派，一始于金陵（南京）濮仲谦，一始于嘉定（吾邑）朱松邻”。

诉我们。早在新石器时代早期，就已经出现了牙雕。在20世纪70年代河姆渡遗址的挖掘中，便出土了多达12件以上的象牙雕刻作品。从工艺看，早期的牙雕以阴刻为主，晚期的牙雕以圆雕、浮雕、镂雕为主。从题材上看，中国的牙雕作品一般以人物、动物、花卉及风景为主，其中尤以仕女、罗汉、佛人以及历史人物为多。

象牙材质细密，牙雕人物表情、身姿、衣饰褶皱的刻画也都相当细腻。牙雕动物以虎、狮、鸡、鱼为主，十二生肖占有相当比重。牙雕花卉一般以牡丹、月季、菊花、玉兰、碧桃以及梅、兰、竹、菊为主，并以鸟、蝶、蜻蜓、青蛙等衬之。牙雕风景以山水、海岸以及山中水边亭台楼榭为主。

（七）角雕工艺

角雕工艺是指以牛角、犀牛角等原料雕刻各种摆件的传统手工技艺。由于动物角体积有限，所以角雕作品多以刀壳、刀把、烟盒、茶叶桶等小型物件为主。

角雕在我国历史悠久，早期的角雕作品在新石器时代就已经出现了。当时的人类就已经知道了用坚硬、光洁、圆润的兽角制成各种玲珑小巧的耳坠、笄、梳、匕等器物。汉代，西域诸国的犀牛角经丝绸之路传入我国。人们利用犀牛角遇毒则生白沫的特性，做成杯盏供宫廷使用。唐宋各代，随着犀牛角的输入，中国角雕工艺也日臻成熟。明清时期，随着中国与产犀国交往的不断增多，中国的角雕工艺也进入鼎盛时期，出现了一大批诸如鲍天成、濮仲谦、尤侃、江福生这样的角雕大师。今天看到的一些传世之作，主要是这一时期完成的。

20世纪以来，随着犀牛角资源的枯竭，中国角雕开始以牛角雕为主，主产地有广西北海、内蒙古包头、黑龙江哈尔滨、广东高州、湖南南岳等。

（八）骨雕工艺

骨雕工艺是指以驼骨、牦牛骨、黄牛骨、马骨、象骨、鲨鱼骨、乌贼鱼骨等动物骨骼为原料，经选料、开料、制坯、设计、贴样、搜空、铊、雕、磨、漂白、光亮、组装等十几道工序，对上述骨料进行雕刻或磨制，制作各种工艺品与日常用品的传统手工技艺。

中国骨雕历史悠久，分布广泛。从时间看，至少在距今约10万年前的旧石器时代，我们的祖先就已经学会了骨雕的制作。例如在20世纪60年代，我国考古学者在北京周口店龙骨山山顶洞人遗址内，就发现了用鱼骨制成的钻孔骨坠。从地域看，骨雕分布相当广泛。如在陕西临潼新石器时代遗址姜寨墓葬就出土过雕有花纹、打磨圆滑的骨笄，以及造型规整的 8 577 颗骨珠。在 1959 年发现的距今 3 500 年前的山东宁阳大汶口遗址中，出土过做工十分精湛的镂雕骨筒、骨梳等。在 1973 年发现的距今 7 000 多年前的浙江余姚河姆渡遗址中，发现了造型已是十分精致的长条形骨匕以及正面雕有双头鹰纹、上下两端雕有花纹的骨器。在 1980 年发现的新石器时代何家湾文化遗址出土了一个骨雕人头像，成为我国发现最早的骨雕人头像。近年来，考古学者还在罗布泊小河墓地科考发掘中出土了骨雕人面像。这说明中国的骨雕工艺不但历史悠久，而且分布范围也非常广泛。

在商代，骨雕已经出现了明显的专业化倾向，并出现了最初的骨雕作坊。汉代起，随着其他雕刻工艺的繁荣，骨雕逐渐衰落下来。20 世纪以来，中国骨雕产地主要集中在北京、浙江、内蒙古、广东等地，其中尤以北京为最。20 世纪 30 年代是北京骨雕工艺发展的一个高峰期，当时制作骨雕的店铺就有春义和、广兴号、亚东号、长发号、同益兴、谦成永等 20 多家。北京骨雕以牛骨为主，产品以手镯、挂坠、粉盒等小件居多。浙江宁波骨雕以牛骨为主，产品以浮雕山水、亭台楼阁居多。内蒙古包头的骨雕以驼骨为主，产品以挂件、护身符居多。广东佛山骨雕以墨鱼骨为主，产品以人物、山水题材居多。

八、传统印模雕刻工艺

传统印模雕刻工艺是指以木头等为原料，专门雕刻点心模、墨模、陶模、泥模等的传统手工技艺。

（一）点心模

点心模是民间专门用于做磕饽饽的模具。历史上每逢年节或婚庆活动，民间都要用点心模制作点心，胶南地区把这种模具叫“饽饽磕子”。点心模必须用结实耐用、纹理细密的梨木或苹果树等硬木刻制，图案有鱼、虾、贝、蟹、桃、蝉、狮、鸡、燕，莲蓬、寿桃、石榴、佛手等各种动植物图案。由于这种模具的图案是反刻在上面的，所以，在扣出来的点心上会呈现出突起的阳刻图案，有强烈的立体感。使用时，将和好的面团填入模中压紧，再倒扣出来，点上胭脂或其他食用色素，然后或蒸或烙，一个带有纹样的点心就制作出来了。

点心模工艺流程如下。

1. 选料。原料必须选用多年生果木材料，通常以梨树、苹果树、枣树为主。这些材料坚硬耐磨，纹理细腻，用它们制作点心模不但经久耐用，而且质地光滑，方便脱模。

2. 存放。选好料后，一般都要放在阴凉处存放几年，以避免模具开裂。

3. 下料。根据各种点心的大小，确定点心模模具的形状、厚度与大小，然后锯成小块备用。

4. 木料加工。为确保不开裂，木料在雕刻前需经过高温蒸煮。蒸煮过的木料必须在阴暗潮湿处阴干半月左右。

5. 造型。根据所要图案的形状，先用工具掏出一个大致的轮廓，备用。

6. 雕刻。用刻刀刻出所需图案。

（二）墨模制作工艺

墨模制作工艺特指制作墨模的传统手工技艺。古人制墨需特制模具。古人写字皆用墨，墨的消耗量很大，故墨模的需求量也非常大。加上历史上文人买墨除用作写字外，还用于收藏，所以，墨模制作也非常讲究。除有墨印外，还有精美的绘画、书法印刻其上，具有很高的收藏价值。与其他模具不同，墨是多面体，为使墨块各面都印有图案，早期只能用多块模板印一锭墨，后把几块墨印有规律地组合在一起，嵌于总墨模框内，从而实现数模数锭一次成型，提高了墨的产量。

（三）陶模制作工艺

陶模制作工艺是以泥为原料，经刻花、高温烧制最后做出陶质模具的传统手工技艺。最早的陶模主要用于瓦当或是儿童玩具等可塑性物品的塑造。陶模价格低廉，但选材讲究，所用胶泥质地细腻，器形规整，据说只有这样才能印制出好的作品。

最早的陶模，出现在西周时期。其实，与陶器相比，瓦的制作并不复杂。但需求量大，尺寸、形状又完全相同，比较适合批量化生产以，人们自然而然地就会想到制作瓦当的模具。古代半圆形瓦当出现在西周时期而延续至战国，圆形瓦当出现在战国时期并流行于汉，此后绵延不绝，一直流传到今天。现在许多地方瓦当、砖雕的制作仍使用传统陶模。

也许是受到了西周以来人们用陶模制作图案瓦当的影响，汉代用模具制作陶俑、陶兽、陶马车、陶船的情形渐多。这种情况的出现，显然与汉代经济发达，丧葬习俗中需要大量陪葬品的社会现实有关。

两汉以后，随着佛教的传入和道教的兴起，有力地促进了泥塑偶像等和泥塑艺术的发展。至宋，随佛教传入的“磨喝乐”，由最初的神偶慢慢演变成了七夕节孩子们用于娱乐的玩具，相扑手、菩萨、观音、傩面、四喜娃、刘海戏金蟾、货郎、秘戏等世俗题材也渐渐融入传统玩具中。而这些价廉物美的儿童玩具的出现，又进一步促进了陶模生产的发展和陶模制作技术的提高。从元至清，用陶模生产的泥塑玩具，一直是儿童玩具中的主角。从范围看，陶模塑造的玩具几乎遍及全国，其中尤以无锡惠山、天津、山东高密、陕西凤翔、河北白沟、河南浚县和淮阳为甚。目前，中国上述各地泥塑艺术的发展，显然与历史上深厚的陶模制作传统有关。

九、传统雕塑工艺

传统雕塑工艺是指通过雕、塑等手法来创作某种造型艺术的传统手工技艺。在中国，各种可用于雕塑的可塑性材料很多，最常见的有石膏、树脂、黏土等。雕塑一词实有两层含义：雕是指通过减少可雕性物质材料来达到某种理想造型的传统技法。通俗地说，所谓的“雕，是雕塑中的“减法”；而塑是通过堆砌增加可塑材料来实现某种理想造型的技法，是雕塑中的“加法”。

（一）泥塑工艺

泥塑工艺是指以泥为原料雕塑各种神像、神兽、人像等的传统手工技艺。中国用泥塑像的历史可上溯到新石器时期。如7 000多年前的浙江河姆渡遗址就出土了陶猪、陶羊，距今七八千年前的河南新郑裴李岗文化遗址，出土了泥猪、泥羊头。但这些泥塑多为人类手工捏制，不是批量生产，数量有限。泥塑的制作工艺大体可以分为两种：一种是近代源于欧洲的西洋雕塑法；一种是源自本土传统的泥塑法。与先立铁架，在铁架上进行雕塑，成型后再翻成石膏像的西洋雕塑不同，我国的传统泥塑通常用木材搭制骨架，然后在骨架上捆扎稻草或麦秸以增大体量，再用谷壳和稻草泥拌好的粗泥勾勒出大致形态，在此基础上再用细泥刻画出人物神态，干透后进行必要的修补，将表面打磨光洁，然后用胶水裱上一层棉纸，并加以压磨，使表面更为平整、细致、光洁。最后涂上一层白粉，并在白粉的基础上着色、施油彩，一座雕塑才算完成。

（二）面塑工艺

面塑工艺俗称面花、礼馍、花糕、捏面人，是指以面为原料制作面人、花馍等面制工艺品的传统手工技艺。面塑始于何时学术界还有争论，但从新疆吐鲁番阿斯塔那唐墓出土的面制人俑和小猪来推断，距今至少已有 1 300 年的历史了。

面塑艺术的最大特点是色彩丰富，原料便宜，携带方便，贴近生活。在陕甘宁晋豫，每逢佳节，人们都会做些应时面塑来满足节日仪式的需求。如春节期间山西人要做供奉天地的枣山，供奉灶神的饭山，供奉祖先的面羊，清明节时要做祭祖用的蛇盘盘。寒食节时要做“子推燕”，同时还要塑些虎、狮、马、牛、猫、龙、猴、羊、鸡、鸭，以及孔雀、凤凰、喜鹊、各种小鸟和各种戏剧人物、爬娃、抱鸡娃、莲花娃娃等。据说寒食节所做面食最初只是作为节日期间禁火时的干粮，禁火习俗废除后，才作为一种风俗被保留下来。在山西，每年农历七月十五日还有做些面羊上坟祭祖、馈赠亲友的习俗。有的地方还要做些牛、猪、兔、猫、鸡、鸭、鸳鸯、孔雀、狮、虎、鹿等动物造型以及花卉、瓜果面塑。其实，不仅是岁时节日，各种人生礼仪也无处不与面塑有关。如小孩儿满月，姥姥要送“囫囵”（上有十二属相，龙凤及虎的造型，寓意“龙凤呈祥”或“猛虎驱邪”）；婚礼要送“欢鱼吉兔”；新媳妇过门第一年，娘家要送羊羔馒头和面石榴；老人花甲生日，要送大寿桃；老人过世，要送用面做的大小供（直系儿孙送“大供”即馒头），上点简洁花瓣，并插枣花，其他亲朋送“小供”（蛇盘盘），还有的地方要塑出几十个甚至上百个戏剧人物、天神、地官等。

面塑的传承者主要是已婚女性，她们的面塑制作也多出于当地风俗的需要。面塑看起来十分漂亮，但制作工艺并不复杂，揉好的面团经过她们用手捏、搓、揉、揪，便可塑出人物或是各种动物的身型，再用小竹刀点、切、刻、划，便可雕出动物或人物的眉眼儿、手脚，再往他们头上或身上贴上一块面片儿，便出现了头发、衣饰。一个鲜活的人物或动物形象就这样产生了。

十、传统陶瓷制作工艺

传统陶瓷制作工艺，是指人类将泥土塑形并烧制成陶器或瓷器的传统手工技艺。在中国陶瓷发展史上，先有陶后有瓷，瓷器虽由陶器发展而来，但两者还是有着相当大的区别的。[1]

中国制陶历史悠久，从河北省阳原县泥河湾地区发现的旧石器时代晚期陶片看，中国制陶的历史至少可以上溯至 11 700 年前。这是由于在漫长发展过程中，人们渐渐发现晒干的干泥经火烧可以变得更加结实，更加坚硬，不但可以作为盛放物品的容器，还可作为做饭的炊具，陶器就这样产生了。在陶瓷器漫长的发展过程中，陆续出现了灰陶、红陶、彩陶、黑陶、白陶以及汉代的釉陶、唐代的唐三彩等。至宋代，瓷器慢慢取代陶器，而陶器仅作为日常生活用具被保存了下来。

中国最早的瓷器出现在 3 000 年前的商代，至东汉出现了相对成熟的青瓷。汉字中的“瓷”字就是这一时期产生的。后经三国、两晋、南北朝、隋 330 多年的发展，至唐朝，中国瓷器制作工艺有了一个较大的发展，出现了北方邢窑白瓷与南方越窑青瓷各占一方的格局，人们也常以“南青北白”来概括唐代瓷业的特点。但实际上由于北方许多窑场历史短暂，无更多的陈规可循，反而敢做更多尝试，出品的青瓷、黄瓷、黑瓷、花瓷也都有相当创意，反映出大唐帝国国民的空前自信，而热烈华丽的唐三彩的出现，也进一步反映出盛唐气势。宋代是中国瓷器发展史上的一个高峰期，这时中国瓷器已是遍地开花，除传统青白两大瓷窑外，还出现了黑釉、青白釉和彩绘瓷等。中国历史上的五大名窑汝、官、哥、钧、定都出现在这一时期。此外，耀州窑、湖田窑、龙泉窑、建窑、吉州窑、磁州窑也均有相当影响，是我国陶瓷发展史上出现的第一个高峰。也正是这一时期，中国开始了长达近千年的对欧洲及南洋诸国的瓷器出口。与唐代的热烈、华丽、张扬不同，宋瓷的美在于它的沉静、雅素、内敛、含蓄，它所看中的不是一览无余的浅露，而是层层包裹的深沉。这似乎与长期的儒家文化的浸染、熏陶不无关系。

元代瓷器工艺发展开始放缓，但烧制出的元青花和釉里红等，仍为中国陶瓷史留下了明亮的一笔。明代是中国瓷器史发展的又一高峰，也是烧制精

1 其区别主要表现在以下五个方面：(1) 原料不同。陶器多用黏土，而瓷器必须用瓷石或瓷土（其主要成分是高岭土，并含有长石、石英石和莫来石成分），这是造成两者质地差异的主要原因。(2) 施釉与否不同。施釉与否是鉴别陶器与瓷器的重要标志，不施釉者为陶，施釉者为瓷。(3) 烧制温度不同。陶器烧制温度一般控制在 700~1 000℃，而瓷器烧制温度一般控制在 1 200~1 300℃左右。(4) 疏密度不同。通常，普通陶器的总气孔率为 12.5%~38%，而硬质瓷为 2%~6%。(5) 吸水率不同。普通陶器的吸水率一般在 8% 以上，而瓷器的吸水率为 0~0.5%，说明后者瓷化程度更高。

品最多的一个时期，这显然与宫廷重视并在景德镇设立“御窑厂”有关。这一时期所出精品主要有永宣的青花和铜红釉、成化的斗彩、万历的五彩等。在宫廷力量的驱动下，景德镇的青花、白瓷、彩瓷、单色釉等品种也获得了空前发展。

清朝康、雍、乾三代是中国瓷器发展的第三个高峰期。康熙时不但恢复了明代永乐、宣德朝以来许多优秀制作技法，如郎窑恢复了已经失传200多年的高温铜红釉烧制工艺，同时还创造出了诸如天蓝、洒蓝、豆青、娇黄、孔雀绿、紫金釉、霁蓝、祭红等许多新品。雍正朝历史虽短，但也烧制出了雍正粉彩，从而将中国的制瓷工艺推向巅峰。此外，乾隆朝在继承前人的基础上，在单色釉、青花、釉里红、珐琅彩、粉彩等方面也都有相当贡献。此外，明清时期中国的制瓷技术也有新的发展，陶车旋刀取代了传统的竹刀旋坯，同时还出现了更加科学的吹釉技术，使我国制瓷技术有了很大的提升。乾隆后期，中国制瓷业已经出现盛极而衰的苗头。嘉庆之后，陶瓷工艺也随国运急转直下，随着清王朝的覆灭，这一高峰期由此落下帷幕。

十一、传统金属制作工艺

金属制作工艺是指以金属为原料制作某种工艺品或小件生活用品的传统手工技艺。最常见的金属制作技艺主要有以下两种。

（一）金属饰品制作工艺：是指制作耳环、项圈、耳坠、步摇、簪子、手镯、手链、脚链、长命锁等小件工艺品的传统手工制作技艺。

（二）金属器物制作工艺：是指制作铜镜、铜壶、铜盆等大件生活用品等的传统手工制作技艺。

十二、传统髹漆工艺

传统髹漆工艺是指将漆料有规则地涂抹在器物上以美化或固化器物的一种传统手工技艺。髹，就是以漆漆物，即今天的刷漆。

中国是髹漆工艺使用较早的文明古国之一。早在距今六七千年前的浙江河姆渡人，就已经发明了髹漆工艺，并保留下了诸如木胎朱漆碗这样的珍贵遗物。到商周时期，已出现了有颜色的大漆，并知道了将雕刻、装饰与髹漆工艺相结合来装饰器物的工艺。战国是中国髹漆史上一个极为重要的时期，髹漆工艺空前发展。髹漆技术传播之广，数量之多，品质之高，都是前所未有的。与汉代髹漆工艺的大气不同，魏晋南北朝时期的漆器更讲究细节和花色的繁缛。至唐代，中国的髹漆工艺达到一个新的高峰。此前出现的金银平脱更加成熟、大气，富丽堂皇，而这一时期创造出来的剔红、犀皮等又进一步增加了漆器工艺的技术含量。宋代的审美讲究清淡、典雅、内敛，这一时期的漆器也开始向一色漆器的方向发展，细腻、简约，是宋代的漆器最典型风格。元代是中国髹漆工艺发展的巅峰期之一，这一时期的主要工艺以剔红、剔犀、戗金为主。明代中国髹漆工艺又迎来了一个新的高潮，髹漆工艺在这一时期基本成熟，明代漆器大师黄成所撰《髹饰录》中讲述的质色门（单色漆器）、罩明门（在各色漆地上罩透明漆）、描饰门（即用漆描绘各种纹样）、填嵌门（即填漆、嵌螺钿、嵌金银）、阳识门（用漆堆出各种纹样）、堆起门（用漆灰堆出各种纹样，并加各种装饰）、雕镂门（各种雕漆，如剔红、剔犀等）、戗划门（刻画纹样，并在纹内填金填银等）、斒斓门（同时用两种完全不同纹样来装饰器物）等工艺在这个时期都已经非常成熟。各种技法与纹地的结合，使之在艺术表现力上更加游刃有余。而清代继承了前代传统，由于宫廷嗜好，工艺上也进一步走向繁缛。

髹漆工艺流程大致如下：髹漆前，首先要对髹漆对象进行打磨抛光处理，要做体现木纹效果之“清水货”的，将天然大漆直刷涂于器物表面即可。刷涂时，每次在漆快干时，都要用布擦去器物表面的漆膜。如此反复数十次，直至器物表面光亮为止。但如果要制作用有色漆膜覆盖器物表面以掩盖木材天然纹理之“混水货”者，刷涂前，还要做相当多的技术处理，髹漆的技术含量也主要体现在这些工艺中。

髹漆之前的涂灰、上灰是非常关键的。所谓涂灰就是用灰料对器物进行进一步塑形、加固的传统工艺。传统灰料分生漆灰、猪血灰两种。生漆灰用生漆和石膏灰加适量水及少量煤油调成，猪血灰用新鲜猪血加适量生石灰和瓦灰拌成。灰料备好后，先对器物进行光洁处理。然后上粗灰，烘干后经打磨、刮裂，使器物表面平整，然后，用料灰做黏合剂把夏布或麻丝布贴在木坯接缝处，以避免日后开裂。烘干后，再上细灰。干后，再涂一次浆灰并阴干。然后用砂纸或砂轮打磨器物，使之平整、光亮，再经刮浆、砂磨，器物的胎体基本上就加工出来了。髹漆工艺所用原料是天然大漆。由于大漆产地不同，大漆的品质、特性差别也很大。选购大漆时,都会根据本地传统或制作器物的不同,选择不同的大漆。生漆使用前,首先要滤去杂质,经加温、搅拌,去除水分后,方可使用。如果需要用有色漆,还需加入各种颜料与漆搅拌,使之成为有色推光漆。如加熟桐油则成熟漆。熟漆中如再加入漆色则成有色熟漆。上漆时,刷涂必须按先上后下、先左后右的次序刷涂。刷好后,放入地下室阴干。干透后,用砂纸打磨。如此反复数十遍。干透后,再用出光粉或浆灰、菜油等反复推擦,一件漆器方能问世。

十三、传统文物修复技术

中国历史悠久,民族众多,文化遗产相当丰富,是世界上最著名的文物大国之一,文物修复任务异常繁重,相关技术也相当丰富。能否保护好这份传统技术,对于保护人类历史上创造并传承下来的各种文化遗产具有重要意义。

文物修复技术依修复对象的不同,大致可分为金属器修复技术、陶瓷器修复技术、书画修复技术、玉器修复技术、纺织品修复技术、甲骨修复技术、石器修复技术、彩塑修复技术、竹木器修复技术、珐琅修复技术、玻璃器修复技术等。文物修复的基本原则,是尽可能将文物恢复到其原初状态,去除文物本身所附着的一切不利于文物保护与真实性展示的附加成分,以确保文物的历史认识价值。

总之,传统工艺美术类遗产是个开放系统,只要具有一定技术含量与美学特征的传统手工技艺,都可纳入传统工艺美术类遗产范畴。

第二节　传统工艺美术类遗产的保护意义

传统工艺美术类遗产是中国非物质文化遗产的重要组成部分,也是中国传统审美观、价值观、世界观、人生观以及传统手工技艺的重要体现。保护传统工艺美术类遗产的意义主要体现在以下几方面。

一、是弘扬中华民族审美传统的重要手段

传统工艺美术类遗产是一个民族审美传统的集中体现,保护好这类遗产,对于我们了解、继承、弘扬、光大一个民族优秀的审美传统具有重要意义。

众所周知，呈现在我们面前的传统工艺美术类遗产所体现出的审美，并不是当代人创造或是当代人一定喜欢的审美，而是古人创造并作为一份宝贵遗产保存或传承给我们的，是来自古代的审美。如传统工艺美术类遗产所呈现在我们面前的，无论是造型、用色，还是线条，所体现的都是祖先们在历史上的审美。保护好这类遗产，对于我们认识祖先的审美，了解历史上不同时期的审美，都具有重要的历史意义和现实意义。

二、是弘扬中华优秀手工传统的重要手段

传统工艺美术类遗产也是一个民族最好手工技艺的集中体现，在大工业化到来之前是这样，在大工业化到来之后的今天也是这样。历史上的传统手工技艺固然可以通过典籍查询，可以通过文物考证，但真正能将这些手艺的每一个细节都能原汁原味传承下来的，仍然是我们的非物质文化遗产传承人。保护好一个民族最好手艺的最简单的办法，就是保护好作为非物质文化遗产的传统工艺美术。

三、是高效利用地方资源的重要手段

俗话说："靠山吃山，靠水吃水。"自古以来，人类便一直与所处环境以及环境所能提供给他们的物产资源，发生着密不可分的联系。如何利用好这些资源，便成为人们经常谈论的话题。在没有手工技艺的地方，资源常常被当成普通原料贱卖，而在有手艺的地方，则可以通过当地传统手工艺的发掘，实现从原料输出到产品输出的转型，从而起到有效拉动地方经济的目的。安徽徽州、浙江象山竹产品的生产，福建德化、江西景德镇瓷器的生产，内蒙古、宁夏、甘肃地毯业的生产，基本上都是通过高效利用当地物产资源实现本土资源高效利用的。从表面看，这种做法只适用于资源丰富地区，对资源不够丰富地区并不适用。其实不然。如浙江的东阳、福建的莆田、江苏的苏州，历史上并不生产木材。但正因田亩不足以养活庞大人群，人们才会"无中生有"，并通过木材加工技术闯出一片新的天地。

四、是新时代文学艺术创新的重要手段

保护传统工艺美术类遗产，一方面是认识历史的需要，同时也是创造新

文化、新艺术的需要。无论是文学，还是艺术，都需要历史积淀。只有这样，新文学、新艺术的创作才会如鱼得水，信手拈来。作为一国政府，当然有责任也有义务为新文学、新艺术的创作积累资源。资源的积累有多种方式：如相关文献的积累、相关实物的积累以及相关手艺的积累。在这个过程中，文献的积累主要由图书馆系统来完成，实物的积累主要由博物馆、艺术馆来完成，而相当一部分手工艺的积累则由专门负责非物质文化遗产保护工作的相关部门和直接从事手工技艺传承的传承人来完成。他们的一项重要工作，就是为当代新文学新艺术的创作留下更多的老样子、老手艺。为人类的未来留下更多的参考与资源，是非物质文化遗产保护工作者和传承人义不容辞的历史使命。

五、是重塑民族精神与传统美德的重要手段

与西方人的纯艺术不同，中国人在创作每一件艺术品时都会考虑自己的社会责任——创作这件艺术品的社会意义。这是中国人在历史上形成且已浸入骨髓的“文以载道”传统。正因为中国艺人、匠人们秉持着这一传统，所以，他们在创作对象的选取上都十分谨慎。如他们在创作人物时，除选择那些能够保佑自己的神灵外，更强调这些创作对象的道德属性。他们选择关公，是让人以关公为榜样学会诚信；选择观音，是让人以观音为榜样学会善良；选择弥勒佛，是让人以弥勒为榜样学会豁达。就是在离道德十万八千里的植物类题材的选取上，他们也会有意识地选择梅、兰、竹、菊，以强调做人的风骨。“文以载道”的光荣传统，在中国人世界观、人生观、价值观形成过程中所发挥的作用不容小觑。

第三节 传统工艺美术类遗产的保护要点

传统工艺美术类遗产内涵丰富，形式多样。据不完全统计，我国具有百年以上历史的传统工艺美术类遗产就有 200 多种。面对如此浩繁的遗产资源，我们要抓住重点，优先将那些急于保护的遗产类型有效地保护起来。

一、重点保护传统手工技艺特别是其中的独门绝技

传统工艺美术类遗产，是历代艺人在长期的生产实践中创造并总结出来

的各种传统手工技艺与技能的总和。与看重土地资源的农耕社会不同,传统工艺美术行业更看重“手艺”,于是才有了“家有万贯,不如一技在身”的说法。在三百六十行中,无论哪行哪业也都会将那些独门绝技严控在手,甚至数代单传。对于非物质文化遗产,我们固然强调整体保护,但在整体保护基本完成的基础上,我们仍然要在最短的时间内,将那些即将消失的传统手艺,特别是其中的独门绝技挖掘出来,以避免“人亡艺绝”悲剧的发生。

二、重点保护历史上保存下来的传统工艺美术精品

在非物质文化遗产保护过程中,只保护好传统手工技艺尚远远不够,如有可能,还应在条件允许的情况下,尽可能多地保护好历史上留存下来的传统手工作品。将非物质文化遗产“物质化”,将无形文化遗产“有形化”,亦应视为保护传统工艺美术类遗产的一条行之有效的途径。绝大多数传统工艺美术作品成本低廉,价格便宜,搜集收藏都很方便。我们可以通过在著名历史街区、著名游览景点创办传统工艺美术博物馆的方式,让这些传统工艺美术作品发挥出更大的社会价值。

在传统工艺美术作品的收藏中,影像与多媒体纪录必不可少。影像可能更适合器物、工具、制成品等静物的纪录,而录像更适合产品制作过程的纪录。因为后者更强调历时性的制作过程。影视纪录的成功与否,是看通过纪录的回放,能否做到对传统手工技艺的真实还原。如果通过录像可以将这门技艺完完整整地还原出来,便是成功;否则,即或表现手法再高明,也是失败。成功的影视纪录对今后的研究,特别是对原有工艺的技术还原,都会提供重要帮助。一般来说,对传统手工技艺的纪录与搜集,至少可以产生以下几方面成果:(1)完整的影像资料;(2)翔实的文字资料;(3)翔实的用具及用具制作知识的纪录;(4)翔实的传承人口述史资料;(5)相关作品、实物与工具的征集;(6)相关工作场所的图像纪录(平面图)。

三、重点保护传统工艺美术类遗产所展现出的中华传统

在中国,“文以载道”不仅适用文学,也同样适用于艺术,特别是传统工艺美术。中国传统工艺美术在“文以载道”方面有以下两个明显特征:

(一)强调所敬神灵的教化作用。在中国艺人或匠人看来,他们所做作

品，不仅仅是美的化身，同时也是他们世界观、人生观、价值观的最直观的体现。在雕刻中，匠人们之所以会选择观音、弥勒、关云长、岳飞、花木兰，是因为在他们身上有一种值得人们学习的精神。这一点与强调写实主义的西方美学是完全不同的。

（二）强调所选图案的吉祥寓意。在工艺美术中，象征多子的“鲤鱼戏莲”，象征夫妻恩爱的“鲤鱼戏莲”，象征多福多寿的“五福捧寿”，象征美好、幸福、光明、祥瑞和富贵的“凤穿牡丹”，以及象征四季平安的“四季花瓶”，所传达的都自己给予对方的美好期盼。按马斯洛需求层次理论，我们似乎可以对民间绘画主题进行如下解读：“连年有余”反映的是民间社会“求生存”本能；“四季花瓶”强调的是民间社会“求平安”本能；“鲤鱼戏莲”强调的是民间社会寻求“男欢女爱”以及“繁育后代”本能；“凤穿牡丹”强调的是民间社会“求尊重”本能；“指日可升”强调的则是民间社会“求价值实现”本能，即祈求个人理想早日实现的本能。这些无须教导与训练的、天赋的、与生俱来的、在人类进化路上所产生的基本欲望和行为能力，几乎占据了中国工艺美术作品表现题材的半壁江山。

四、重点保护传统工艺美术类遗产的传承载体

作为一种与人类审美息息相关的遗产类型，工艺美术类遗产的传承往往需要两个大的载体——一是传承人，二是传统工艺美术的制成品。前者可确保工艺美术类遗产的活态传承，后者可确保工艺美术类遗产老样子的保留。这就需要我们一方面动员传承人，让他们将历史上的“老样子”“老图案”“老工艺”尽可能原汁原味地传承下来；另一方面，就是通过建设非物质文化遗产博物馆，将那些历史上流传下来的“老样子”“老图案”“老工艺”尽可能全面地保存下来。只要把传统工艺美术类遗产这两大载体保护好，非物质文化遗产就不愁原汁原味传承下来。

第四节　传统工艺美术类遗产的申报原则

传统工艺美术类遗产是一个民族传统手工技艺的精华，能否将这笔遗产继承下来并传承下去，将直接关系到一个国家传统工艺美术行业发展的后劲。

传统工艺美术涉及范围广泛，但并不是所有的传统工艺美术都能申报非物质文化遗产。在申报这类项目时，我们应重遵循以下原则。

一、极具地方特色与民族特色者优先

传统工艺美术是一个地区或是一个民族传统手工技艺的代表，也是一个地区或是一个民族传统观念与传统审美方式最集中的体现。因此，传统工艺美术常以某地域标志性文化的身份呈现在世人面前。如天津的泥人、无锡的阿福、杨柳青的年画、蔚县的剪纸、东阳的木雕、象山的竹雕、土家族的西兰卡普等，就是这些地区或民族的地域标志性文化。但由于传承时间不一、精准程度不一，各种传统工艺美术所承载的技术含量也不尽相同。这就要求我们在申报过程中，将那些真正能代表当地传统手工技艺最高水平、最高审美情趣与最高思想境界的传统工艺美术类遗产钩沉出来，申报上去。

二、处于濒危状态者优先

在充分考虑申报项目独特性的同时，还应重点考虑那些处于濒危状态的非物质文化遗产项目。如海南的絣染技艺、自贡龚扇制作技艺、天津范制葫芦制作技艺、温州竹壳雕制作技艺等。造成工艺美术类遗产濒危的原因主要有二：一是因缺少市场而造成的濒危，二是因技艺持有人年事已高造成的遗产濒危。前者可通过政府回购部分产品等方式确保该项目的活态传承，后者可通过给传承人发放补贴和急招后继传承人等方式以确保该项目能够以活态形式传承下来。

第五节 传统工艺美术类遗产保护容易出现的问题

一、误将“现产”当“遗产”

传统工艺美术是最接近市场的一种非物质文化遗产类型。这类遗产的传承自有它的优势——很容易通过“走市场”，唤起传承人传承非物质文化遗产的积极性。在中国的非物质文化遗产保护实践中，通过“走市场”，传统

工艺美术类遗产获得了前所未有的发展，成绩是有目共睹的。但“走市场”也有它的问题。为迎合市场，这类遗产的传承很容易因市场的需要而发生改变。如为了营销，人们会有意无意中加入更多的当代元素，有人甚至将那些刚刚创作出来的当代创作，当成非物质文化遗产进行销售。我们在此需要重申的是：非物质文化遗产保护工程所保护的是祖先在历史上创造并以活态形式传给我们的“遗产”，而不是当代人刚刚创作出来的“现产”。如果在这个问题上“偷梁换柱”，我们就会丧失掉抢救祖先老手艺的最后时机。至于传承人能不能在传承祖先遗产的同时也搞些当代创作，答案同样是肯定的。但同时一定要明确地告知消费者：这不是祖先留下来的“遗产”，而是刚刚仿造创作出来的“现产”。

二、重“技”轻“道”忘掉根本

“文以载道”是中国手艺人的光荣传统。在他们眼中，手中的“活儿”仅仅漂亮是远远不够的，在展现手中作品形式美的同时，还要展现出一个民族或是一个国家丰富的文化内涵和良善的内心世界。于是，手艺行便有了“有图必有意，有意必吉祥”的创作传统。就像“三代以上人人皆知天文”一样，历史上的艺人们能将常用的吉祥图案背得滚瓜烂熟，什么“鲤鱼戏莲”“五子登科”“五福捧寿”，什么“一路清廉”“福在眼前”“马上封侯”，对于他们来说，就是家常便饭。正因为他们的作品有了灵魂，有了吉祥含义，所以，自然而然地也就有了市场。但当代的年轻艺人往往只懂“技”而不懂“道”，对于传统吉祥图案的文化内涵几乎一无所知，他们的作品也往往因为缺少吉祥含义而遭遇市场的冷落。

三、同质化问题严重

保护非物质文化遗产的终极目的是保护人类文化的多样性。为了做到这一点，保护好地域文化的独特性便显得非常重要。与其他类型的非物质文化遗产项目相比，传统工艺美术类遗产的同质化倾向更为严重。出现这样的问题原因有三：一是随着交通、通信事业的发展，文化交流的增加，相互影响已成必然，因此，工艺美术类遗产同质化现象难以避免。二是政府干预过多，直接导致同质化倾向的加剧。如许多地方为提高当地居民收入，聘请刺绣之乡的绣娘前来指导，外来绣种的流入直接导致本地原有绣法的消失，原有个性消失。三是一些地方政府为发展经济、提高效益，盲目引进大机械化生产，最终导致当地遗产项目的严重同质化。

思考题

1. 传统工艺美术类遗产主要有哪些重要类型？
2. 保护工艺美术类遗产有什么重要意义？
3. 传统工艺美术类遗产保护要点是什么？
4. 申报传统工艺美术类遗产的基本原则是什么？
5. 传统工艺美术类遗产保护主要存在哪些问题？

第十三章

传统工艺技术类遗产

传统工艺技术类遗产是指人类在历史上创造，并以活态形式原汁原味传承至今，以天然材质为原料，以手工技艺为特征，具有完整工艺流程和重要价值的传统手工技艺。这类遗产主要分布在作为第二产业的加工业，且多与人们衣食住行等日常生活有关，故又被称为“传统生活知识与技能类遗产”。在现代大工业到来之前，传统加工业是技术含量最高的行业。科技含量如何，是我们评价这类遗产的重要尺度之一。

第一节 传统工艺技术类遗产的基本范畴

传统工艺技术类遗产泛指与人类日常生活有关的各种知识与技能。它既包括衣食住行等与百姓日常生活有关的传统知识与技能，也包括传统中医诊疗技术、传统中草药炮制技术等与百姓健康有关的传统知识与技能。总之，只要是来自生活、服务生活且具有重要科技价值者，都可视为传统工艺技术类遗产。传统工艺技术类遗产与传统工艺美术类遗产的区别是：传统工艺美术类遗产强调的是“美”——它的艺术性，而传统工艺技术类遗产强调的是“技”——它的技术性。区分两者最简单的办法是，看该手艺产出的产品是否是生活必需品。如果产出的是生活必需品，那么，该手艺便属“传统工艺技术”；反之，则属“传统工艺美术”。传统工艺技术是一门服务百姓日常生活的手艺，能否将这笔遗产保护好，将直接关系到百姓生活品质。

一、传统服饰制作知识与技能

服饰是人类利用自然、改造自然的一次成功尝试，一开始便注入了人类特有的聪明与才智,是一种不折不扣的文化现象。传统服饰制作知识与技能类遗产所含内容十分广泛,在保护上至少要关注以下几方面内容。

(一)服饰原料生产加工方面的知识与技能

在传统服饰文化保护中,应首先注意各地传统服饰制作过程中使用的面料,以及与面料有关的原料生产种植技术、纺织技术、印染技术,这是成衣制作的基础。历史上,中国人最早使用的面料是丝与麻。这两种原料的使用迄今已有4 000多年的历史。唐宋后,随着全球气候变冷以及棉花种植与加工技术的传入,元明时期棉布开始大面积取代丝麻而成为国人服饰最常用的面料。作为服饰制作技术所用原料的棉麻种植技术以及桑蚕养殖技术,我们放到农林牧副渔生产技术类遗产中专门论述。服饰原料的纺织、印染是服饰制作技艺的重要组成部分,也是传统农耕社会使用范围最广、影响范围最大的农产品加工技术,也是传统服饰类文化遗产保护重点之一。

(二)服饰制作方面的知识与技能

传统服饰制作知识与技能类遗产,既包括传统服装剪裁、缝制方面的知识与技能,也包括传统服饰刺绣方面的知识与技能。在立裁进入中国之前,中国服饰以平裁为主。这种前后襟同等大小的裁剪方式,便于服装面料的裁剪、制作、折叠、收藏,且具有独特的美感。服饰的用料、剪裁、样式往往与所在地特定的自然环境、人文环境以及由此带来的人类生产方式与生活方式有关,可以单设服饰地理学进行专题研究。

除实用功能外,服饰还有标志、审美、教化等多方面功能。内涵丰富的服饰纹样,不仅是人类科学才华与艺术才华的集中展现,同时也是民族历史、文化以及信仰的重要载体。在很多民族中,服饰就是一部穿在身上的"历史",披在身上的"道德经"。他们的自然信仰、祖先信仰、图腾信仰、生育神信仰等都可以在服饰上找到答案。作为一种规律,一个民族的日常便装与节日盛装,通常在功能上有很大的不同。前者强调实用与便利,后者更强调服饰的文化内涵与象征意义。与日常便装相比,一个民族的节日盛装所承载的文化内涵会更丰富些。

二、传统饮食制作知识与技能

传统饮食制作知识与技能是人类文明的重要组成部分,在以美食王国著称的中国尤为如此。依程序的不同,传统饮食制作知识与技能又可分为原料选择、原料加工和食品保存三方面的知识与技能。

（一）原料选择方面的知识与技能

纯正菜肴的制作必须以纯正原材料的获得为前提。没有纯正的原材料,要想做出纯正的中国菜肴就是一句空话。在原料的选择上,中国人历来强调原料的原产地原则。在中国人眼中,只有特定的水土、气候,才能生产出特定的食材,才能为纯正的中国菜提供最为纯正的原料。例如,作为烹制菜肴的原料,火腿非金华莫属,乌干菜非绍兴莫属,豆瓣酱非郫县莫属,香猪非从江莫属,武昌鱼非樊口莫属,驴肉非河间莫属。之所以会有食材产地方面的限制,是因为这里有着供上述动植物生长的特殊条件。如,樊口水中生长有大量武昌鱼喜食的苦草及轮叶黑藻,故这里的武昌鱼肉肥味美,满口留香。宁夏盐池土壤中矿物质含量丰富,尽管干旱的自然环境使得这里的植被稀疏低矮,产草量不高,但牧草中的干物质含量、蛋白质含量、药物成分含量都异常丰富,故这里的滩羊肉肥味美。同样,贵州从江的香猪、河间的驴肉、金华的火腿之所以能成为驰名中外的知名品牌,也与当地特有的地理环境、自然气候以及特定的饲料喂养有着密不可分的关系。保护原材料是个系统工程,要想从根本上解决知名原材料保护问题,就必须从保护这些原材料主产地的自然环境做起。否则,我们烹制的美味佳肴就会因食材品质的下降而美味不再。

（二）原料加工方面的知识与技能

中国是个具有数千年烹饪史的文明古国。在历史发展长河中,人们在主食、副食以及饮品制作方面积累下了丰富经验。在主食制作方面,人们总结出了蒸、煮、烙、煎、炒、烩等多种主食制作技艺;在副食制作方面,总结出了汆、涮、煮、炖、煨、焐、爆、炒、卷、烹、塌、贴、炸、蒸、羹、酱、烤、熏、泥烤、冻(晶)拌等多种副食烹制技艺;在酒水饮料制作方面,酒水又有酿造酒(发酵酒)、蒸馏酒两个大类和数千个品种。这里所说的酿造酒是指发酵结束后稍加处理即可饮用的低度酒,如黄酒、青酒、葡萄酒以及啤酒等。这类酒水早在4 000多年前就已出现。[1]蒸馏酒是在发酵结束后,再经蒸馏得到的高度酒,如白酒、伏特

1 在距今4 800多年前龙山文化遗址出土的陶器中,就已经出现了为数可观的尊、罍、盉、高脚杯、小壶等酒器,说明当时中国的酿酒技术已经进入成熟期。

加、白兰地、威士忌、朗姆酒等，都属于蒸馏酒。据说中国的蒸馏酒始于元代。[1]中国传统饮料制作历史悠久，常见饮品主要有茶、凉茶、绿豆汤、酸梅汤、银耳汤、小吊梨汤、莲子粥、燕窝粥、八宝粥、玄米茶、大麦茶、荞麦茶等。中国是世界茶叶的原产地，中国人至少已有近 5 000 年的饮茶史，[2]由茶叶组合而成的茶饮料更是数不胜数，如流行于南方客家地区的擂茶，流行于藏族地区的酥油茶，流行于回族地区的三炮台等。这些古老的酒水及饮品加工工艺为中国后世饮食文化的发展作出了重要贡献。而那些独具特色的地方性食品加工技术，特别是历史悠久且已近濒危的传统食品饮品加工技术，如几近失传的满汉全席制作技艺、羊羔酒制作技艺、茶百戏制作技术等，都应该成为我们重点关注的对象。

（三）食品保存方面的知识与技能

食品制作固然重要，但食品保存同样不可或缺。我国元代时的军队之所以能策马扬鞭一直推进到地中海沿岸，凭借的便是蒙古族古老的风干肉制作技术。正是这项古老的饮食制作技术成功地解决了军队的给养问题。中国地大物博，幅员辽阔，各地人民群众根据当地的自然环境与人文环境，总结出了一系列食品保存技术。如四川、湖南、湖北、安徽总结出的香肠熏制技术，云贵地区苗侗等少数民族总结出的酸鱼酸肉腌制技术，北方蒙古、鄂伦春、鄂温克等民族总结出的风干肉制作技术，江浙沪一带总结出的食品卤制技术，北方朝鲜族总结出的泡菜腌制技术等，都是食品制作知识与技能类遗产的重要组成部分。这些技术成功地解决了食品存放难题，应该成为这类遗产的保护重点。

三、传统建筑营造知识与技能

为躲避野兽的袭扰和严寒酷暑的煎熬，早期人类从山洞与巢穴中受到启发，开始了早期居住文化的探索。他们根据南北气候、温度与湿度的不同，谋生方式与建筑材料的不同，创造性地发明了地穴式建筑、干栏式建筑、屋宇式建筑和帐篷式建筑等多种建筑形式，积累了丰富的建筑营造经验。作为非物

1 【明】李时珍《本草纲目》云：“烧酒非古法也，自元时始创其法。其法用浓酒和糟入甑，蒸令汽上，用器承取滴露”。元代文献《饮膳正要》中也有蒸馏酒及蒸馏器的记载。

2 《神农本草经》：“神农尝百草，一日遇七十二毒，得茶而解之”。

质文化遗产保护对象，我们在传统建筑营造技术类遗产保护中，应重点关注以下几方面内容。

（一）传统建筑选址方面的知识与技能

建筑是环境的产物。中国人自古便十分重视住宅的选址问题。《诗经·大雅·公刘》曾用生动的笔触，描绘了周先祖公刘率族人迁居豳地时，登山冈、降平原、观流水，择地而居，繁衍生息的故事。秦汉以后，人们对阳宅选址经验的不断积累，逐渐形成了一整套科学而略带神秘色彩的理论——风水术。

风水术是指古代人类在选择宅基地过程中，对住宅周边环境、地质地貌、生态气候、自然景观等多种环境因素所做出的综合性评估和对建筑营造过程中某些技术与禁忌的全面概括。剥去风水术中那层故弄玄虚的神秘外衣，就会发现其中仍有许多东西值得我们学习和借鉴。而其中最有代表性的，就是古人对人与自然互相依存关系的高度重视。这也是中国传统哲学中“天人合一”思想在建筑学上的最为集中的体现。对于这类遗产的保护，可从以下两方面同时进行：一是系统整理已经出版的各种有关风水术的文本资料，二是请教经验丰富的风水先生，将风水术中的精华系统地钩沉出来，并对保存良好的风水村等文化遗产地实施全方位保护。

（二）传统建筑布局方面的知识与技能

传统建筑布局可分为传统村落布局、传统宅院布局和传统室内布局三个方面。

传统建筑布局通常是由自然环境与人文环境等多种因素共同决定的。为营造出一个更加适合人类居住的小环境，古代的能工巧匠非常重视村落、院落与居室的选址与布局。这样做一方面可使人类的居住空间更好地亲近自然、巧用自然，并在与自然和谐共处的过程中，实现人类的低熵生活；另一方面也可通过建筑的选址布局，进一步强调社会秩序的建立。较大村落的贫富分区原则、大家族中依辈分不同而进行的分房原则，都可反映出等级制度对传统建筑布局的深刻影响。此外，庙宇、戏台、牌坊、碑刻、给排水系统等传统公共建筑设施的选址与布局，也是一个村落的历史、文化、政治、经济、信仰、制度以及生活方式的集中表现，是我们了解当地社会的重要窗口。

（三）传统建筑施工方面的知识与技能

传统建筑施工方面的知识与技能包含多方面内容，其中既包括建筑材料选料、备料方面的知识，也包括院落规划、房屋设计方面的知识；既包括建筑附属设施设计、建筑装饰设计方面的知识，也包括人员调度、仪式程式等方面的知识，范围相当宽泛。但无论哪种知识，都与建筑所在自然环境与人文环境息息相关。这些传统建筑经验与智慧，是建筑类遗产的核心，也是把握传统建造技术的关键。

（四）传统建筑装饰方面的知识与技能

所谓传统建筑装饰，泛指在传统建筑物美化过程中所使用的各种装饰艺术。在中国，传统建筑的装饰艺术主要包括脊兽、木雕、砖雕、石雕、壁画、窗花、窗棂、顶棚以及各种墙面及地面装饰等。传统建筑装饰艺术是美化传统建筑的主要手段，由于技术含量高，这项工作只能由专业性很强的艺人或匠人来完成。传统建筑装饰艺术最初多与美术无关，只是随着建筑结构性能的改进、材质强度的提高，才使得许多原有建筑构件由最初的实用向后来的兼具审美方向转化。中国传统建筑装饰艺术除反映人类对美好形象的强烈追求外，还特别强调人们对美好生活的强烈期盼。艺人匠人们也会根据主家的身世、职业、社会地位、兴趣爱好，选择合乎其身份的装饰图案，并通过这些吉祥图案，营造该建筑应有的气场。

四、传统交通工具制造与交通设施营造知识与技能

传统交通知识与技能是指在传统交通工具制作以及传统交通设施建设与使用过程中积累起来的各种传统工艺技术。从历史上看，传统交通知识与技能是个不断发展的概念。甲骨文中，交通的“交”指小腿，即指行走过程中运动频率最高的部位。“通，达也。”“交通”二字相组，特指通过双腿的运动而达及四方。现在我们所说的“交通”，主要指交通运输工具、交通运输设施、交通运输集团以及交通运输信仰等四方面内容。

交通类非物质文化遗产的核心知识与技能主要包括以下几方面内容。

（一）传统交通工具制作方面的知识与技能

传统交通工具制作方面的知识与技能所含范围相当广泛。它既包括传统车具（含雪橇等）制作方面的知识与技能，也包括传统舟船制作方面的知识与技能。

中国古代陆行以车马，水行以舟船。相传，车的发明人是夏代的奚仲，

也有人说是黄帝,并有黄帝驾战车手持指南针指挥作战的传说。从出土文物看,至少在殷商之际,车便已具备了车厢、辕、衡及两个轮子等基本形态。

中国古代中原人骑马始于战国时期赵武灵王的胡服骑射。但当时人们所骑的都是没有鞍鞯的光背马。至隋唐,骑乘之风大盛,反映出北方游牧民族对中原文化的深刻影响。传统车马及传统鞍鞯制作工艺含金量极高,这些技艺在民间虽有保留,但目前均已处于濒危状态,需重点保护。

舟船的发明显然是人类受到水浮空木现象的启发。最早的舟船应是像空心木一样的独木舟。独木舟制作技术目前在摩梭人中还有保留。至殷商,便出现了由数组木板组成的舢板和用于推动舟船前进的帆。桨的发明与独木舟的历史一样久远。浙江余姚河姆渡遗址中原始木桨的出土,说明早在7 000多年前,我国东南沿海一带的原始居民就已经开始了独木舟的制作与桨的使用。为增强船的稳定性和装载能力,战国时期还出现了两船相并的舫。[1]舫的使用,一直延续到南北朝时期。[2]

至汉代,为提高船速,中国已出现多桨船和橹。橹解决了桨在划水过程中离开水面时所做无用功问题,将间歇划水变为连续划水,极大地提高了船的功效,故民间有“一橹三桨”之说。

隋以后,中国传统车马舟船业迎来了它的鼎盛期。隋炀帝巡幸江都时,除龙舟外,还有漾彩、朱鸟、白虎、玄武等大船数千艘,所用纤夫多达80 000余人。明代郑和下西洋所用船只长44丈,宽18丈。第一次出洋时,如此规模的大船就有62艘。同时,罗盘的发明,也使中国的远洋航海成为可能。隋以后中国水上运输业进入高速发展期,在形成浙、闽、粤三大造船板块的同时,也形成了浙、闽、粤三大不同造船风格。

唐代,中国的造船业相当发达,不但可以造大船,造船技术亦首屈一指。当许多国家海船船体尚采用棕绳捆绑、脂油涂缝的方法时,中国的海船早已采用了先进的榫卯结构和桐油拌灰抹缝技术。此外,水密隔仓的发明也进一步增强了船体的抗沉性,这项技术比欧洲早了1 100多年。

北宋宋太宗令各州每年造运船3 000余艘。进入明代,江船、海船都有各自的造船基地,且各具特色。如浙船擅长追逐,闽船耐风御火,粤船体积庞

1 《史记·张仪传》:“舫船载卒,一舫载五十人与三月之食。”
2 《梁书·元帝纪》:“江湘委输,方船连舳。”

大。但遗憾的是，自郑和下西洋后，明朝便实行了禁海锁国政策，长期以来一直处于领先地位的中国造船业和航海业也由此衰落下来。

除上述主流交通工具外，民间社会，特别是地处偏远的少数民族地区，还因地制宜地创造出了许多极具地方特色的水陆交通工具。如在海南岛传承至今的“腰舟”（葫芦）、陕北的羊皮筏、甘肃的牛皮筏、黑龙江鄂伦春人的桦皮船，以及遍布于北方地区的雪橇、爬犁、滑雪板等，都从不同侧面反映出了当地人特有的聪明才智。目前，上述技艺虽已进入濒危状态，但在民间仍有传承，应该成为下一阶段保护工作的着力点。

（二）传统交通设施建设方面的知识与技能

从《国语·周语》中可以得知，周时要求按时修整道路，并在道路两旁种植树木以作标识，同时设置司空管理路政。《诗经》中“周道如砥，其直如矢”[1]“昔我往矣，杨柳依依”[2]等诗句，从另一个侧面反映出了周代驰道路面平坦、绿柳成荫的路况信息。古时路旁多植树。植树的目的一是保护路基，二是为行人庇荫，三是起标志作用——迷失荒野的人们只要看到成排的树木，便会很自然地找到道路。故《国语·周语》有“列树以表道”的说法。

春秋战国时期，各国都有各自的道路标准，但由于轨距有别，彼此交通十分困难。秦始皇统一六国后，立即在全国范围内修建标准统一的驰道，并形成全国性的陆路交通网，同时建立起全国统一的车舆制度。这便是所谓的“车同轨”。统一车舆制度，在以马车土路为主要交通工具和交通设施的时代是非常重要的。非物质文化遗产保护的是历史上产生并流传至今的老传统，但传统不代表落后。如秦朝历史上修建的“秦直道”保留到今天，仍旧平整如砥且寸草不生，原因即在于秦人在修建秦直道时，不但使用了没有任何养分的火烧土，而且还加盐其中，铺石其下，路面坚硬无比，同时寸草不生。这些历史上古人总结出的智慧与经验，值得我们认真学习，虚心借鉴。

除道路外，交通设施还包括桥梁、驿站、客舍、长亭、短亭等。其中，选择建筑材料、养路护路、建造驿站、客舍旅馆、长亭短亭、水井、桥梁等方面的知

1　刘毓庆、李蹊译注：《中华经典名著全本全注全译丛书·诗经》（下），中华书局，2012 年版，第 544 页。

2　刘毓庆、李蹊译注：《中华经典名著全本全注全译丛书·诗经》（下），中华书局，2012 年版，第 413 页。

识与技能，都有可能成为我们建设新型交通设施时的重要参考。我国福建省泉州市历史上曾有过这样一种建桥技术——人们在修建水中桥墩时，为减轻河水对桥墩的冲击，不但将桥墩的迎水面设计成了缓解水流冲击的筏形，同时还通过在桥墩上栽植牡蛎的方法，大大增强了桥墩的受力强度。这种通过力学、生物学方法来增强桥墩抗冲击力的建桥技术，即或在今天也仍有参考价值。此外，像广西三江风雨桥、泰顺拱桥、蜀国古栈道这样的桥梁道路建造技术，只要还有活态传承，都可作为传统工艺技术类遗产实施重点保护。

五、传统中医诊疗与中草药炮制方面的知识与技能

中国具有悠久的中医药传统。据浙江省杭州市萧山区跨湖桥遗址考古资料显示，早在 8 000 多年前，这里的远古先民就已经掌握原始的针灸技术。其后产生的甲骨文记载了天花、皮肤病等疾病数十种，涉及口、耳、鼻、身等多个部位，这说明早在 3 000 多年前，我国就已经出现了医学萌芽。

中医产生于原始社会，但真正的形成期是在春秋战国时代。成书于两汉时期的《黄帝内经》标志着中国中医理论的基本形成。这一时期不但出现了问、望、闻、切四种诊断方法，在实操上还总结出了诸如砭石、针刺、艾灸、汤药、导引、布气、祝由等多种中医技术和治疗方法。西汉时期，阴阳五行学说影响到中医，人们开始用阴阳五行学说解释人体生理。东汉时期，著名医家张仲景提出阴阳、表里、寒热、虚实八纲，并以此辨别病变部位的浅深、疾病性质的寒热、邪正斗争的盛衰以及病证类别的阴阳。临床用于攻补的“汗”“吐”“下”“和”“温”“清”“补”“消”八法，[1] 就是清代医家程钟龄在“八纲”的基础上总结出来的。此外，华佗在外科手术及麻醉方面取得重要突破，他的麻醉技术比西方要早 1 600 多年。唐代医家孙思邈在总结前人经验的基础上，收集药方 5 000 余个，并出版了《图经》，明确了穴位的准确位置。

1　程钟龄在《医学心悟》中，总结出了“汗”“吐”“下”“和”“温”“清”“消”“补”八种治病方法。所谓“汗”，就是通过药物或其他方法使在表之邪随汗排出的方法。如疟疾、痢疾、感冒以及麻疹初起之时均可使用本法。所谓“吐”，就是通过呕吐排出毒素的方法。所谓“下”，就是通过排泄将毒素排出体外的方法。所谓“和”，就是通过调和或和解，使人体达到新的平衡的方法。所谓“温”，就是温里祛寒的方法。所谓“清”，就是通过清热、败火、解毒、凉血等一系列方法清除身体内热，使之达到新的平衡的方法。所谓“消”，就是通过消食导滞、行气活血、化痰利水以及驱虫等方法，使身体内逐渐积累起来的有形之邪渐渐消散的方法。所谓“补”，就是通过补益，增强人体免疫机能的方法。

金元以降，出现了河间学派、易水学派等众多中医流派，补充了中医学理论的不足。新见解和新思路的提出，给这一时期的传统中医学带来新的繁荣。明清以降，面对瘟疫的大范围流行，中国的医学家们不但总结出了一套完整的防治瘟疫基本理论，还促成了温病学派的诞生。清代不但有了官修医书，同时还设立了医学考试制度，反映出中央政府对本国医学传统的高度重视。清末，西方新型教育体制与教学模式传入我国。中医学院的建设不但扩大了中医药行业的从业基数，在古籍搜集、整理、研究、教学方面也取得了不俗成就。

作为一笔重要的非物质文化遗产，传统中医药大致可分为两方面内容。

（一）中医诊疗技术类遗产

中医学是在阴阳五行思想指导下发展起来的一门学问。它的最大特点是从整体与动态的角度，研究人体生理、病理、药理及其与自然环境的关系，并从中找出防治疾病最有效的方法。中医学涉及精气学说、阴阳五行学说、气血津液、藏象、经络、体质、病因、发病、病机、治则、养生等多方面内容。

产生于西汉时期的《黄帝内经》是中国中医学的奠基之作。中国传统中医学中的许多重要理论、诊疗方法，在这里都能找到它们最初的源头。

中医学理论强调的整体观与动态观。反映到医疗实践上，就是中医学理论反复强调的以“天人合一”和“天人相应”为代表的整体观及辨证论治。[1]

“天人合一”的整体观包含两方面内容：一是当人们把人体结构与天地结构一一对应起来时，人体便成了天地万物的缩影，在人体中能找到与自然界相对应的东西或部位。这种对比可以使“无形”变为“有形”，从而加深人们对人与自然之关系的理解，并在此基础上加深人类对自身肌体的理解。二是在该理论看来，人只是大自然的一个组成部分，人与自然是一个统一的整体。人的生命规律与自然界的变化息息相通，这就是所谓的“天人相应”。“天人相应”告诉我们，诊疗中除需考虑人的因素外，还要考虑病患所处自然环境——时间、地点、气候

1 《灵枢·邪客》：“天圆地方，人头圆足方以应之。天有日月，人有两目。地有九州，人有九窍。天有风雨，人有喜怒。天有雷电，人有音声。天有四时，人有四肢。天有五音，人有五藏。天有六律，人有六府。天有冬夏，人有寒热。天有十日，人有手十指。辰有十二，人有足十指、茎、垂以应之；女子不足二节，以抱人形。天有阴阳，人有夫妻。岁有三百六十五日，人有三百六十节。地有高山，人有肩膝。地有深谷，人有腋腘。地有十二经水，人有十二经脉。地有泉脉，人有卫气。地有草蓂，人有毫毛。天有昼夜，人有卧起。天有列星，人有牙齿。地有小山，人有小节。地有山石，人有高骨。地有林木，人有募筋。地有聚邑，人有䐃肉。岁有十二月，人有十二节。地有四时不生草，人有无子。此人与天地相应者也”。

等对他的影响，而不是忽略环境因素，一方传万年。传统中医学还认为，即或是人体的不同组织或器官，也都是一个统一体的有机组成部分，要从整体上联系地看问题、找病因，而不是孤立地看问题、找病因。这也是中西医最大的不同之处。在传统中医学看来，作为个体的人实际上是由阴阳两种物质共同构成的，它们既对立又统一，且永远处于不断运动和变化状态。在常态下，两者处于动态的平衡中，一旦失衡，人便会生病。而医疗介入，就是在动态过程中找到并保持新的平衡。此外，在实际操作中产生的“药有阴阳”说、“正治反治”说、“药致中和”说、“用药兵法”说、“君臣佐使”说等，也都值得我们认真借鉴。

作为非物质文化遗产，传统中医药学除别具一格的中医理论外，还有很多十分具体的诊疗技术和医疗手段。作为从医者，需要从诊断入手，通过望、闻、问、切，收集患者患病信息、症状和体征，经综合研判，辨清病因、性质、患病部位，以及人体内部五脏六腑、经络关节和气血津液的变化，判断其中的邪正关系，从而得出病名，归纳出证型，然后在辨证论治原则指导下，从“汗”“吐”“下”“和”“温”“清”“补”“消”中，找出具体的治疗方法。

中医治疗主要通过以下三种方式进行：

（1）药物疗法。使用汤药、外用药等药物进行的治疗。

（2）非药物疗法。用针灸、艾灸、拔罐、刮痧、推拿、按摩、气功、布气等非药物方式进行治疗。

（3）食疗法。通过介乎于药物与非药物之间的日常饮食进行治疗。最常见的便是药膳。食疗与中国医食同源的论治传统密切相关。唐宋时期从中原一带迁居广东的客家人，至今还保留着中原人煲药膳的食疗传统。

中国除有汉民族创造的中医学外，还有蒙医、藏医、维医、傣医、朝医、壮医等诸多少数民族医学。这些中国传统医学各有各的理论体系和诊疗方法，同样是一笔博大精深的民族文化遗产，值得深入挖掘。

（二）中药炮制技术类遗产

中药是我国先民在长期的医疗实践中积累起来的有关中草药治疗方面的知识与技能。有关中草药的发现，古籍很早就有记载。《神农本草经》就有“神农尝百草，日遇七十二毒”的传说。说明早在 5 000 多年前的神农氏时代，我们的先民们就已经意识到了野外荒草的药用价值，并开始了对中草药药性的最初探索。一个“尝”字，表明了我国先民在探索药性过程中所反映出的主动精神与勇于奉献的牺牲精神。中草药以草本者居多,故古人又将中草药称为“本草”,将中药学称为“草本学”。中国最早的药物学专著《神农本草经》出现于汉代,共载药物365种。每味药下,都有正名、性味、主治功用、生长环境、产地等内容,并提出后世所谓的“三品分类法”。《神农本草经》系统地总结了汉以前的药物学成就,对后世本草学的发展起到了积极的推动作用。至南朝齐梁,著名医家陶弘景把新发现的药物经重新整理编成《本草经集注》,所载中草药数量是《神农本草经》的一倍。唐宋时期,在朝廷的督导下,苏敬等人编写了《新修本草》。这也是由政府颁行的第一部药典。至明,李时珍著《本草纲目》,收中草药1 892种,绘图1 160幅,为我国中医药事业的发展作出了重要贡献。清代出现了一批中草药药学专著,为中药学研究提供了新的内容。辛亥革命后,随着西方医药学的传入,中国传统中医药学受到了前所未有的冲击。但在志士仁人的共同努力下,中药学研究不但在艰难中依然坚守,而且还取得了不小的进展。为适应新的变化,民国时期创办了第一批中医学校。与此同时,一批适应教学和临床需要的中药学教材、以陈存仁《中国药学大辞典》为代表的一批大型药学工具书应运而生。现代意义上的中药学研究也正式起步。中华人民共和国成立后,在中央政府的大力扶持下,中药学研究取得了前所未有的成果。在中医药文献的整理上,陆续出版了《神农本草经》《本草品汇精要》《本草纲目》《新修本草》(残卷)、《证类本草》《滇南本草》等重要本草典籍数十种,并出版了《中华人民共和国药典》《中药志》《中国中草药汇编》《中药大辞典》《原色中国本草图鉴》等大型志书。

中草药的使用大致可分为三种方式:

(1) 内服。这种内服药通常以汤药为主,强调的是药物内治。

(2) 外用。主要用于药物的外敷、热熨、熏洗等药物性外治。

(3) 以药膳为代表的日常饮食调理。

绝大多数药物为天然动植物及矿物,且多为复方制剂,配方时可采用相应的拮抗措施以增进药性、减少或消除药物的毒副作用。作为实践性很强的传统科学,药物学经验非常重要。首先在中药炮制技术方面,要对各种方剂、中药的使用时机、炮制法、使用禁忌、副作用、误用后的症状及救治方法等进行全方位把握。中草药炮制技术可分水制、火制、水火合制。水制方面又有洗、漂、泡、渍、水飞等工艺,火制方面有煅、炮、煨、炒、烘、焙、炙等工艺,而水火合制又有蒸、煮、淬等工艺。其中，每种方法又可细分出若干种具体方法。其次，中药是指按照四气五味、君臣佐使等特性与法则配比而成的药物方剂，体现了中国人独特的世界观和健康观。我们吃的“中药”尽管大多取自“自然”，有些甚至可以直接入药，但这并不是真正意义上的“中药”。中药必须经过炮制之后才能入药，这是中医用药的特点之一。中药炮制是中医长期临床用药经验的总结。它根据中医药理论，依照辨证施治用药的需要和药物自身性质，以及调剂、制剂的不同要求所采取的制药技术。我们所说的“中药”，是指经过炮制的各类中药饮片、中成药和中药制剂，包括加工制成的丸、散、膏、丹等剂型。炮制除可清除杂质，便于制剂、服用，更重要的是可以消除或减低药物的毒副作用，从而改变药性，加强疗效。由此又生发出了药用植物学、中药资源学、中药鉴定学、中药药理学、中药炮制学、中药药剂学、中药化学、中药学、方剂学以及中药制剂分析学等。

完整的中医处方，还会从情绪控制、饮食、运动以及医疗等方面提出不同的禁忌。如中药使用方面的禁忌，针刺、艾灸、推拿等方面的禁忌等，体现出中医治病的整体观。

我国是一个有56个民族的多民族国家，在我们的传统医学体系中，除中(汉)药学外，还有蒙医、藏医、维医、傣医、朝医、壮医等少数民族医学，值得我们认真发掘。

第二节　传统工艺技术类遗产的保护意义

传统工艺技术类遗产除涉及传统服饰制作技术、传统食品烹制技术、传统民居营造技术、传统交通工具制造及道路桥梁建造技术外，还包括与人们日常生活息息相关的各种各样的生活知识与技能。在科学技术高度发展的今天，为什么我们还要保护这些古老的传统工艺技术？保护这些传统工艺技术类遗产到底又有什么意义呢？

一、是保护中华古老工艺文明的重要手段

从时间看，传统工艺技术类遗产尽管活在当代，但就其本质而言，它们都是历史的产物，都是祖先留给我们的“遗产”，而不是今人刚刚创造的“现产”。尽

管祖先在历史上所创工艺文明、技术文明在典籍上有记录，在文物上有显现，但真正能将这些古老手艺原汁原味传承至今者，仍然是那些活在当下的艺人、匠人以及那些悬壶济世的老郎中们。我们保护传统工艺技术类遗产的目的，就是通过我们的不懈努力，让祖先创造的这一文明在当下获得更多的活态传承，在服务百姓的同时，也为当代新科学、新技术的创造，提供更多的借鉴和参考。

二、是保护人类文化多样性的重要手段

2003 年，联合国教科文组织在颁布《非物质文化遗产保护公约》的同时，还颁布了《世界文化多样性宣言》。这两个文件的关联性自不符合。加强国际协作与交流，共同维护世界文化多样性是近年来文化遗产保护运动的一个重要话题。人类社会进入工业文明后，生产力的提升让人们看到了大工业生产给人类社会带来的巨大财富，但同时人们也注意到大工业生产给人类文化多样性带来的种种破坏。要想从根本上解决这个问题，最简单的办法就是尽量保护好地域文化的独特性，并通过对地域文化独特性的保护，最终实现对人类文化多样性的保护。而这个地域文化的优秀代表，便是以手工生产为基本标志的传统工艺技术类遗产，特别是那些已经进入濒危状态的工艺技术类遗产。在联合国教科文组织看来，“文化的多样性是交流、革新和创作的源泉。对人类来说，保护它就像保护生物多样性进而维持生物平衡一样必不可少。从这个意义上讲，文化多样性是人类的共同遗产，应当从当代人和子孙后代的利益考虑予以承认和肯定”[1]。

第三节 传统工艺技术类遗产的保护要点

中国非物质文化遗产保护实践已经证明，传统工艺技术类遗产由于技术含量高，影响大，又直通市场，这些特点很容易让它在市场这只“看不见”的手的助推下获得快速发展。但在这类遗产中，也确实存在许多问题，需要我们集中整改，重点保护。

1 联合国教科文组织《世界文化多样性宣言》。转自顾军、苑利：《文化遗产报告——世界文化遗产保护运动的理论与实践》，社会科学文献出版社，2005 年 7 月版第 317 页。

一、重点保护已经步入濒危状态的传统工艺技术

随着非物质文化遗产保护运动的不断推进,我国的传统工艺技术类遗产已经得到有效恢复。许多已经被遗忘了的,或是已经被大工业生产取代了的传统工艺技术——如传统钧瓷烧制技艺、絣染技术等,都得到了很好的恢复,有些甚至已经超越历史,达到行业史上的最高水平。但也有部分传统工艺技术——如金砖烧制技艺、木活字雕刻印刷技艺、水印木板年画制作技艺等,由于恢复成本较高,至今未能得到全面、有效和高质量的恢复,现有工艺远未达到历史上的最高水平。需要在政府政策的扶持下,将那些即将消失的传统工艺技术类遗产抢救下来,为子孙后代保留下更多的非物质文化遗产。

二、重点保护极具地方特色或民族特色的传统工艺技术

由于生产方式不同,人们所掌握的加工技术也会呈现出明显差异。如与“粒食”民族不同,北方游牧民族的饮食主要以“红食”“白食”为主。所谓“红食”,就是吃肉;所谓“白食”,就是喝奶。游牧的本质,是利用牛羊等草食动物的食性与移动力,将广大地区人类无法直接利用或食用的各种植物资源,转换为人们能够食用的肉类或乳类食品,于是才有了别具一格的北方游牧民族饮食传统。与北方游牧民族不同,东南沿海居民掌握有更多的是海产品加工传统。在我国渔业发展史上,海产品的养殖加工历史相当悠久。许多海边渔家本身就是海产品加工的作坊。在冷冻技术发明之前,人类无法解决海产品保质保鲜问题,于是,在捕捞结束之后,会通过日晒、阴干、烘烤、腌制等方式,对海产品进行后期处理,以确保海产品的长期存放和食用。我们平时吃的干鱼、干虾、海带、紫菜、海贝,都是通过上述方式加工而成的。在传统工艺技术类遗产保护工作中,各级政府应集中精力,保护好这些极具民族特色与地域特色的传统工艺技术。

三、重点保护“祖传配方”与“拿手绝活儿”

任何一种传统工艺技术的传承,都离不开其中的核心技术。这个核心技术便是历经千百年传承下来的“祖传秘方”或“拿手绝活儿”。我们制作一般的或是非常普通的产品,只需一般的配方。但若想制作出特色鲜明的产

品，没有密不传人的家传秘方肯定是不行的。制酒是这样，制醋、制酱同样也是这样。与家传秘方相类似的“拿手绝活儿”。如果说“祖传秘方”强调的是知识传承，那么，“拿手绝活儿”——如传统中医中传承的小针刀技术、挑羊毛疔技术，蒙古族的放血疗法、正脑疗法等，强调更多的是一种技术的传承。在历史上，由于没有专利法的保护，作为核心技术的“祖传秘方”或“拿手绝活儿”，通常只能通过家族传承。为确保秘方的万无一失，家族内部还会有严格的保密制度。在非遗保护工作中，我们要尊重家族传统，并通过家族将这些“祖传秘方”“拿手绝活儿”保护好、传承好，让这些人类智慧精华在确保持有人家族利益的前提下，实现有序的代际传承。

第四节
传统工艺技术类遗产的申报原则

传统工艺技术类遗产是非物质文化遗产中科技含量最高的遗产类型。能否保护好这笔遗产，不仅关系到一国传统手工技艺能否有序传承下来，同时还关系到一个国家国民经济能否健康发展、普通百姓能否安居乐业的大问题。我们应从国计民生的高度，来关注传统工艺技术类遗产的申报问题。

与其他类型的遗产项目不同，传统工艺技术类遗产属知识技能型文化遗产，它的主要特点是以科技含量高见长。科学价值是这类遗产的核心价值。申报这类遗产时，应在科学评估标准的引领下，将那些真正具有重要科学价值的遗产项目，从众多传统文化事项中甄别出来，申报上去。

那么，究竟什么样的传统工艺技术可以申报非物质文化遗产？在申报这类遗产的过程中，我们又应秉承怎样的原则呢？

一、具有重要科技价值者优先

传统工艺技术类遗产的最大价值是它的科学价值。因此，入选《非物质文化遗产代表作名录》的传统工艺技术类遗产，首先应具有重要的科学价值。当然，非物质文化遗产的科学价值有时是显性的，如同仁堂的中草药炮制技术、贵州茅台酒厂的茅台酒酿制技术、安徽宣城的宣纸制作技术等，这些遗产项目即使在今天，也仍具有重要的无可企及的科学价值。但也有部分遗产项目的科学价值有时会呈现出明显的隐性特征。如水运使用的船帆，稻作生产使用的水车，粮食加工使用的水碓，这些传统机械装置无论在行驶速度、传输能力上，还是在加工技术上，都无法与现代生产设备相媲美。但从另一方面看，它们在环保以及巧借自然力等方面所体现出的超前的环保精神、低熵式生活态度，以及与大自然和谐共处等方面所体现出来的可持续发展理念，对当代文明的发展仍有重要的启迪意义。特别是在面对现代化大工业生产给人类带来的种种弊端，而人类又急于走出这样一个现代化怪圈的今天，向传统学习，从传统中汲取营养，很可能是一种更加睿智的选择。

二、具有推广价值者优先

非物质文化遗产除可帮助我们认识历史外，还可以为未来新科学、新技术的开发，提供更多参考。但是，在人类历史发展长河中，并不是所有的经验都能借鉴。譬如有些地方申报上来的项目，常会因某种自然条件的限制，而无法获得有效推广，更无法进入更高一级的非物质文化遗产名录。因此，在遴选非遗项目时，除要考虑该项目的历史认识价值外，还应考虑该项目是否具有足够的推广价值，否则，保护就会失去其应有的意义。当然，如果某工艺技术产量非常之高，影响非常之大，也是可以根据它的影响范围而进入相应级别的非物质文化遗产代表作名录的。这是因为尽管其制作工艺因受到某种自然条件的限制而无法获得推广，但其产品本身实际上已经走出狭小空间，并以产品自身的优势，获得了足够的影响力。这种情况同样可视为该遗产具有广泛的普世价值。茅台、泸州老窖、杏花村汾酒、绍兴黄酒等名酒制作技术的成功入选，都是很好的明证。

三、独具地域特色者优先

以自然材料为原料，以手工业生产为加工手段，是传统工艺技术类遗产最主要的特征。与农业技术类遗产不同，传统工艺技术类遗产主要分布在作为第二产业的加工业。自然环境与人文环境的不同，各地物产加工技术也会有所不同。譬如在主食加工上，北方民族以面食为主，加工手法又可分为蒸、烙、烤、煮等。即或是司空见惯的面条，在加工手法上又可分为刀削面、油泼面、酸汤面、臊子面、阳春面、锅盖面、拉面、手擀面、拉皮儿等数十种。南方民族以稻米为主,在面食加工上又有打糕、米粉、米线、牛肉粉等数十种。为储存好食品原料,不同地域又会创造出各种各样的谷物加工与储存技术,肉食品加工与储存技术,以及蔬菜加工与储存技术等。这些独具地方特色与民族特色的传统加工与储存技术,应该成为非物质文化遗产保护工作关注的重点。

四、步入濒危状态者优先

传统工艺技术类遗产是一个离市场最近、最容易受到利益驱动的遗产类型。在利益的驱动下,相关企业也会出于商业利益的考虑,申报各种名目的非物质文化遗产项目,并希望通过这种非商业化运作,获得一张国家级商业名片。但应该注意的是,中国的名酒、名茶制作技术确实是中国非物质文化遗产的重要组成部分,也有权进入各级非物质文化遗产代表作名录,但已经是上千元一瓶、数千元一罐的名酒、名茶,即或不去申报,其制作技艺也不全因此而失传,没有必要与濒危遗产争名争利。

另外,需要特别提醒大家注意的是,有些大企业虽然还在生产传统产品,但其生产方式已经全部或是已经多半采用了大机械化生产,这与我们要求的传统手工操作已经完全不再是一回事,这样的项目当然也就无权进入非物质文化遗产代表作名录。

第五节 传统工艺技术类遗产保护容易出现的问题

近年来,我们在传统工艺技术类遗产的保护上,确实已经取得了不小的成绩。但相对于其他遗产类型,传统工艺技术类遗产在保护与传承上仍然有它的问题。那么,问题是什么呢?

一、对某些"独门绝技"的挖掘仍显不足

在当今社会中,科技含量较高的科研成果,基本上都是通过申请专利的形式获得保护并获取经济回报的。但在没有专利制度的传统社会中,凭借着"独门绝技"过活的艺人、匠人或是郎中们,多半只能通过看好"独门绝技",来

确保自身利益。这个“独门绝技”，有时是郎中眼中的“祖传秘方”，有时是艺人、匠人们自己掌握的“独门绝活儿”。无论叫什么，说到底它们都是传统工艺技术类遗产这座金矿的“矿脉”所在，传统工艺技术类遗产含金量最高的部分主要集中在这里，值得认真挖掘。近年来，传统中医药行业虽已冲破藩篱，重获新生，但对传统中医药行业“祖传秘方”的挖掘还远远不足，我们尚有大量的“祖传秘方”还未很好地挖掘出来、利用起来。相信随着更多利好政策的出台，中国传统中医药行业势必会出现一次爆发性革命，传统中医药产业也很有可能会成为中国经济发展的下一个重要生长点。

二、因劳动强度过大导致传承项目后继乏人

与具有一定艺术含量的工艺美术类遗产不同，多数传统工艺技术类遗产不但劳动环境不好，劳动强度也十分巨大。以笔墨纸砚诸行业为例，这些行业的生产基本都与水有关，工作环境非常恶劣。与衣食住行有关的服装加工业、食品加工业、建筑业，同样存在生产环境恶劣、劳动强度大等一系列问题。目前，工作在生产第一线上的传承人，基本上都是年纪在40岁以上的中年人。年轻人的缺乏，使得这些遗产项目在传承上后继乏人，呈现出明显青黄不接的颓势。这也是当今传统工艺技术类遗产在传承上面临的普遍问题。

三、缺乏大市场意识导致手工产品滞销

传统工艺技术类遗产基本上都是通过走市场获得生存空间的。在没有大机械化生产之前，一家一户的小本经营尚能在满足本地市场的同时，为传承人找到一份养家糊口的营生。但随着大工业化生产的到来，仅靠原有市场、既有客源已经很难满足自己的生存需求。在这种情况下，如果不开拓出更多新的市场，不打开更多的销售渠道，就很可能造成原有产品的滞销。近年来中国非遗保护实践告诉我们，对于身处偏远地区的传承人来说，利用好互联网电商平台，很可能是打开新市场的一个重要渠道。

思考题

1. 什么是传统工艺技术类遗产？它主要包括哪些行业？
2. 为什么要保护传统工艺技术类遗产？
3. 简述传统工艺技术类遗产的保护重点是什么？
4. 简述在申报传统工艺技术类遗产时要重点申报什么样的项目？
5. 谈谈传统工艺技术类遗产保护主要面临哪些问题？

第十四章

传统仪式类遗产

在讨论传统仪式类遗产之前，我们必须先弄清什么是传统仪式。所谓“传统仪式”，是指在特定时间、特定地点举行的具有某种仪式性质的传统民俗活动。对传统仪式的关注是从保护民间信仰开始的。在中国民族民间文化保护工程国家中心主编的《中国民族民间文化保护工程普查工作手册》中，首次提出民间信仰的保护问题。[1] 这在理念上无疑是一次历史性的突破。但从保护层面看，这种做法并不具有可操作性。且不说民间信仰良莠不齐，不可能对其实施无差别保护。即或值得保护，也会因民间信仰既“看不见”也“摸不着”而无法有效实施。所以，要想保护好中华民族在历史上形成的包括传统信仰在内的传统美德，就必须找到“抓手”。而我们所说的“抓手”，就是那些与民间信仰息息相关的传统仪式。事实证明，只要对传统仪式实施整体保护，我们就可以在保护好传统仪式的同时，保护好与传统仪式息息相关的民族精神与传统美德，保护好与传统仪式密不可分的神话故事、史诗古歌、传统表演、传统手工技艺，从而实现对传统仪式类遗产的整体保护。

第一节 传统仪式类遗产的基本范畴

传统仪式内容庞杂，形式多样，学术界对传统仪式的分类也有着很大的不同。如著名宗教学家托伊从现象出发，将仪式分为情感的仪式与戏剧性的仪式、治病的仪式与驱邪的仪式、人生的仪式与季节性的仪式、涤罪的仪式与奉献的仪式、巫术的仪式与占卜的仪式等。弗雷泽、杜尔凯姆、马林诺夫斯

1 中国民族民间文化保护工程国家中心主编:《普查工作手册》，文化艺术出版社 2005 年版，第 157 页。

基、拉德克里夫—布朗等人从性质出发，将仪式分为宗教仪式与巫术仪式两个大类。瑞典宗教学家瑟德布罗姆则从功能学角度出发，将仪式分为积极进取型仪式与消极防御型仪式两类，并认为所谓积极进取型仪式就是通过仪式中神灵的力量来主动获得某种成果，而消极防御型仪式则是通过仪式公告社会不能做什么以及必须回避什么。当然，还有一些学者，他们从仪式发生时间出发，将仪式分为偶发性危机仪式与周期性岁时仪式。还有人从宗教行为本身出发，将仪式划分为巫术仪式、禁忌仪式、献祭仪式和祈祷仪式等。在笔者看来，尽管传统仪式形形色色，但从功能看，传统仪式无非是在解决两个问题。一是要解决人与人的关系的问题，二是人与自然的关系的问题。从这个角度出发，我们似乎也可以将传统仪式分为“为解决人与人的关系而产生的仪式”和“为解决人与自然的关系而产生的仪式”这两大类。

一、为解决人与人的关系而产生的仪式

以解决人与人、人与社会之关系而产生的仪式很多，如祖先神祭祀仪式、英雄神祭祀仪式、行业祖先神祭祀仪式以及人生礼仪等都属于这一类。这类仪式虽然祭祀对象各有不同，但目标大致相同，即都想通过仪式将具有共同信仰、共同利益的人们团结起来，共同构建起一个和谐且有序的文化或血缘共同体。

（一）祖先神及祖先神祭祀仪式

祖先神是一个非常广义的概念。它既包括图腾祖先神，也包括以人的形象出现的家族祖先神、氏族祖先神和民族祖先神。

人类最早的祖先神信仰及其祭祀仪式是从图腾信仰和图腾祭祀开始的。图腾信仰是一种非常古老的原始信仰。这种信仰的核心在于，持有这种信仰的人并不认为自己的氏族起源于某个人，而是起源于某种动物、植物或是无生物。而这些物种便成了他们最古老的祖先。如彝族认为虎是他们的祖先，白族认为金鸡是他们的祖先，汉族则认为龙是他们的祖先。这些民族也正是通过这样一种信仰，将本氏族的人们团结起来。

为说明本氏族来源，每个氏族都有相应的与图腾有关的氏族起源神话。如《魏书·高车传》记载：“俗云匈奴单于生二女，姿容甚美，国人皆以为神。单于曰：‘吾有此女，安可配人，将以与天。’乃于国北无人之地，筑高台，置二女

其上，曰：'请天自迎之。' 经三年，其母欲迎之，单于曰：'不可，未彻之间耳。' 复一年，乃有一老狼昼夜守台嗥呼，因穿台下为空穴，经时不去。其小女曰：'吾父处我于此，欲以与天，而今狼来，或是神物，天使之然。' ……下为狼妻而产子，后遂滋繁成国。"[1] 这个"俗云"的中心议题旨在说明高车人以狼为图腾的根由，并认为自己就是苍狼的后裔。

图腾文化在漫长的发展过程中，也在不断地发生着变异。当一个氏族分裂时，图腾也会随之分裂；而当不同氏族融合时，其图腾形象也随之融合。如傈僳族原来只有一个熊氏族，随着人口的增加，原来的一个氏族也被分解成三个氏族，其图腾也由原来的熊图腾，分解为狗熊、猪熊和大熊三个子图腾。而不同氏族的融合，也导致了《山海经》等古籍中鸟首龙身、龙身人面、虎身人面、犬身人面等复合型图腾形象的出现。这种复合型图腾的大量涌现，不但意味着以血缘关系为纽带的古老氏族集团的解体，也意味着以地缘关系为纽带的部落集团或民族集团的诞生。

历史上，图腾祭祀活动相当普遍。例如，在我国瑶、苗、畲各族举行的盘瓠祭就是其中最典型的一例。为纪念盘瓠，历史上的瑶人每年正月岁旦都要举行家祭。苗族的盘瓠祭早出现在唐代，后历经宋、元、明各代，一直延续至今。在湘西这样的苗族聚集区，绝大部分村寨都建有盘瓠庙。有些村落即或没有盘瓠庙，也会在供奉祖宗的祠堂里设有盘瓠大王的神位，并在每年的年终岁首举行隆重的祭祀活动。

我国西南瑶族地区举行的盘瓠祭，在每年农历十月十六日举行。据说这一天既是盘瓠的生日，也是瑶族人漂洋过海成功上岸的日子。祭祀盘瓠的仪式有大小祭之分，通常是三年一小祭，五年一大祭。大祭之时，人们会举寨出动，热闹非凡。仪式包括敬雷神、祭蚩尤，祭主家祖先，敬大舅爷、二舅爷茶酒，杀鸡祭天，献九杯酒九碗肉给玛嫾（狗父盘瓠），以及跳鼓、敬神农、敬盘瓠、求财等。这些仪式保留有诸多远古历史信息与文化信息，具有很高的研究价值。

在中国，除有祭祀图腾祖先神的仪式外，还有专门祭祀人格神祖先的祭祀仪式。这里所说的祖先或祖先神，既包括与自己有血缘联系的家族祖先、

1 《魏书·高车传》卷一百三，中华书局 1974 年版，第 2306 页。

氏族祖先,也包括在血缘或文化上有着某种联系的民族祖先。如历史上的伏羲、女娲,黄帝、炎帝等。从理论上说,只要有功于社会并与祭祀者有着某种血缘联系者,都可称之为祖先或祖先神,并以祖先或祖先神后裔的身份参与祭祀。祖先神信仰产生的最初动机可能是出于原始初民最朴素的感恩思想和祖灵庇荫意识。但后来人们更加重视它在增强民族、氏族以及家族成员认同感,进而增进这些民族、氏族以及家族成员的凝聚力等方面发挥的重要作用。研究者认为,这也是祖先崇拜这一原始信仰能够长盛不衰的一个十分重要的原因。

在中国,祭祀祖先神的仪式并不少见。如每年举行的祭祀伏羲、女娲人祖神的河南周口淮阳人祖会,陕西黄陵的黄帝祭祀大典,以及我国各少数民族举行的各种祭祖活动,都是祭祖仪式的真实写照。

但需要特别强调的是,我们对作为非物质文化遗产保护起来的传统祭祖仪式是有明确要求的。第一个要求便是"保真"——该项目必须在历史上产生,并以活态形式原汁原味传承下来,凡是改编改造,特别是那些当代创作出来的"祭祖仪式",是不能申报非物质文化遗产的。

(二)英雄神及英雄神祭祀仪式

在人类学视野中,英雄神是一个非常广义的概念。它既包括像关羽、戚继光、格萨尔、江格尔、玛纳斯这类出生入死的战神,也包括像屈原、介子推那样忠心耿耿的臣子。出于对英雄人物的崇拜,历史上,有关英雄神的祭祀活动相当频繁。

在汉族部分地区,关公被视为战神。在清代,关公祭祀被正式列为国家祀典。关公祭祀的等级,也由群祀,升格为中祀。关公神案所陈设的是白色礼神制帛,祭品所用也是羊一、牛一、豕一的太牢。仪式需行三跪九叩礼,乐六奏,舞八佾,如帝王庙仪,相当隆重。

在经历过漫长的军事民主制时代的一些民族中,英雄神具有更广泛的信仰空间。如藏族英雄史诗《格萨尔》中的格萨尔,就是这样一位战神。

按着藏区人民的习惯,每次出征,都要祭祀自己的战神。如果战胜了敌人,同样需要通过仪式感谢战神。这种还愿仪式有时在出征者家中举行,有时在神山上举行。在家中举行仪式时先焚香,然后歌颂战神。具体程序是:先由法师用糌粑做出一个个用于祭祀的俑像,供在战神面前。然后端起装满青稞酒的小碗，再往碗里撒些糌粑和一小片肉片，最后一边逐一呼唤战神的名字，一边把酒泼向天空。当然，由于法师的教派不同，仪式以及仪式中所供奉的战神也会有所区别。而藏族地区的战神神话、史诗，也正是通过这样一系列仪式传承下来。

（三）行业神及行业神祭祀仪式

我们所说的行业神是指各个行业所信奉的行业祖先神或行业保护神。行业的出现，是行业神产生的基础。没有行业，就不会有行业神，更谈不上行业神崇拜。随着社会分工的细化，特别是随着手工业的出现，在春秋战国时期就已经出现了行业神崇拜。如工匠祖师鲁班，造酒祖师杜康等能工巧匠，在民间逐渐走上神坛。唐宋之后，随着大城市的出现，民族工商业的发展，开始出现行会，并在此基础上出现行业神信仰。明清时期，中国的行业神崇拜已经达到登峰造极的程度。不但老行业神地位更加巩固，就连新兴行业也出现了自己的行业神。如蚕丝业原来只有一个蚕丝行业神。但随着机织、拽花、牵经、接头等分工种的出现，纺织业又分别出现了机织祖师、拽花祖师和牵经接头祖师。整个社会出现了“三百六十行，无祖不立”的壮观场面。只是随着近代大工业的出现，传统手工业受到冲击，附着于这些传统产业之上的行业神崇拜才随之衰退甚至消失。

行业神的本质特征是它的行业性。即它不是所有人的神祇，而是某一行业从业者的神祇。

在中国的行业神中，绝大多数行业神是以行业祖先神的形象出现的。他们不管是虚是实，都是某一行业的发明者、发现者，是某一行业的创始人。如纸圣蔡伦、木匠鲁班等。一些对某行业的形成或发展产生过重要影响的历史人物，如戏圣唐明皇、茶圣陆羽、医圣张仲景等，也常被纳入行业祖先神的行列。还有一类行业神只是与该行业发生过某种联系，出名后被奉为该行业的一代宗师。如萧何、曹参只因担当过书吏、狱吏，死后便被封为这些行业的祖先神。而像哪吒与老君，只因在小说中抽了龙筋、用过炼丹的八卦炉，便被尊奉成了丝带业和铸造业的祖师神。可见，中国的行业神信仰，具有太多的随意性。人们这样做的目的很简单：一是求神保佑，二是借神自重，即通过祖师爷来抬高自己的地位。历史上，在某些行业相对集中的地区，都会有相关的行业神祭祀仪式——行业神庙会。行业庙会多由行会组织，这些行业组织及其庙会在处理行业纠纷、维系行业秩序等方面一直发挥重要作用。目前，行业神信仰及其仪式在我国手工业相对集中地区尚有传承，作为遗产保护对象应予以密切关注。

（四）生育神及生育神祭祀仪式

生育神是主宰生育诸神的总称，它既包括早期人类制作的性器肖形物，也包括后来的人格神。因此，所谓的生育神崇拜应该是既包括对主宰人类生育诸神的崇拜，也包括对人类制作的人类性器肖形物的崇拜。生育神信仰起源很早，这很可能与当时人类人口存活率较低的社会现实有关。在远古时代，劳动力的多寡，是人类能否战胜自然的一个非常重要因素。对人类繁衍的关注，促使了生殖崇拜观念的诞生。从这个角度来说，生殖崇拜是许多原始崇拜的根基，许多原始崇拜都是在生殖崇拜的基础上发展起来的。

在湖南龙山、永顺、保靖、古丈及沅陵县等土家族地区，每年都要在神堂祭祖时举行“毛古斯”（意为祖先的故事）表演。据当地人介绍，该仪式如果该搞不搞，就会人丁不旺、五谷不丰，同时还会带来灾祸。“毛古斯”所表现的是远古社会土家先民采野果、埋足迹、围猎、甩火把、打粑粑等传统生活情景。仪式的表演者均为男性。演出时，他们全身上下都裹以稻草，并在下身处用稻草扎出一根 40 多厘米长的阳具。表演时，舞者双手或单手握持，演到高潮时，遂以这被当地人称为“粗鲁棍”的草扎阳具攻击围观女性。被追逐的妇女尽管吱呀乱窜，但无不满怀欣喜地接受祖神的恩赐。目前，这类祈子仪式在许多地区都有保留，值得认真挖掘。

（五）人生及人生仪礼

无论何人，一生中都要经历若干个具有标志性意义的特殊时段，并在这些特殊时段里，由家人举行相应仪式，以公告当事人社会身份的变化。人们常把在这些不同年龄段举行的特殊仪式统称为“个人生活仪礼”或“人生仪礼”。这些仪礼包括出生礼、成年礼、婚礼、寿礼及丧礼。不同的人生仪礼，其标志意义也截然不同。

1. 诞生礼

诞生礼是人生第一大礼，也是一个人一生中家族为他举行的第一个仪式。它的意义在于向社会郑重宣布一个家族新成员的诞生。由于产育过程中存在的某些私密性及婴儿出生时的诸多禁忌，诞生礼往往只能在较小范围内举行。

最常见的贺诞仪式包括“三朝”“满月”“百日”“周岁”等,时间延续整整一年。

2. 成年礼

一个人在经历了漫长的社会化过程后,逐渐走向成熟。开始脱离亲人的养育与监护,承担起所在集团与社会赋予他的权利和义务。在这个时候人们要为他举行一系列仪式,以公告他步入社会的开始。这个仪式便是成年礼。

成年礼是人生仪礼中最为重要的仪礼之一。它的核心是通过严格的考验仪式,以验证该成员能否经受住现实生活的种种考验,是否具有一个成年人所应具有的养家糊口保卫氏族的能力——这是一个少年步入成年社会的必备条件。成年礼的肉体痛苦以及与之相伴的情绪反应,强化了当事人、司仪以及周围助阵者间的连带感。同时,肉体的考验也使受考验者自觉地意识到自己社会地位的变化,认识到通过严酷考验后到手的社会地位的来之不易。

原始成年礼包括以下三方面内容:首先是进行能力,尤其是体力方面的考验。其次是教育,由族中的长老讲授氏族的历史和作为成年人应具有的责任义务和道德品质。第三是在身体或装饰上制作出某种标记以示成年。当事人经文身、拔牙、染齿,改佩饰、变发型、换服饰之后,便有了交往异性,谈婚论嫁的资格。成年仪式通常都很庄重,许多部落的秘密也只有在这个时候才能透露给刚刚成年的孩子,因此,仪式内涵相当丰富。

目前,潮汕地区保留的“出花园”仪式便是流行于广东地区的一种特有的成人礼仪式。在潮汕,年满 15 岁的孩子都要在父母的陪伴下举行“出花园”仪式。出花园时,要用 12 种鲜花泡出的水给“出花园”的孩子们香汤沐浴。潮汕人认为,孩子们在 15 岁之前,都是在一对被称为“公婆母”的神灵的护佑下在“花园”里度过的。孩子长大成人,就应在父母的陪伴下走出“花园”,承担起成人应该承担的责任和义务。“出花园”这天,小孩子要穿上舅舅送来的红色的新衣、木屐,父母还会让小孩子把一枝带有吉祥意义的石榴花别在耳朵上。

潮汕地区的“出花园”仪式通常会选在农历的三月、五月或七月举行。

3. 婚礼

婚姻标志着一个人已经步入了建立家庭、发展家族的重要阶段,因此,婚姻在种的延续上具有决定性意义,从这个角度来说,婚礼也可称为人生中的第一大礼。

将婚礼列入非物质文化遗产代表作名录并加以保护,不仅因为从远古发展而来的婚姻制度以及婚礼仪式蕴含有丰富的人文精神,对解读人类文明发展史具有重要意义,同时还因为作为人生规模最大的仪式,蕴含有丰富的饮食文化、服饰文化、表演艺术、传统工艺技术诸方面内容,在延续、传承中国传统文明方面做出了重要贡献。以饮食为例。传统婚宴与常态饮食有所不同,婚宴上的菜肴除了讲究色香味美外,还十分强调喜庆吉祥,仪式所选菜肴多具有象征意义。这些菜肴是常态饮食中很少采用的。作为一种特殊的文化载体,婚礼仪式应该得到应有的保护。强化和保护婚礼仪式,客观上也能起到增强婚姻主体的家族意识、成年意识以及责任意识的作用,这对于稳定社会秩序、创建和谐社会、净化社会伦理、增强年轻人的责任感,都是十分重要的。目前,蒙古族、土族、撒拉族等民族都还保留有古老的、内涵丰富、形式多样、正能量满满的少数民族传统婚礼。

4. 寿礼

按着中国人的习惯,人在 60 岁之前是很少过寿礼的,只有到了“花甲”(虚岁 60)之年,长大成人的儿女们才会为父母做寿,以感谢父母的养育之恩,表达子女们对父母的敬爱之意。

祝寿仪式以寿筵为主。寿堂正中挂金色“寿”字,两边挂寿幛,座椅披红帷。寿礼桌上还要摆满糖果、糕点、鱼肉以及酒菜。寿筵前,过寿老人落上座,他的左右是与他同龄的老者。寿礼开始后,先由司仪介绍做寿老人的生平业绩,之后,按亲疏、长幼、男女等次序,一一磕头。也有的地方要求拜寿者必须成双成对,且要求四跪八拜,祝福老人健康长寿。按传统,做寿所用食品非常讲究。做寿食品中,象征长寿的寿桃、寿面是必不可少的。有时面中还要加放鸡蛋,象征新生命的开始。寿筵开始后,寿星本人一般不在正堂落座,而是找几个年岁相仿的老者作陪,在里间开席。有钱人家,还要在晚上办堂会,邀请戏班前来祝寿。目前,吉林省延边朝鲜族地区还保留有完整的举办“花甲宴”习俗,值得关注。

5. 丧礼

人皆有一死。死既是一个人人生的终点,也是家族为死者操办丧葬仪式的起点。中国的传统丧葬活动与其说是围绕着死者的“死”拉开序幕，倒不如说是围绕着亡者死后的“生”展开的。在传统看来，死亡只属于肉体，灵魂却能永生。所不同的，只是它伴随着人的死亡而转入另外一个世界。于是，围绕着死者灵魂在另外一个世界的衣食住行，人们展开了千姿百态的丧葬活动。丧礼的程式非常复杂，从初死、报庙、奔丧到大殓直至出殡。为使死者死后能够过上舒适、快乐的生活，更为后人能因此得到他的庇护，丧家都会竭心尽力操办好最后的丧事。作为非物质文化遗产的丧礼，应该是充满文化内涵，具有重要历史认识价值、文化价值、艺术价值和社会价值的人生礼仪。如彝族丧礼上毕摩所唱《指路经》记录的彝族迁徙史，可以帮助我们弄清这个民族的历史渊源、来龙去脉；陕西丧礼所用纸扎为我们保留下的剪纸图案，可以帮助我们了解历史上关中先民的独特审美；河北丧礼上的笙管演奏，可以帮助我们了解古代中原地区所特有的音乐风格；河南地区丧礼上的水席，则可帮助我们了解中原地区最古老的饮食习俗。作为非物质文化遗产的重要组成，人生仪礼除可帮助我们了解古代文明外，还可帮助我们在处理人际关系、构建和谐社会的过程中发挥重要作用。

（六）鬼神信仰及驱鬼仪式

从历史上传承下来的传统仪式中，具有驱鬼功能的仪式占有重要一席。这是一种对鬼施以驱赶行为的巫术性仪式，在生产、建房、治病、丧葬、节日等场合中经常使用。如每年正月十六日夜，在江西省南丰县石邮村举行的跳傩仪式，便属这一类型。据当地人说，跳傩是为了避疫驱瘟。他们相信，只要跳傩，有傩神保佑，就可保证全家人在新的一年里无病无灾、五谷丰登、一家平安；如果不跳，灾祸疾病就会找上门来，让全家人一年不得安生。传统的跳傩仪式在村里的傩神庙举行。届时，庙内烛火通明，金鼓震天。鞭炮声中，先是钟馗大神奔入庙中，然后站在西侧面门而立，双手作香火诀，并随锣鼓挥动不停。随后，开山神持铁链冲入，立东侧并将铁链一端甩向对面的钟馗，并作上下翻飞状。最后，小神（钟馗助手，又名搜神）闯入傩庙，跨过铁链，连跳三个虎步，然后合掌站定。此时，钟馗与开山神手拿铁链，在空中作捆绑状，以示将鬼疫擒获。众人见状，一边挥臂呐喊，一边风也似的涌出庙门。人们高擎火把，敲锣打鼓，排成长队，在惊天动地的火铳、鞭炮声中，到各家搜傩。

按规矩，队伍所到之处，家家户户都要在厅堂供好“三牲傩饭”，虔诚恭迎。来到某家后，队伍在进门前要先唱和“赞诗”，然后搜傩。搜傩时钟馗在前，两小鬼在后，手舞铁链冲入厅堂，一边呼嚎跳跃，一边四下搜索。除厅堂外，所有房间，甚至连厨房、厕所都不放过。人们一边用铁链敲击房内的各个角落，一边发出“傩”“傩”“傩”的喊声，表示已经将躲藏在角落中的疫鬼赶出。此外，钟馗、开山、傩公、傩婆、财神、判官、小鬼等也会轮番登场，作斯杀、迎财、对饮、爱抚、交媾、生育状，以示驱鬼仪式结束后，房主人将会过上美满幸福的生活。仪式结束后，主人会立刻关闭大门，以防刚刚赶出的瘟神疫鬼重新窜回。所有人家的搜傩仪式都结束后，众人便会举着火把齐聚村外河滩，并将面具整整齐齐地摆放在河滩地上，面对神圣面具举行参圣像仪式，然后将火把丢到河滩，仪式正式结束。据说，这就是古傩中“索室驱疫”和汉代宫廷中“持炬火送疫”“传火弃洛水中”仪式的残留，极具学术价值。[1] 目前已成为国家级非物质文化遗产。

传统仪式类文化遗产是个极具开放性的系统，除上述信仰及仪式外，还有针对风雨雷电、动物植物以及井神、房基神、门神、灶神、谷神等举行的各种仪式，值得认真关注。

二、为解决人与自然的关系而产生的仪式

人类的信仰是从自然崇拜开始的。原始社会的人们没有现代人那么强烈的优越感，他们甚至无法将自己与自然万物区分开来，认为自然与人类一样具有灵性，故而对自然要有敬畏之心。要想生活下去，一方面人类不得不想方设法地去征服自然，向自然索取；另一方面，当人类无法战胜自然时，又不得不取媚自然，于是，与自然有关的各种仪式就这样产生了。

（一）天神及天神祭祀仪式

在许多民族中，天神都是至高无上的大神。但他究竟是个什么样子，没有人能表述清楚，但这并不会影响人们祭天的热情。

在中国历史上，历代帝王都祭天，天坛便是明清两代祭天的所在。按规定，皇帝每年都要在天坛举行两次规模宏大的祭天仪式。一次是孟春正月上旬，另一次是在每年的冬至日。作为至上神，除祈求风调雨顺、五谷丰登需要

1 李自浩：《南丰跳傩：中国古代舞蹈的活化石》，《中国民族报》2020 年 12 月 1 日第 8 版。张嫣然：《石邮村“跳傩”的表演特征》，北京舞蹈学院硕士论文，2014 年。

在这里祈祷外，遇有皇帝即位、册封皇后、太子等皇家大事，以及外敌入侵、罪臣反叛等国家重大事件，皇帝也要亲自到坛，即或不能亲自前往，也要派遣亲王恭代赴坛举行相关的告祭仪式。

这种规模宏大的皇家祭奠已断香火近百年，但在少数民族中，风格迥异的传统祭天仪式在蒙古族、独龙族、纳西族等少数民族中还有保留。

（二）日月神及日月神祭祀仪式

太阳和月亮不但为人类带来光明和温暖，同时也为人们指方向、辨季节、订历法带来诸多便利。

在古代，与太阳崇拜有关的祭日仪式非常常见，广西花山岩画所画祭日场景，就是远古社会太阳崇拜在绘画艺术上的残留。目前，古老的祭日仪式在云南西畴县上果村仍有完整保留。上果村，壮语称“版唐莫”，意思是“请回太阳的地方”。每年农历二月初一，当地人都会早早蒸好金黄色的糯米饭，这是专门给太阳女神准备的供品。中午前后，村里成年女性会成群结队来到村前小河，相传这是太阳女神沐浴过的地方。沐浴结束，妇女们穿上漂亮的节日盛装来到祭祀场所做祭祀准备。太阳升至头顶时，仪式开始，妇女们列队唱诵祭祀太阳的古歌。仪式结束后，她们再次来到河滩共进晚餐，载歌载舞直至深夜。这个古老的祭日仪式，透露出早期人类对于给我们带来温暖的太阳的态度，是我们研究人类早期风俗的鲜活史料。

与太阳一样，月亮也有着迷人的魅力。在汉族地区，拜月多属女人们的事，通常男人并不参加的。女性拜月的时间是每年农历的八月十五日的晚上。这天月亮初上时，女人们便会收拾好院落，燃香摆供，祭祀月神。月亮神的神码也叫“月亮码”，其实就是一幅画有一轮圆月的挂轴，为表明这是一轮圆月，月中常常还要画上一只捣药的玉兔。在北京，拜月时还要请出一尊兔儿爷，作为月神的象征。目前，祭月习俗在湖北省咸安区大屋雷村尚有完整保留。

大屋雷村的雷姓，是北宋年间从外地迁徙至此的，迄今已有900多年历史。据本村回忆说，大屋雷村首次中秋祭月始于道光三年（1823年）。当年春闱高中进士的雷以诚[1]中秋省亲，在大屋雷举行了首次祭祖祭月活动。由于

1　雷以诚（1795—1884年），湖北咸宁桂花镇石城村（大屋雷）人，清代著名经济学家，重臣。历任刑部侍郎、太常寺侍读学士。曾参与撰写《咸宁县志》。

雷氏家族有易学传家的传统，因此形成了国内独一无二的中秋祭月习俗。仪式从三名主祭身着素服到吴主庙请出日月神位开始。紧接着雷姓男丁 64 人执祭月仪仗巡至祖堂前并在堂前摆祭祖台。祭月坛设在堂前的圆形池塘边。仪仗队以祭祖台与祭月台为中轴，执仪仗呈八字形围圆形池塘肃立。在肃穆的气氛中，主祭带队祭祖、请神、娱神、送神，仪式宣告完毕。大屋雷祭月仪式与历史上其他地区的祭月仪式不同之处有三，一是这里中秋祭月与祭祖相结合，体现了大屋雷村民满满的家族意识。二是祭月与祭日同时进行，体现了阴阳和谐观念。三是这里的祭月不同于其他地区“男不拜月，女不祭灶”的传统，祭月者均为男性。

（三）星辰及星辰祭祀仪式

古人对星辰的关注程度远胜现代人。顾炎武曾说：“三代以上，人人皆知天文。‘七月流火’，农夫之辞也。‘三星在户’，妇人之语也。‘月离于毕’，戍卒之作也。‘龙尾伏辰’，儿童之谣也。后世文人学士，有问之而茫然不知者矣。”[1]

中国民间最崇拜的星辰有北斗、南斗、文昌、牛郎、织女等。但与北斗、文昌相比，民间似乎更看重充满人情味的星辰、牛郎、织女星，如甘肃省西和县每年七夕前后的乞巧活动便是最典型的一例。西和“乞巧节”又称“巧娘娘节”，是指农历六月三十日至七月初七这段时间单独给未婚女孩儿们安排的一个祈巧性节日。活动包括坐巧、迎巧、祭巧、拜巧、跳麻姐姐、卜巧、送巧等诸多环节，每个环节既有仪式，也有歌舞，2 000 多年来相沿成俗，并形成一套完整而固定的仪式活动。对巧娘娘的喜爱，反映出当地姑娘们对于中华“女红”传统的尊重。乞巧仪式不但为当地保留下大量的乞巧唱词、曲谱、舞蹈，同时还为当地保留下了大量的服饰、道具、供果、巧娘娘像、头饰、云肩、拂尘具制作技艺，涉及剪纸、刺绣、泥塑、面塑、手工、纸扎、音乐、舞蹈等多方面内容。是我们研究当地人生产生活、民风民俗、审美取向的重要窗口。

（四）山水神及山水神祭祀仪式

在先秦典籍中，多有帝王祭祀山川的记载。虞舜曾五年一巡狩，“望于山川，遍于群神”的记载，就是古代帝王祭祀山川的最好明证。[2] 秦以后，天子封禅泰山，祭祀也逐渐形成定制。因五岳、四渎、四海神都是最具代表性的自然

1 【清】顾炎武撰，【清】黄汝成集释：《日知录集释》卷三十，清道光西谷草庐刻本。

2 【清】孙星衍：《尚书今古文注疏》卷一，中华书局 2004 年版，第 41 页。

神，每年都可享受到帝王的香火。

五镇是五岳以外的五座大山，它们分别是东镇沂山，西镇岳山，中镇霍山，南镇会稽山和北镇医巫闾山。

人们对山神的崇拜很可能来源于这样两种认识：首先，高山峻岭一直被古人视为通天之路，群神上下都是通过高山这座“天梯”实现的。如汉族神话中的昆仑山、永宁纳西族的神话中狮子山、藏族神话中的冈底斯山，都被当地人视为登天的神梯。同时，高山也被视为神灵的居所。中国古代神话中的黄帝、希腊神话中的宙斯，都与神山有着不解之缘。人们对山的崇拜不是看中它的外形，而是看中这外形背后的灵魂，这便是山神。在鄂伦春、鄂温克、达斡尔等山林民族中，都有关于山神的信仰，人们相信山上的一切猎物都归山神所有，打猎之前都有祭祀山神的仪式。而仪式所用基本上都是带毛的血牲，反映了山神信仰的古老。

与汉族地区已经帝王化、呆板化了的山神不同，少数民族地区的山神信仰表现得依然鲜活。如有些民族的山神是自然的山，有的是石头，有的是树木，有的是竹筒，有的是龙、虎，有的是半人半兽，有的是人偶。从功能上看，这些民族地区山神的职责也会呈现出较大的不同。如有的山神只管山林，有的山神只管山兽，而有的山神还管雨水、阴晴、管亡人的灵魂，有的甚至还掌管农业的丰歉及人口的繁衍。山神信仰的多样性，直接导致了山神祭祀仪式的多元化。这些仪式尽管从表面来看具有一定程度的俗信成分，但它在整合人与自然之关系方面确实发挥了重要作用。

中国人对于水神的祭祀古已有之，如关于四渎、四海的祭祀一直作为皇家祭奠传承至清末，但能以活态形式传承至今者并不多见。其中最著名的，便是宋代产生的如今已进入国家级非物质文化遗产名录的妈祖祭祀大典。

据传，妈祖姓林，名默，是五代后周都巡检林愿的小女儿，生于北宋太祖建隆元年（公元 960 年）。她自幼聪敏，懂医术，水性好，在惊涛骇浪中救起过许多渔民，死后亦屡屡在波涛汹涌的大海上显灵，拯救过无数生灵。从北宋始，历代朝廷都有褒封，封号也从“夫人”封至“天妃”“天后”，并列入国家祀典。东南沿海的渔民出海前也都会去妈祖庙祭拜妈祖，反映出沿海渔民对海神妈祖的高度信任。

第二节 传统仪式类遗产的保护意义

判断一个传统仪式是否值得保护，一要看该仪式是否承载有丰富的历史信息，是否具有重要的历史认识价值以及由此衍生出的其他价值，二要看该仪式是否具有不可多得的现实意义。强调传统仪式的现实意义，是由它所具有的独特的社会功能决定的。这也是我们保护传统仪式类遗产意义之所在。

一、是构建和谐社会的重要手段

在非物质文化遗产社会分工中，传统仪式类遗产的主要功能是它的社会教化功能，即通过年复一年的仪式，在悼念先人、悼念英雄、悼念文化名人的基础上，为全体国民如何做人树立学习的楷模。通过人生重要时段，增强仪式参与者的责任意识和担当意识，并在此基础上，增强参与者的群体仪式。

为增进当地社会的文化认同，仪式所祀人物通过都会与当地社会具有密切关系。如南宋民族英雄岳飞庙会选在汤阴，显然与汤阴是岳飞故里有关；西塘七老爷庙会选在西塘，显然与七老爷抗旨救民最后死在西塘有关。庙会选址反映出中国人深藏内心的感恩意识。

中国传统庙会所祀神灵主要可分为以下几种类型：一是祖先神，如黄帝、炎帝以及民间社会的家族祖先。这类仪式强调的是在感念祖先的基础上，更好地增进族群的团结。二是英雄神，特别是保家卫国、救民水火的民族英雄，如民族文天祥、戚继光等等。在民间社会中，为守护一方平安的地方性英雄特别多。如甘肃庄浪正月十二庙会所祀刘将军，就是为保护当地一城平安，最后战死沙场的。三是文化创造者，如蔡伦、黄道婆。这类神灵多数情况下是以某行业的行业神形象出现的。举行庙会一方面是感念中华文明创造者，同时依神自重，提高从业者的社会地位，增强从业者的凝聚力与向心力。四是济世良医，在文化创造者中，以医者居多，如中国历史上著名的医圣孙思邈、华佗、李时珍等都有自己的庙宇与庙会，反映出民间社会对健康的渴望。五是忠良贤达的地方官员。历史上中国有主政一方并立下丰功伟绩地方官员死后被封城隍的传统。如战国时期的春申君因抗秦有功死后被追封为苏州城隍，缙云首任知县李阳冰因开化民智、改善民生死后被追封为四川缙云城隍；清官海瑞因刚直不阿秉公办事死后被追封为安徽青阳城隍。六是佛道神灵。在中国历史上，佛道两教对中国社会产生过重要影响。这些神灵除具有对众生的终极关怀外，同时还具有教人行善的教化作用。

总之，传统仪式在和谐人际关系，增进族群团结，构建和谐社会，激发爱国情怀，弘扬社会正气，净化人类心灵等方面所发挥的作用不容低估。

二、是构建环境友好型社会的重要手段

除调整人际关系外，传统仪式类遗产在协调人与自然之关系的过程中，也同样发挥着重要作用。人是生活在自然环境中的，为了更好地生活，就必须保护好与自己息息相关的周边环境。尤其在农耕文明、工业文明到来之前，当人们还需要通过采集、狩猎、游牧等方式向自然直接索取之时，能否处理好人与自然的关系，便显得十分重要。当下，与自然崇拜的有关的仪式主要集中在地处偏远的少数民族地区。如摩梭人的转山节、藏族人的转山仪式、哈尼人的祭祀神山仪式、纳西人的祭祀署神仪式，都不同程度地强化了人与自然的关系，很好地保护了人类赖以生存的自然环境。

纳西族东巴教中的自然神是署神，祭祀署神是东巴教祭祀仪式中最重要的一种。东巴经认为，如果人类在生产生活中不小心破坏了自然，或有意识地破坏了自然，就会受到自然神的惩罚。所以人类要通过祭祀补偿对大自然的索取，并请求自然神的宽容。正是对自然的敬畏之心和还债理念，为纳西族保下了一片片绿水青山。

在云南红河州，以种植水稻为生的哈尼人，为确保农业用水，十分重视山上水源地“神山”的保护。不仅大型牲畜不能随意进入，就连人也不许随意进入。每年年初，当地人还会以村寨为单位，在神山举行神秘的祭山神仪式。用“神”这个不怒自威的神秘力量，来确保水源地的安全。传统社会就是这样，当人管不了人的时候，人们就会创造出一位“神”，让“神”来管理这个世界，而神山之“神”所发挥的，正是这样一种作用。

上述传统仪式对自然环境的保护是直观的，而在现实生活中有些仪式对自然环境的保护并不是那么的直接。如藏族、摩梭人的转山并非以保护自

然环境或是保护神山阿尼玛卿或狮子山为终极目标,只是出于对这些神山背后神灵的敬畏,不敢对自然环境做出造次举动,在客观上保护了当地的自然环境。

三、是传承传统文学艺术的重要手段

从形式上看,传统仪式类遗产是否承载有丰富的传统文化表现形式(如歌舞、戏曲、曲艺、史诗、古歌),是否传承有大量的与仪式有关的传说故事,也是我们判断一个传统仪式是否具有保护价值的重要尺度。

众所周知,出于娱神敬神的需要,许多传统仪式都承载有丰富的文艺演出活动。出于对神灵的敬畏,从古至今,这一传统很少改变。于是,这些表演艺术形式也就成为了我们研究远古表演艺术形式的一个重要途径。除表演艺术外,许多传统仪式还伴有雅乐以及内容丰富的史诗、古歌等演唱活动。包括雅乐在内的韵文是人类与鬼神沟通的常见方式。除雅乐外,仪式上还要宣读散文体的祭文。在少数民族地区,相当于汉族雅乐者,是祭祀仪式上由主祭者演唱的原始性史诗。这些史诗从开天辟地讲起,往往会涉及这些民族的起源、迁徙、战争以及生产、生活等方面内容,是研究少数民族,特别是那些无文字民族历史与文化的重要资料。以往,人们常常将史诗、古歌孤立起来,甚至将它们视为与《诗经》一样的书面体文学。其实,在民间社会中,作为书面体文学的史诗事实上是不存在的。它们更多的是作为某种宗教仪式一部分,或是作为歌颂某位神灵祭词的一部分,出现在祭祀仪式中。保护了传统仪式,自然也就保护了我们所要保护的活态文学。

此外,传统仪式在传承一个民族传统手工技艺方面,同样发挥着重要作用。无论是哪个民族,为仪式所做各种准备都必须恪守传统,这就为许多古老工艺的传承预留下了相当大的空间,也为我们通过仪式了解远古信息提供了可能。如从有关文献中我们可以知道,古代的许多饮食传统在漫长的历史发展过程中,正在渐渐消失,即或有所保留,也被改造得面目全非。但这些传统饮食文化一旦依附在了传统仪式上,便会被原汁原味地保存下来。如祭祀关公的祭品中出现的“凡笾、豆之实各十,笾用形盐、薨鱼、枣、栗、榛、菱、芡、鹿脯、白饼、黑饼、糗饵、粉餈;豆用韭菹、醓醢、菁菹、鹿醢、芹菹、兔醢、笋菹、鱼醢、脾析、豚拍、酏食、糁食”,就保存了诸多中华远古饮食文化信息。反之,如果我们取消了这些历史悠久的传统祭仪，与传统仪式息息相关的神祠建筑技艺、祭品制作技艺、服装剪裁技艺、乐舞表演艺术等，都会随之彻底消失。所以我们说，保护传统仪式，同时也是保护传统工艺技术的重要手段，应该成为衡量一个传统仪式是否具有保护价值的重要尺度。

第三节 传统仪式类遗产的保护要点

传统仪式类遗产内涵丰富，形式多样，而且相互之间具有广泛的逻辑联系，但在保护过程中，我们还是要有意识地将这些仪式要素分解开来，并实施有针对性的保护。在我们看来，传统仪式类遗产的保护重点至少应包括以下五方面内容。

一、重点保护传统仪式类遗产的食品制作技术

传统仪式是中国传统饮食文化，特别是远古饮食文化的重要载体，是研究古代饮食文化，特别是研究远古饮食文化不可多得的“活化石”。如哈尼族人在祭祀时使用的茹毛饮血的祭品，水族人祭祖祭品中必用的韭菜鱼，汉族人祭祖时常用的三牲等，都很好地保留了这些民族远古的饮食文化传统，对于我们研究这些民族传统饮食文化，特别是这些民族远古饮食文化，具有不可多得的历史认识价值。在保护这类遗产时，仅仅知道祭品本身是远远不够的，还应在此基础上，深入调查这些民族在制作上述祭品时，在制作原料、制作时间、制作地点、制作人员、制作流程等方面所恪守的古老规矩。

二、重点保护传统仪式类遗产的盛装制作技艺

无论哪个民族，在服装上都会有盛装与常服之分。作为在传统节日或传统仪式上使用的盛装，无疑承载着更多的历史信息、文化信息和艺术信息，是我们研究一个民族历史、信仰、文化与审美的重要切入点。

三、重点保护传统仪式类遗产的装饰装潢艺术

传统仪式还有一个重要贡献，这便是对于传统装饰装潢艺术及其工艺的

有效传承。在常人眼中，举行仪式的地方通常都会被视为“圣域”，并在举行仪式之前将这里装饰起来。由于民族的不同、仪式的不同，圣域环境的装饰也会有所不同。如在信仰喇嘛教的藏区，人们会在仪式举行之前，将仪式举办地的白塔涂刷一新。在信仰小乘佛教的傣族地区，人们会在举行泼水节前夕，将泼水节举办地用鲜花装扮一新。在信仰大乘佛教地区，人们会在举行仪式之前，用灯笼等饰物将寺庙装饰一新。这些装饰在道具、图案、色彩、数量等方面到底有什么讲究，为什么需要这么多讲究，这一切的一切都需要认真调查研究。

四、重点保护与传统仪式类遗产密切相关的文学艺术

在传统仪式保存较好地区，特别是传统仪式保存较好的少数民族地区，祭坛即是“文坛”。在文学方面，反映少数民族历史与祖先丰功伟绩的古歌、史诗等，绝大多数都是通过仪式传承的。在这里，古歌、史诗已经不再是我们通常所说的书面文学，而是作为传统仪式的重要组成部分，纪念祖先、告慰先贤、祈祷丰收、辟邪禳灾活动的仪式歌。同理，这里所说的舞蹈，也不再是纯粹的舞台上的舞蹈，而是纪念祖先、告慰先贤、祈祷丰收、辟邪禳灾仪式上的仪式舞，是人们回顾历史、感念先人等仪式活动的重要组成部分。譬如土家族的“摆手舞”，表现的就是土家先人跋山涉水迁徙至此后，带领族人打猎、开荒、播种、收割、繁育后代的整个过程。与其说是一部舞蹈，不如说它更像是土家族人民的一部迁徙史、开拓史和发展史。在传统仪式中，戏剧同样不可或缺。在普通民众看来，娱神的最好方式也一定是给神灵们唱大戏。所以，这里所说的大戏与其说是给人看的，不如说是给神灵看的更为合适。

五、重点保护传统仪式类遗产所弘扬的民族精神与传统美德

在汉族地区，我们所说的“仪式”更多是以庙会的形式呈现的。所谓“庙会”，是指在规定的日子，在寺庙或祭祀场所举行的某种祭祀活动。由于所祭神灵不同，仪式也会有所不同。但无论是祭悼先人、祭祀神灵，还是纪念英雄、悼念恩人，绝大多数庙会都充满正能量。我们的任务就是通过深入实地调查，将传统庙会所蕴含的民族精神发掘出来，将仪式所蕴含的传统美德钩沉出来，让传统庙会仪式在社会主义精神文明建设过程中，发挥出越来越大的作用。

第四节 传统仪式类遗产的申报原则

一、原汁原味传承至今者优先

非物质文化遗产的最大价值是它的历史认识价值，传统仪式类遗产尤为如此。其他类型的非物质文化遗产，往往会因为人们审美及口味的改变而随之发生变化，要想原汁原味难度不可谓不大。除非有强大的外力介入，通常传统仪式类遗产是很少发生变化的；即或在表面上会有些许变化，但就其本质而言却很少发生改变。这是因为传统仪式是为信仰服务的，而信仰的超稳定性就决定了这类遗产同样具有超强的稳定性。譬如，在参祭者看来，如果祭品的口味发生变化，就很难被受祭者接受，仪式的庄严性就会受到质疑。如果加以人为改变，作为非物质文化遗产的祭祀仪式，就会因人为干预而变得毫无价值。所以在申报过程中，我们一定要选择那些原汁原味传承至今的项目，以确保申报项目的真实。

二、内涵丰富形式多样者优先

传统仪式是古代甚至是远古文明的重要载体，也是我们了解祖先文明、认识自身历史的重要窗口。在遴选项目时，看这些仪式到底承载多少内容——是否已经涉及这个民族的历史、生产生活方式、道德伦理、文学艺术？是否已经涉及这个民族宗教法律、独特的价值观与思考方式？是否已经涉及这个民族独具特色的风土民情以及这个民族的天文、地理以及医学知识？

与此同时，还要重点考察这些仪式到底使用或是传承了多少种民族文化表达形式，是歌舞？是史诗？是戏剧？还是各种各样的巫术活动？当然内容越丰富，表现形式越多，仪式也就越具有保护价值。

三、历史悠久且类型独特者优先

作为传统文化的重要载体，判断一个传统仪式重要与否的另一重要标志，是它产生时代的远近。随着岁月的流逝，那些历史悠久的传统仪式更容易因消失而变得珍贵，也就更具保护价值。那么，作为一个已经被平面化了的历史遗存，如何判断其年代的远近呢？一般而言，任何一种传统仪式都有它所处时代的“印痕”。如该仪式所用祭品都是连皮带肉的生食，就说明该仪式很可能产生于茹毛饮血的原始社会；如果仪式祭台上还在使用豆这种高圈足的食器，则说明该仪式很可能产生在唐代之前的年代。除此之外，我们在遴选传统仪式类遗产时，还要考虑到遗产类型的独特性。作为规律，越是独具特色者就越容易进入非物质文化遗产代表作名录。

四、具有重要现实意义者优先

非物质文化遗产的最大价值是它的历史认识价值，这一点无人否认。但与其他遗产类型相比，传统仪式类遗产是否具有重要的社会教化价值，也应该成为我们衡量一个传统仪式是否有资格成为非物质文化遗产的重要标准。所谓社会教化价值，是指非物质文化遗产在推动社会发展、调节人际关系、构建和谐社会、改善社会风气过程中所呈现出的独特价值。从已经进入非物质文化遗产代表作名录的传统仪式类项目不难看出，这些非遗项目绝大多数都具有明显的社会教化价值。人们申报这类仪式的目的，就是想通过遗产项目的申报，使传统仪式在推动社会发展、调节人际关系、构建和谐社会、改善社会风气方面发挥更大作用。

第五节 传统仪式类遗产保护容易出现的问题

一、对传统仪式类遗产价值认识不足

作为非物质文化遗产的重要组成部分，传统仪式在传承一个民族物质文明与精神文明的过程中一直发挥重要作用。但与此同时我们也应意识到，由于传统仪式所具有的信仰属性，很容易让它与“迷信”发生关联。在这个问题上，我们不能回避，也不应回避。那么，对于这样一份遗产，我们究竟是应该全面继承还是应果断摒弃，学界对此并非没有争议。

凡事都有利弊，关键要看是“利”大于“弊”，还是“弊”大于“利”。凡是

“弊”大于“利”者，我们都应该果断摒弃，或是对其实施改造后加以利用；凡是“利”大于“弊”者，我们就应该好好继承并发扬光大。从目前我们所掌握的情况看，我国民间社会保留下的绝大多数传统仪式都是充满正能量的。譬如我们今天看到的各种人生礼仪、各种祭祀祖先神、图腾神、行业神、自然神的仪式，在构建社会、家族以及人与自然之和谐关系方面，一直发挥着重要作用，而这正是我们创建社会主义核心价值观的必备元素。我们不能也不应该因为这些仪式带有某些往昔痕迹，就断然否定它所具有的社会价值。

此外，在仪式类遗产保护上，我们还应将“迷信”与“俗信”严格区分开来。我们对“迷信”的界定是：凡以坑蒙拐骗、谋财害命、扰乱社会秩序为目的，阻碍社会发展、影响文明进步的信仰行为均属迷信；而日常生活中的传统信仰，只要不以坑蒙拐骗、谋财害命，扰乱社会秩序，或不以阻碍社会发展、文明进步为目的者，均应视为“俗信”。对于俗信，我们不但允许它们的存在，还应充分利用好民间社会固有的传承力，并将其发扬光大。因为这些俗信在推动社会发展、和谐人际关系、构建环境友好型社会的过程中一直在发挥重要作用。与此同时，我们也应该知道，今天我们所看到的传统仪式，都是从远古流传下来的。在它们身上，不可能不多多少少地残留有某些往昔的印痕。对此，我们应抱有一种更为宽容的态度。

二、传统仪式类遗产传承主体认定容易出现问题

在民间社会中，传统仪式类遗产的真正传承人往往都是当地著名的宗教人士。一个家族、一个氏族，或是一个村落最重要的传统文化，多半是通过他们来传承的。与民间文学、表演艺术、传统工艺技术、传统工艺美术等领域传承人的单一传承不同，这类传承人的最大特点，是他们所持技能的多样性以及由此而来的他们身份的多重性——他们既是一个氏族或是一个村落天文地理和农耕、渔猎、游牧知识的传承者，也是一个氏族或是一个村落天文地理、医药知识、治疗术、风水术的传承者；他们既是一个氏族或是一个村落语言文字、历史知识的传承者，也是一个氏族或是一个村落传统表演艺术、口传文学的传承者。而他们所主持的各种仪式，也正是他们展演上述知识的最常见的平台。

那么，对于这样一个特殊群体，对于他们所主持的传统仪式，我们究竟应

秉持怎样一种态度?首先,我们必须申明,中国非物质文化遗产保护工程所保护的,是那些在帮助我们认识本民族历史、文化以及审美传统上具有重要价值的传统仪式和这些传统仪式的主持者、传承者,而不是那些内涵浅薄、形式单一的普通仪式及其传承者,更不是那些坑蒙拐骗、谋财害命,甚至危害社会秩序的迷信活动和从事那些迷信活动的不法分子。

传统仪式类遗产的综合性、大型化,也给保护与申报带来许多问题。问题之一,就是传承主体的认定,即如何认定传统仪式类遗产的传承人。

在民间文学、表演艺术领域,传承主体的认定相对容易。即谁的史诗唱得好,谁就是史诗演唱艺术传承人;哪个戏班子的戏唱得好,哪个戏班子就是某类戏曲表演艺术的传承人。但与上述规模较小的非物质文化遗产项目不同,传统仪式的规模显然要大得多。它少则数百人,多则几十万人。一个庙会除核心仪式外,还有为数众多的香会。而每个香会又由众多的老把式、老会首组成。对于规模如此庞大,参与者如此众多,表演内容如此丰富的非物质文化遗产项目,我们又将如何认定它的传承人呢?这类仪式类遗产项目的传承人到底应该是当地政府或当地社火组织,还是传统仪式的主持祭司?

从民间传统看,传统仪式的主持人通常都是由巫师、萨满、毕摩来担当的。但有人担心让他们来担任非物质文化遗产传承人,会不会将非物质文化遗产保护工作引向歧途?我们的回答是:这些仪式从远古流传到今天,不但没有给当地社会带来过负面影响,反而在和谐人际关系、和谐人类与自然之关系等方面,发挥了重要作用。我们没有任何理由对这一传统给予否定。

此外,一般的非物质文化遗产传承主体,都是由具有某方面才艺的艺人或匠人担纲,而在传统仪式主持者身上我们似乎很少能看出他有这方面的才能。选择这样的人担任传统仪式类遗产主持人,撇开意识形态不谈,单在技术层面看似乎也已经出现问题。在实际调查中,我们也确实发现过类似问题——如在相对封闭的少数民族地区,因仪式需要,传统仪式的主持者或多或少还都能唱上一段祭祖的史诗,或是跳上一段祭神的舞蹈。但到了相对发达的汉族地区,仪式的主持人除了会主持仪式、调动队伍外,几乎无任何“才艺”可言。但即或如此,我们也仍然认为这些并无特殊才艺的传统仪式主持人应该成为这类遗产传承主体的代表。在这个问题上,我们不应将对“才艺”的理解,仅仅局限在文学艺术这样一个狭小的范畴。“才艺”是个相当广泛的概念，除上面所述狭义的“才艺”概念外，他们出色的组织能力、调度协调能力，难道不也是一种“才艺”吗？！所不同的是，这里所说的“才艺”更趋隐性。传统仪式类遗产更像是一出大戏，尽管台前幕后“演职人员”甚多，但要想演好这出“大戏”，关键处不在“演员”，而在“导演”，而传统仪式主持人所扮演的正是“导演”这样一个角色。只要他们能组织、导演好传统仪式这出“大戏”，就有资格成为传统仪式类遗产传承人。

三、审核评估不严导致伪遗产的频频流入

悠久的岁月积淀，使我国很多地区都保留有丰富的仪式资源，传统仪式也被视为地方名片而受到很多地方政府的关注。面对这笔资源，地方政府通常的做法有二：一是将已经进入非物质文化遗产名录的遗产项目收归已有，作为地方品牌对外推广，以此吸引眼球，增强当地的影响力；二是在以往仪式的基础上重新打造新仪式，待形成规模后，申报非物质文化遗产。第一种做法的结果是地方“民俗”的“官俗”化，“真遗产”变成了“假遗产”；第二种做法的后果是为地方打造出一张张由当代作曲家作词、由当代舞蹈家编舞、由当代导演编导出来的“假遗产”。近年来一些地方政府申报的某某名人祭奠、某某先皇大典，基本上都属于这一类“遗产”。

一个地方能将自己的优秀传统挖掘出来，这当然是好事。但作为非物质文化遗产的传统仪式并不是由当代人打造出来的，而是我们的祖先在历史上创造并以活态形式原汁原味传承下来的。能够原汁原味传承下来者当然可以申报，即或传承得不够好，但在活态传承方面基本上可以做到有迹可循，出于官祭资源稀缺的考量，也是仍然可以申报的。但那些已无活态传承，或是只存在于典籍或是传说中的传统仪式，即或恢复，也会与原来仪式相差甚远者，当然也就没有权利申报非物质文化遗产。因为这些被打造出来的所谓“传统仪式”，里面没有一点点我们希望看到的传统元素，更没有我们希望看到的非物质文化遗产本应具有的重要的历史认识价值、艺术价值、社会教化价值，当然也就不可能成为我们的保护对象，更无权进入非物质文化遗产名录。反之，如果审批时放任这种当代人工打造出来的“伪遗产”横流，我们就会打着保护真遗产的幌子保护了假遗产，打着保护真仪式的幌子保护了假仪式。我们就会因自己的无知与渎职，向子孙后代传递了各种各样的假情报，成为中华民族的

罪人。至于那些并不符合或是并不完全符合非物质文化遗产准入标准者，我们给出的解决方案有二：一是劝退那些作假者；二是通过史料查询等方式，对那些尚有部分真实者实施必要的文化修复。

思考题

1. 传统仪式类遗产分哪两种类型？
2. 保护传统仪式类遗产到底有什么意义？
3. 保护传统仪式类遗产时要重点保护什么？
4. 什么样的传统仪式更容易申报成功？
5. 保护与传承传统仪式类遗产存在的主要问题是什么？

第十五章

传统节日类遗产

所谓传统节日类遗产,是指人类在历史上创造并以活态形式原汁原味传承至今的,具有重要历史认识价值、艺术价值、社会价值以及基因传递价值的传统民俗节庆活动。

作为人类遗产重要组成部分的传统节日,至少应具备以下四方面条件:

第一,必须具有足够长的历史;

第二,必须以活态形式传承至今;

第三,必须具有重要价值;

第四,必须保留有原汁原味的核心仪式。

从上述条件不难看出,我们所要保护的传统节日,并不是那些产生在近现代的具有明显政治倾向或公益倾向的现当代节日,而是那些在历史上产生的、以活态形式原汁原味传承至今的传统节日。近百年来,随着中国与国际交往的不断增多,中国的传统节日,特别是汉族地区的传统节日受到了严重冲击。如何保护好这笔濒危遗产,已经成为每位遗产守望者都必须要认真思考的问题。

2003 年 10 月 17 日,联合国教科文组织第 32 届大会通过了《非物质文化遗产保护公约》,并首次提到传统节日保护问题。这也是联合国教科文组织第一次以官方名义提出对历时性文化遗产的保护问题,传统节日其遗产保护也再一次成为国内的舆论焦点。

第一节 传统节日类遗产的基本范畴

中国传统节日有规律地分布在春、夏、秋、冬四个季节。其中,每年的 1~3

月为春季。这个季节节日最多，规模也最大。其中，春节、立春、元宵节可视为一组，代表着新的一年的开始，而上巳节、寒食节以及清明节可视为一组，大都是古老春社的残留。4~6 月为夏季，代表性节日有浴佛节、端午节、天贶节。这组节日以驱邪避疫为主，与夏季瘟疫的传播有着密切的关系。7~9 月为秋季，传统节日主要有七夕节、中元节、中秋节和重阳节等，节日功能多样，与古老的酬报土地神的秋社具有一定关系。10~12 月为冬季。冬季代表着旧的一年的结束。这一时段的传统节日主要有寒衣节、冬至节、腊八、腊月二十三、除夕等。从仪式内容看，酬谢祖先是冬季传统节日中的一个不变主题。从频度看，冬至之后，过年气氛渐浓，其后的所有活动，基本上都是为了过年做铺垫的。

一、春季传统节日

春季传统节日主要包括春节、立春、元宵节、上巳节、寒食节、清明节等，是传统节日最为集中的一个时段。在重点保护春节、元宵节等传统节日的同时，重点保护好作为上古上巳节余脉的少数民族节日——如壮族的三月三、土家族的女儿节、苗族的挑葱节等。

（一）春节

春节的节期在农历大年初一，古称“元旦”。为与现在每年阳历一月一日的元旦相区别，现统称“春节”。春节是中国一年中最大的传统节日，节仪相当丰富。

祭祖是春节期间最重要的民俗活动之一。正月初一要将祖宗遗像或牌位供在正厅，摆供、点香、燃烛。全家人在家长的带领下共同祭拜本家祖先。如果是大家族，族人还要在族长的带领下，去祠堂或坟前祭祖。祭祖后，按历书所示吉利方向，点灯笼火把，燃香鸣炮，迎接喜神，祈求一年顺利。

春节也是联络人际关系的一个重要节日，春节期间的重要仪式之一便是拜年。拜年又叫“探春”或“走春”。一般是大年初一给长辈拜年，叩头，祝长辈身体安康，万事如意。长辈也趁机给孩子们一些压岁钱。之后，晚辈在长辈的带领下，前往其他族人家中拜年。若拜之不及，也可遣家人或子弟代贺或遣仆人送一种名为“飞帖”的贺年片以示贺年之意。总之，初一的拜年基本上是在家族内部举行，它所强调的是促进家族内部的和谐。

初二是媳妇“归宁”、女婿看望老丈人和丈母娘的日子。它强调的是促进姻亲之间的和谐。

初三开始人们可以走亲访友。它所强调的是促进亲朋邻里之间的和谐。当然，初三这天还是传说中老鼠娶亲的日子，在这一天，民间都要贴“老鼠娶亲”年画。晚上人们除了要往地上撒些米盐给老鼠张罗饭食外，还要早早熄灯上床，以免搅了老鼠的好事。为什么对老鼠深恶痛绝的老百姓，会在正月初三这天给老鼠这么大的面子，让它把女儿风风光光、排排场场地嫁出去？其内在逻辑又是什么呢？众所周知，老鼠最爱偷盗粮食。对于饥肠辘辘、食不果腹的普通百姓来说，老鼠就是他们最大的天敌。但是，要想消灭老鼠谈何容易？于是，痛恨老鼠的人们想出了一个蔫主意——找个机会把刚刚进入生育期的老鼠的女儿赶紧嫁出去，进而从根本上彻底解除自己的后顾之忧。于是，便出现了正月初三老鼠嫁女的说法及其相关仪式。

在民间，通过嫁女以绝鼠患的想法，还常常出现在民间剪花娘子的主题剪纸《老鼠嫁女》上。在这类剪纸中，剪花娘子会在剪纸的最中心位置，剪出一顶小轿，轿中端坐老鼠新娘。一对老鼠轿夫一前一后抬着轿子，那个嘚瑟劲儿就甭提了。顺着轿子往前捋，就会发现走在迎亲队伍最前面的是一对牌子。但与古装戏中经常见到的牌子不同，这里的牌子已从原来的“回避”“肃静”，变成了双“囍”字。再往后，是一群小耗子组成的锣鼓队。大家敲锣打鼓，扭动腰肢，好不热闹。跨过新娘花轿再往后看，紧随其后的是一行嫁妆队。这里面有抬箱笼、抬家具的，也有抬被褥、抬鸡鹅的，一幅豪门嫁女的气派。

如果按常理出牌，把祸害人的老鼠闺女嫁出去，这事也就算结束了。可后世的许多人忘却了老鼠嫁女的原意，甚至把它理解成了老鼠娶亲。老鼠可是多子动物，一窝少则 5~6 只，多则 15~16 只，每月一窝，一年下来可产仔近百只。这要是真把个刚刚进入生育年龄的老鼠新娘娶到家中，岂不把庄户人家吃个底儿掉？于是，剪花娘子们想出了一个好办法，让老猫来解决这一难题！没错，你再仔细看看《老鼠娶亲》这幅剪纸就会发现，在这热热闹闹的结婚场景外，居然还端坐着一只肥肥硕硕的大猫！等待着老鼠的是什么？不用说大家也都清楚了。

初四是民间迎神的日子。据说每年腊月二十四民间都要送下界诸神升天向玉帝述职。初四这天诸神述职完毕，返回人间。因此，人们要在这天下午举行迎神仪式，迎接诸神降临。迎神时，不但要点香摆供、燃放鞭炮，还要烧神马天兵，让诸神骑神马下凡。

初五也叫“破五”。这天家家户户吃“破五饺子”。破五之后，年节活动告一段落。人们这才可以将这几天积攒下的垃圾倒掉，将祭祖供品撤掉。此外，人们还可根据这天的天气情况判断一年的收成丰歉。此外，初五还是五路财神的生日，是日商家祭财神，在幌子上挂红布，准备开张营业。

“年”是一年之始，本身便具有除旧布新的意义。为使新的一年万事如意，新年的重要仪式之一，便是祭祀祖先及各种神灵。同时，新年也是联络人际关系的重要时段，人们通过走访亲朋好友，进一步增进了彼此的凝聚力。唐宋以后，随着大都市的发展和享乐主义抬头，新年出现了明显的享乐主义倾向，文化功能发生了显著变化。

新年伊始，万象更新。作为一年中的第一天，传统春节在中国人的心目中确实赋予了更多的暗示作用。而一年一度的祭祖、拜年活动，无形中又进一步协调了民间社会的人际关系，整合了社会秩序，重申了社会道德。中华文明之所以能够做到历经数千年而不衰，除有稳定的农业生产做基础外，传统节日的定期训诫与引导，不能不说也发挥了一定的作用。

（二）立春

立春又称“打春”，是二十四节气之一，标志着春天的到来。迎春仪式通常在东郊举行，仪式的主要内容是祭祀春神句芒。此前，人们要先做土牛一匹，供众人在仪式上鞭挞。之后，人们将抽碎后的土牛分献给各户，以乞求当年丰收，该仪式通称“鞭土牛”或“鞭春牛”。此外，立春这天人们还要吃生萝卜、吃春饼、饮春酒、吃“五辛盘”。“五辛盘”又称“春盘”，是由葱、蒜、椒、姜、芥等五种辛辣调味品调制而成的就餐佐料。吃“五辛盘”的目的，据说是叫猫了一冬的人们赶紧醒来，开始春耕。因此，醒春也就成了立春这个传统节日最主要的功能。

（三）元宵节

从现存记载看，元宵节起源于汉代上辛日祭祀太一的习俗，[1]后改为

1 【汉】司马迁《史记·乐书》载：“汉家常以正月上辛祠太一甘泉，以昏时夜祠，到明而终”。中华书局 1973 年版，第 1178 页。

望日[1]。

元宵节真正的繁荣始于东汉明帝永平十年(公元67年)。这一年,蔡愔从印度求法归来,并在正月十五日,将印度僧徒云集庙中,将印度于正月十五观佛舍利放光雨花的习俗介绍到中国。汉明帝为弘扬佛法,下令全国于正月十五日夜燃灯表佛,从而使正月十五的燎炬习俗从宫廷走向民间。至晋代,我国已有张灯习俗。进入隋唐后,中国结束了长达400多年的大动乱,国家统一,经济恢复,相继出现了“贞观之治”和“开元盛世”,元宵佳节的观灯习俗也得到空前繁荣。据《资治通鉴·隋纪》记载:每当元宵佳节来临,“戏场周围五千步,执丝竹者万八千人。声闻数十里,自昏至旦,灯火光烛天地,终月乃罢,所费巨万”,开创了元宵节及时行乐的先河。唐代宵禁虽严,但元宵节期间也还是特许弛禁三日的。至宋,节期由三日改为五日,灯笼制作也比唐代更加讲究,出现了所谓“灯山”。至明代,元宵节的节庆活动不但从宋代的五天改为十天,灯笼制作工艺也有了很大发展,绘有人物、动物、植物的各色花灯,已成为灯节主角。清代在继承明代灯艺传统的基础上增加了冰灯。在节日活动方面也继承了历史上舞狮、舞龙、闹社火、踩高跷、划旱船、扭秧歌、打腰鼓等一系列民俗传统,使元宵佳节成为一个展示民间工艺、民间美术和民间文艺的大舞台。

正月十五还是人们求子的日子。在北京,不孕妇女前往朝阳门摸门钉。门钉是男性性器的象征,摸到门钉,意味得子。广州人的祈子方法则是偷莴苣。莴苣当地又称“生菜”。生,乃孕育之意。可见,正月十五祈子带有一定的普遍性。此外,元宵是正月十五特有的节日食品。

总之,正月十五从远古的星辰崇拜,一直发展到东汉的燃灯表佛、隋唐的燃灯观灯、歌舞演出,节日狂欢已成为正月十五元宵节仪式的主要内容。作为中国典型的夜间型传统节日,具有相当的独特性,应该成为我国传统节日类遗产的保护重点。

上面所列举的主要是具有全国性质的中国传统民俗节日。由于历史的原因,这些节日习俗正在迅速消亡,作为濒危文化遗产,理应受到重点保护。但从另一方面看,中国是个多民族国家,由于强烈的民族自觉意识和地域闭塞等原因,许多少数民族地区的传统节日即或时至今日,也仍有完好保存,在传

1 《艺文类聚》卷四:“《史记》曰,‘汉家以望日祀太一,从昏时到明’。今夜游观灯,是其遗迹。”见【唐】欧阳询:《艺文类聚》卷四《岁时部·正月十五》,上海古籍出版社1965年版,第60~61页。

承少数民族物质文明与精神文明过程中仍发挥积极作用。可以说，少数民族节日盛装、节日饮食的传承，少数民族节日舞蹈、音乐、戏曲、文学、艺术、娱乐的传承，主要是依托于这些少数民族传统节日完成的。因此，各地在申报非物质文化遗产代表作名录时，应对这些少数民族的传统节日给予更多关注。

（四）上巳节

据考，先秦时期的上巳节最初设置在每年农历三月上旬的巳日，魏晋以后才固定为每年农历的三月初三。上巳节究竟起源于何时虽已无法确考，但从时间与功能上看似与远古春社有关。古之春社在立春后的第五个戊日，即清明前后，离上巳日相去不远。春社源于祭祀土地。在古人观念中，世上万物都是大地孕育的结果。在春社祭土神仪式上，人们也会通过男女交配的方式，促进土地的孕育能力以获得农业丰收。于是，春社无形中又成为一个重要的性开放节日。每到这一天，人们无论婚否，都可获得最大的性自由。《周礼·地官·媒氏》对这个节日是这样描述的："媒氏掌万民之判。……中(仲)春之月，令会男女。于是时也，奔者不禁。若无故不用令者，罚之。司男女之无夫家者而会之。"[1]《诗经·郑风》中"士与女，殷其盈矣"[2]所反映的正是远古春社风俗。在这个充满性爱的日子里，人们祭祀的主神自然是高媒。高媒究竟是何许人也，说法不一。但它似乎并不是一个人的名字，而是泛指主生育之事的女神。夏人的修己、殷人的简狄、周人的姜嫄都可视为高媒。今天，从河南三月三人祖会上所看到的祭伏羲仪式，壮族三月三歌圩以歌为媒去寻找配偶的仪式，仍能感受到几千年前人们令会男女祭祀高媒的场景。去河边沐浴，吃鸡卵，也是上巳节的重要内容。这一习俗源于殷商女始祖简狄沐浴水中吃鸟卵而生始祖契的故事。以后，这一习俗又逐渐演化为临水浮卵、浮枣、曲水流觞等娱乐活动。因上巳节在时间上与清明节、寒食节比较接近，唐代前后，上巳节已与寒食节一道，渐渐融入清明节，并成为清明节男女同游，踏青郊饮诸活动的一个组成部分了。

上巳节源于远古春社，它从祭土，祈祝大地丰收，发展成为"令会男女"，祈求子嗣的民俗节日。秦汉之后，受儒家伦理观念影响，上巳节的内涵变得更加含蓄而隐晦，但究其实质，仍能看出其中所残留的远古春社男女相会之遗

1　杨天宇译注:《周礼译注》,上海古籍出版社 2016 年版,第 271~272 页。

2　缪天绶选注,张哲校订:《诗经》,商务印书馆 2018 年版,第 79 页。

风。从表面看，我国历史上的所谓大型春社活动似乎早已绝迹，其实不然。如我国汉族四川绵阳地区窦圌山传统庙会（农历三月初二至三月初六）、安县睢水镇春社踩桥会（农历二月初七）、河北涿州楼桑春社庙会（农历三月二十三日），我国少数民族地区壮族的三月三歌墟、侗族的三月三歌会、赶歌坪等传统民俗节日，几乎都与远古的上巳节有关，是当地节日遗产的重要组成部分。

（五）寒食节

从表面上看，寒食节似乎是一个明显起源于民间传说的传统节日。春秋时晋国公子重耳流亡国外，介子推为其护驾 19 年。一次，他们迷路山中，炊断粮绝，介子推毅然割下自己的腿肉，用火烤熟，为重耳充饥。重耳复国后，封赏功臣，却独独忘了介子推。介子推不悦，退隐山林，不肯复出。重耳想通过放火烧山的办法逼他出山受封，不料介子推却抱树而死。重耳伤心至极，遂发布禁火令，从此有了一年一度的寒食节。这种说法最早见于两汉之际的桓谭所著的《新论》，[1] 南朝范晔《后汉书·周举传》以及下面将要讨论的曹操《明罚令》中均有类似记载。[2]

其实，在民间信仰中，寒食节之俗虽与介子推有关，但并非起源于介子推，而是源于远古的改火旧习——《周礼》所谓“仲春以木铎修火禁于国中”。[3] 为什么一定要仲春禁火呢？因为仲春正是天空中大火星出现之时，古人认为这个时候若不禁火，无异于火上浇油，酿成灾害，因此寒食期间必须禁火。据《后汉书》记载，最初寒食禁食时间很长，最长的有 105 天之多，最短的也有一个月。寒食期间不得生火，只能生食，因此，给百姓的身心健康带来很大威胁。曹操下《明罚令》云：“令到，人不得寒食。若犯者，家长半岁刑，主吏百日刑，令长夺一月俸。”[4] 寒食之风至此才有所收敛。但寒食之风的真正衰落期出现在南宋以后。需要说明的是，历史上的寒食节虽然有衰微之势，但寒食节在民间仍有留存，并保留下了丰富而独特的节日文化遗产。如在节日饮食

1 【东汉】桓谭《新论》：“太原郡民以隆冬不火食五日，虽有疾病缓急，犹不敢犯，为介子推故也。”上海人民出版社 1977 年版，第 47 页。

2 【南朝】范晔《后汉书·周举传》：“太原一郡，旧俗以介子推焚骸，有龙忌之禁，至其亡月，咸言神灵不乐举火，由是士民每至冬中，则一月寒食，莫敢烟爨，老小不堪，岁多死者。”浙江古籍出版社 2000 年版，第 565 页。

3 【汉】郑玄注：《周礼注疏》中，上海古籍出版社 2010 年版，第 1158 页。

4 宋效永、向焱点校：《三曹集》，黄山书社 2019 年版，第 10 页。

上,便有寒食粥、寒食面、寒食浆、青粳饭等节日特食。在节日供品中又有子推燕、蛇盘兔、枣饼、细稞、神餤等。这些节日食俗多半都有深刻的文化内涵。如蛇盘兔寓意富贵;子推燕寓意不忘介子推的高风亮节(山西介休方言云“燕子”为“念念”)。在节日游艺方面又有蹴鞠、荡秋千、赏花、踏青、插柳、斗鸡、镂鸡子、牵钩(拔河)、钻木取火、放风筝、斗百草、抛堶(瓦石器玩物)等。上述活动有些流传至今,有些则随着时代的发展而成为过去。这些独特节俗的保留,为了解民族的历史与文化,保留下了一笔极为丰富的资料。

(六) 清明节

清明节因祭祀先人,故又称“鬼节”或“冥节”。历史上,清明与寒食本是两个节日,因时间上过于接近,所以,到了唐代两节开始了某种程度的合流。从节日功能看,清明节的主要功能是扫墓祭祖,其真正动机是增进族群间的血亲意识。扫墓习俗早在三代就已出现。秦汉时,扫墓之俗虽被纳入“礼”的范畴,但并没有作为节日民俗固定下来。魏晋南北朝时,虽战乱频仍,但扫墓传统保持依旧。唐朝前后,随着寒食、清明二节合一,扫墓成为清明节的一个主要内容被固定下来,再加之上巳节的踏青郊饮、令会男女、祭祀高媒、祈子祓禊等习俗的融入,清明节的文化内涵变得越发杂芜。

清明节的主要功能是通过祭祀已故祖先,慎终追远,唤起整个族群的血亲意识,从而使整个家族在血亲观念的感召下变得更加团结。这也是清明节能在中国这样一个宗法制社会中延续数千年而不衰的一个重要原因。

据不完全统计,目前中国尚有汉族、满族、赫哲族、侗族、苗族、瑶族、黎族、水族、京族、羌族等25个民族保留有过清明节的习俗。这些民族传统节俗的基本主题——扫墓祭祖、踏青郊游虽基本相同,但均具有明显的地域特色与民族特色,值得重点保护。

二、夏季的传统节日

汉族地区的夏季传统节日主要有浴佛节、端午节、天贶节。天贶节影响有限,应重点保护浴佛节、端午节两大节日。

(一) 浴佛节

浴佛节又称“佛诞日”或“泼水节”(傣族地区)。该节日最早起源于印度,后随佛教传入中土并成为中国历史上一个舶来型节日。节期在每年农历的四月初八。相传这一天是释迦牟尼的诞辰，所以，为刚刚出生的佛祖“沐浴”，便成为这个节日中的主要内容。

这天，僧尼们备好香花灯烛，置金盆于院中，请出铜制释迦牟尼童年像一尊，放入盆中，并用五色香水浴佛。浴后围观者争求浴佛水饮漱，据说可以消灾祛病。浴佛节期间，僧家还要请善男信女赴斋会吃斋，同时施舍圣水。这种圣水尽管也叫“浴佛水”，但已不是浴佛时所用圣水，而是用香药、糖水炮制而成的药水，俗信具有一定疗效。佛教主张不杀生，故节日期间善男信女们还要买龟鱼螺蚌等到河边放生。据《武林旧事》载：“四月八日为佛诞日，……是日西湖作放生会，舟楫甚盛，略如春时小舟，竞买龟鱼螺蚌放生。”[1] 此外，四月初八还是妇女们赴庙会求子的日子。在山东聊城，观音庙神案前摆有许多泥娃娃，有坐，有站，有爬，有舞，形态各异，皆男性。妇女们拜完观音，必取一泥娃娃，以红绒绳套住泥娃娃的脖颈并带回家中，号称“拴娃娃”。同时摘下泥娃娃的“小鸡”，融入水中后服下，很多人深信这样便可怀孕。[2] 在民间，浴佛节期间的民俗活动是相当丰富的。节期内很多地方都有浴佛、巡游、斋会、讨浴佛水、吃缘豆、放生、求子、拜药王等各种佛事活动。一些传统保持较好的地区，可以传统节日的名义申报非物质文化遗产。

（二）端午节

端午节在每年农历的五月初五举行，故又名“端五”“重五”。传说端午节起源于纪念屈原，但实际上早在屈原投汨罗江之前，就已经有五月初五划龙舟的习俗了。由此可见，早期的端午起源与屈原并无直接关系。

据考，历史上的端午节是在古老的宗教驱邪仪式的基础上发展起来的。南方有句俗语叫作“枇杷黄，医生忙”，因为枇杷成熟的时候正是南方疫情流行的高发期。

为避免瘟疫的流行，在这一天人们除了饮用雄黄酒，用艾叶煮水沐浴及插戴菖蒲、艾蒿、石梅花、山丹花以及蒜头等五种药用植物以防瘟疫外，最常用的方式便是使用巫术的手段送瘟神了。在水道纵横的江南水乡，人们习惯用船载的方式将瘟神送走。具体方式有两种：一种是用纸叠个小船，将瘟神偶像、蜡烛等放入船中，然后点燃蜡烛，让小船顺流而下，将瘟神带走。这便是

1　【南宋】周密：《武林旧事》，山东友谊出版社 2001 年版，第 49 页。
2　吴云涛：《聊城的拴娃娃与祀张仙》，《民俗研究》1988 年第 2 期，第 86 页。

毛泽东在《七律·送瘟神》中所说的“借问瘟君欲何往，纸船明烛照天烧”。另一种方法是将瘟神放入小船，摆上粽子等供品，然后由人划船顺流而下将瘟神送走。如果是一家一户，一村一寨，自然也就不会再发生什么故事。但如果是许多人家，或是许多村寨同时送瘟神，人们就会争先恐后，力争将本家或本村瘟神尽早送走，于是便出现了千帆竞渡的场景。但随着人们抵抗瘟疫能力的提高，五月端午送瘟神的原始功能逐渐丧失，被纪念屈原、伍子胥、曹娥等人文信仰所取代。

作为一种生命力极其旺盛的传统节日，端午节的仪式内容已经出现了明显的分化。譬如在仪式的主题上，就有纪念屈原说，纪念伍子胥说和纪念曹娥说等不同说法。在仪式表现形式上，又有划龙舟、打石战、放风筝、穿五毒衣、带香囊、系五色缕、挂艾草、饮雄黄酒、沐兰汤等多种形式。

在保护非物质文化遗产过程中，我们固然应重视对端午“原产地”固有仪式的保护，但同时更应该注意到对不同类型端午活动的全方位保护。因为只有保护好各地端午文化的独特性，人类文化的多样性才能得到真正的有效的保护。

三、秋季传统节日

汉族地区秋季的传统节日主要有七夕节、中元节、中秋节和重阳节四大节日。这四大节日都很重要，均需重点保护。

（一）七夕节

七夕节又名“乞巧节”“女儿节”。时间在每年农历的七月初七。据说七夕节最初起源于牛郎织女二星的传说。牛郎本是个朴实的农民，而织女则是位心灵手巧的仙女。一次，织女随姐妹下到人间的湖中洗澡，与牛郎相遇结婚。婚后生儿育女，生活十分美满。当玉帝得知小女下嫁人间，顿时恼羞成怒，派西王母硬是把织女抢回天上。牛郎知道后携儿女追赶，西王母拔银簪划河为界，将牛郎织女二人分隔在银河两岸。后玉帝为其情所动，让他们夫妻二人在每年农历七月七日夜在乌鹊搭成的天桥上相会一次。人们为了纪念牛郎织女，便在每年农历七月七日牛郎织女鹊桥相会这天举行仪式，纪念这对恩爱夫妻。这一天的主要仪式是妇女们向织女乞巧。当夜幕降临时，家家户户都要将庭院收拾干净，摆桌上供祭祀织女。仪式结束后，姑娘们还要向织女乞巧。南方讲究结彩楼、穿七孔针，以比试女红。北方则是丢巧针于水面，通过观看水底针影，判断自己巧拙。此外，还有些地方是通过蜘蛛结网的疏密程度来判断自己的巧拙。这些仪式尽管不乏俗信成分，但也不难看出仪式本身所具有的督促女子勤习女红，培养其生活能力与生产能力的教育功能。此外，七夕节在弘扬传统爱情观方面也具有明显的教化意义。

作为一个已经流传了 2 000 多年的传统节日，具备完整仪式体系的案例已经所剩不多。比较典型的是甘肃省西和县保留下来的乞巧习俗。西和的乞巧节从每年农历六月三十日晚上开始，一直持续到农历七月初七晚上，时间长达七天八夜，是当地持续时间最长的传统仪式活动之一。其间，闺中待嫁的姑娘们通过一系列歌舞仪式向织女牖（当地称“巧娘娘牍”）表明自己的心愿。希望织女能赐予她们聪慧、灵巧，保佑自己获得一技之长，过上幸福安康的生活。仪式分坐巧、迎巧、乞巧、送巧等诸多环节。所有仪式环环相扣、井然有序。由于这里的乞巧仪式原始、古朴、完整，故被誉为中国古代乞巧风俗的“活化石”。

一种传统风俗，如果其中的仪式保存得相当完整，可以传统节日的名义进行申报，如果保留已经不够完整，而其中某些成分仍值得传承的，则可以选取其中的某一部分，以其他名义申报。如广东东莞望牛墩镇制作的“七夕贡案”的习俗，就包括了茶酒斋饭、醒狮贺节、五谷丰登、鹊桥相会、拜祭香烛等多方面内容，是了解当地传统饮食习俗的重要渠道，完全可以以传统饮食的名义单独申报。

（二）中元节

中元节在民间俗称“七月半”，又名“鬼节”，佛教称“盂兰盆节”，道家称“中元节”，并与上元、下元合称“三元”。中元节的时间在每年农历的七月十五日，是个典型的祭奠亡灵的节日。

传释迦牟尼弟子目连的母亲生前作恶太多，死后堕入阿鼻无间地狱，每日都像蝙蝠一样受倒悬之苦。目连看罢，苦不堪言，便请求佛祖超度。释迦牟尼让他在农历七月十五日这天，宴请十方僧侣，请十方僧侣为其母超度亡灵。传说“盂兰盆”一词的本义便是“倒悬”的意思。这个起源于印度的传统仪式，在南北朝时期随佛教传入中土。是日，所有佛教寺院都要举行盛大法会，僧侣沿街搭台念经，以安慰孤魂饿鬼。大同四年（公元 538 年），梁武帝以帝王身份设斋，使这一刚刚引进中土的佛教节俗得到迅速普及。而本土的道教则将其原本依附于七夕节的斋会移到七月十五日,改称为“中元节”。唐代以后,每年的农历七月十五日都会出现道家做中元斋会,佛家做盂兰法会,而民间则祭奠自己祖先亡灵的场景。

其实,中元节中的民间性仪式一般在当天晚上举行,地点常选在河边江边。仪式的主要内容是施放焰口。施放焰口的仪式结束后,还要举行放河灯(莲花灯)、烧法船、烧灵房等仪式。放河灯的目的是为死去的鬼魂指路;烧法船的目的是将死去的鬼魂送到幸福的彼岸世界;烧纸币的目的是给死去的亡灵送去冥钱;烧灵房的目的则是为他们送去温暖的家。中元节的民间诉求,在这一刻得到充分展现。

中元节仪式拉近了人际间的距离,增进了家族间的亲情,这对于增进人际关系,创建和谐社会具有一定的积极作用。同时,上述仪式所用各种纸活,也为民间纸扎技艺的传承,留下了宝贵的存续空间。

(三)中秋节

中秋节又名“仲秋节”。因时值旧历三秋之半,故名“中秋”。时间在每年农历的八月十五日。中秋节在两汉时期便已具雏形,但当时定在立秋之日。当下的中秋节始于唐,兴于宋,而绝非人们通常所说的北宋太宗年间。[1]

祭月是中秋节中最重要的仪式。农历八月初十后,老北京的街头便开始贩卖木版印刷的“月宫码”“兔爷码”。神码画像各异,但必有玉兔捣药图形。很明显,这些神偶来源显然与嫦娥奔月传说有关。最能点缀节日景象的是兔儿爷摊子。兔儿爷人形兔脸,将军打扮。左手抱臼,右手拿杵,背插令旗,坐狮骑虎,好不威风。祭月的供品为月饼及各色水果,唯独不供梨。供品上面还要插有红鸡冠花和带枝毛豆,鸡冠花象征月中的婆娑树,毛豆是玉兔最爱,与北方不同,南方多供芋头。祭月仪式通常只有妇女参加,故民间有“男不拜月,女不祭灶”之说。皓月当空之时,人们在院中摆上供桌、神像,向月出的方向跪拜。中秋起源于古老的月神崇拜。月属阴,因此,中秋节无形中也成了女性的节日,拜月、祈子也随即成了中秋仪式的主要内容。

月饼是中秋节的特有糕点。北方的月饼讲究硬,南方的月饼讲究软,拜月后大家分而食之。此外,中秋还有偷瓜求子的习俗。人们给偷来的瓜穿上

1 杨琳:《中国传统节日文化》,宗教文化出版社2000年版,第318~323页。

衣服，画上眉目，扮成小儿模样，然后让“他”乘舆坐轿，敲锣打鼓地送至无子人家。受瓜之人，须请送瓜人吃月饼，然后将瓜放在床上，伴睡一夜，次日清晨，将瓜煮食，人们相信这样做便可怀孕生子。

除丰富的节日饮食外，中秋节在传承中华民族浓重的家庭观念、家族观念，在促进家庭团结与家族和谐等方面，也一直发挥着重要作用。中华民族的家族观念，也正是通过一年一度的传统节日得到不断的强化。可以说，中秋佳节所赋予的团圆意识，在增强中华民族家族认同、民族认同，进而增强整个中华民族凝聚力等方面，确实发挥了重要作用，是构建和谐社会的一笔重要的文化资源。

（四）重阳节

重阳节又名“九月九”“重九”。时间在每年农历的九月初九。“九”为阳数之极，又因日月重九，故称“重阳”。重阳节至迟在西汉时就已产生，并且在当时就已经出现了登高、赏菊、插茱萸、饮菊花酒等习俗。至东汉，重阳节的种种仪式又被涂抹上了一层神秘色彩。南朝梁人吴均《续齐谐记·九日登高》载：“汝南桓景随费长房游学累年。一日，长房谓曰：‘九月九日，汝家中当有灾，宜急去，令家人各作绛囊，盛茱萸以系臂，登高，饮菊花酒，此祸可除。’景如言，齐家登山。夕还，见鸡犬牛羊，一时暴死。长房闻之曰：‘此可代也。’今世人九日登高饮酒，妇女带茱萸囊，盖始于此。”[1] 阳数之极便为老阳，阳极必变，因此，九九乃是由盈转亏、由盛转衰的不吉之数，与五月初五同属毒月毒日。茱萸味道浓郁，可驱虫去湿，治风寒，消积食，菊花可清火去毒，古人认为九月初九佩茱萸、饮菊酒、登高山可避灾祸。而吃重阳糕则取“步步登高”之意。这一习俗发展到唐宋之后，人情味更加浓厚，并逐渐演变成为邀亲朋好友身佩茱萸、携带佳酿、饮酒赋诗、拉弓射箭、登高赏菊的民俗活动。在中国人的传统节日中，重阳节虽不属重大节日，但其自身所具有的亲近自然、纵情山水、休闲健身主题，仍值得开发提倡。

四、冬季的传统节日

汉族地区冬季的传统节日主要有寒衣节、冬至节、腊八、腊月二十三、除夕等。除寒衣节与冬至节和其他几个传统节日有一定距离外，其他节日主要

1　详见【梁】吴均《续齐谐记》，转引自吴曾祺辑：《旧小说·甲集·汉魏六朝》，商务印书馆 1921 年版，第 178 页。

集中在农历年底，功能上也都是围绕着过年进行的，建议将这组传统节日作为一个整体实施保护。

（一）寒衣节

寒衣节的时间在每年农历的十月初一。传说这一天是阎王给鬼魂们放假的日子。天气渐凉，阎王允许活人给死人送寒衣，故称“寒衣节”。是夜，有墓人家携纸钱、鞭炮、糕点等前去祭奠，没墓地或远离墓地的人家，则在十字路口处烧纸钱、纸衣，以示天气转凉，为故人送些寒衣及钱粮。

寒衣节的文化功能，是通过为死者送寒衣而进一步增进宗法制家族的血亲凝聚力和宗法意识。该节日虽然规模有限，但却依然传承至今。这说明该节日仍具备着鲜活的社会功能。在人们日益忙碌的今天，通过弘扬一些这样的传统节日，有意识地强调一下家族亲情，对于增强家族凝聚力，促进家族和谐，构建家族秩序，仍具有重要的指导意义。

（二）冬至

冬至是一年中黑夜最长的一天。相传汉代宫女做女红时，冬至后每天都要多用一根线，故民谚有“吃了冬至饭，一天长一线”的说法。意思是说，冬至后白天变长，宫女的劳动量也要随之增加。此外，民间还有阴气至极而变，阳气开始上升的说法。因此，冬至是个“否极泰来”的吉日。古人很重视冬至，秦以前曾以冬至为岁首，民间视为“小年”。魏晋称冬至为“亚岁”，南北朝称冬至为“岁首”，唐宋一直沿用此说。宋《东京梦华录》卷十云：“十一月冬至，京师最重此节，虽至贫者，一年之间，积累假借，至此日更易新衣，备办饮食，享祀先祖。官放关扑，庆贺往来，一如年节。”[1] 冬至日，无论皇帝还是平民，都要祭天。清代旗人祭天吃白煮肉，供祖宗和乌鸦。民间贴《九九消寒图》，开始数九。道教以之为元始天尊诞辰，象征混沌未分，道气未显，故民间有吃馄饨的习俗。

冬至为二十四节气之一，也是古代的岁首。它的基本功能与仪式，便是在确定岁首的基础上，祭祀各种祖先神灵，祈求一年好运。

（三）腊月初八

腊月初八源于古老的腊月祭祖活动。[2] 但随着佛教的传入，此日又被解

1 【宋】孟元老等：《东京梦华录》（外四种），中国商业出版社 1982 年版，第 63 页。

2 《风俗通·祀典》记述，“礼传曰：‘夏曰嘉平，殷曰清祀，周曰大腊，汉改为腊。’腊者猎也，言田猎取兽以祭祀其先祖也”。《钦定四库全书·子部十·杂家类·风俗通义》卷八，第 8 页。

释为释迦牟尼的成道日，故又名“成道节”。腊八节的节日食品是腊八粥。腊八粥又名“七宝五味粥”，是由桃仁、松子、栗子、柿子、红豆、糯米、红枣等多种原料混合熬制而成的一种节日食品。相传释迦牟尼在成道之前苦苦修行，经常挨饿。一次在他就要饿死的时候，一位牧羊女用一碗大米奶粥挽救了他，并使他最终修道成佛。此后，佛子们为了纪念这件事，便在每年腊八成道节这天，上街浴佛，并熬制腊八粥，施粥扬义，弘扬佛法。腊八粥也最终流入民间，成为民间的节令小吃。在腊八节这天，还有跳傩仪式。《荆楚岁时记》载，“十二月八日为腊日。……谚云：‘腊鼓鸣，春草生。’村人并击细腰鼓，戴胡公头，及作金刚力士以逐疫”。[1]很明显，这种古老的仪式来源于更古老的腊月驱傩仪式。发展到宋代，古老的方相氏、十二兽已经消失，代之而起的是门神、将军、判官、钟馗、小妹、六丁、六甲、符使及神兵的出现，古老的傩仪也出现了明显的戏剧化倾向。驱傩仪式通俗化的另一路径，便是贫者数人为一伙，装妇人鬼神，敲锣打鼓，巡门乞钱。将原始的义务性驱鬼活动，演变为以讨饭为目的、以打鬼为手段的乞讨活动，并由此演绎出腊月特有的驱傩仪式——跳灶王。

腊八节虽然规模有限，但流传至今的驱傩仪式以及吃腊八粥的习俗，仍为我们了解中国历史上的远古文明、探寻中国本土戏剧最初源头以及远古饮食习俗，提供了最重要的第一手资料。

（四）腊月二十三

腊月二十三是灶王升天日，民间祭灶。祭灶是上古五祭之一，是一种非常古老的祭俗。关于灶神所指，民间说法不一，有人认为是黄帝，有人认为是祝融。但据杨堃考证，最早的灶神应该是蛙。因灶火熄灭或炉灶久弃不用，潮湿的灶坑中常有青蛙躲藏，故民间以为青蛙即灶神。[2]上古祭灶皆在夏季，直至东汉以后，祭灶才改为冬季。有关灶神是一家之主的说法，古已有之。但灶神还同时兼着玉帝特使的身份，随时督察民家的一言一行，并定期向玉帝禀报的说法，却是唐代才开始出现的。《酉阳杂俎》云：“灶神名隗，状如美女。又姓张名单，字子郭。夫人字卿忌，有六女皆名察洽。常以月晦日上天白人罪

1 【梁】宗懔:《荆楚岁时记》,山西人民出版社 1987 年版,第 64 页。
2 杨堃:《灶神考》,《汉学》第一辑,1944 年,第 107~119 页。

状，大者夺纪，纪三百日；小者夺算，算一百日。故为天帝督使，下为地精。”[1]这时的灶神已经具备了现代灶神的所有特征，只是在上天言事方面似乎过于勤勉。

在祭灶时间上，南北亦有不同。历史上有“北方二十三，南方二十四”的说法。还有一种说法是按“阶层”划分的，有谚云：“官三，民四，疍五。”意思是说在祭灶时间上，官府在腊月二十三日举行，普通百姓在腊月二十四日举行，以船为家的疍民则在腊月二十五日举行。

灶王是一家之主，祭灶自然是男人的事，大多数地方女人是不能参与祭灶的。祭灶前首先要准备供品。供品主要有猪头、瓜果、麦芽糖之类。同时，还要准备用松、柏、冬青树扎成小把的灶柴、用秫秸扎成的灶王爷的坐骑、鹰犬和贴在灶前的灶王像等。腊月二十三日这天傍晚，男人们便会在各自家中，取下旧灶王像，换上新灶王像，民间谓之“换新衣”。祭灶神时，除唱神歌祭神外，还要用灶糖为灶王抹嘴，以免他上天之后面对玉帝信口开河，讲主人家的不是。祭拜完毕，用灶柴将去年的灶王神像和今年新买的灶王坐骑等一同烧掉。还有一种祭灶方法：取两个茶杯放在烟突上。一盛清水，一放草料。然后将请来的灶王坐骑放在杯旁，作饮食状。再将灶王神像供在杯前，点香上供。等到星斗满天，于庭院中点火将旧灶王神像、犬马之类烧掉。灶神是典型的人造物神，在中国历史上，专门为人造物神设置的民俗节日并不多见。这个节日对外强调的是家族利益的最大化，对内强调的则是家族道德的自律。所以，腊月二十三灶王节的设置，在中国节日史上具有特殊意义。

（五）除夕

除夕是农历一年中的最后一天，故又称“年三十”。是我国岁时民俗中最重要的民俗节日之一。

除夕仪式从准备年夜饭开始。吃年夜饭，通常以家庭为单位进行，很少邀外人参加。此时即或是出门在外的人也必须在吃年夜饭之前赶回家中。没有回来的，吃饭时也要为他留个座位，摆上碗筷。年夜饭包含有许多象征意义。如吃鱼时一定要留一点，以示“年年有余”。包饺子时要在里面放点钱币、糖、枣等，吃到钱意味发财，吃到枣意味得子，吃到糖意味生活甜甜蜜蜜。

1 【唐】段成式：《酉阳杂俎》，中华书局 1981 年版，第 128 页。

此外，除夕夜的各种仪式除具有企盼家族团圆、除旧布新等意义外，绝大部分仪式，如贴门神、贴春联、挂苇索、放爆竹、唱傩戏、守岁等，都具有年终岁尾驱鬼除魔的意味。最早的门神是用两块桃木分别刻上神荼、郁垒二位神祇的名字，称“桃符”。在民间信仰中，桃木具有神性。据说将它们挂在门上，或是设置在门的两旁，就可以起到阻止恶鬼进入的目的。除神荼、郁垒外，当时的人们还有在门上画虎，或在门口吊上圈套用以“套鬼”的习俗。据说鬼魅一旦钻入圈套，神荼、郁垒就会立即将它们捉去喂虎。后世门神逐渐人格化，各地的英雄好汉纷纷提起了门神之职。唐宋时期，钟馗取代了神荼、郁垒而成为新生代门神。明以后，因西游记的流行，白脸秦琼和黑脸尉迟恭成为最常见的两位门神。门神的人选虽然各有不同，但它们驱鬼除魔的功能并没有因此而发生改变。驱鬼除魔仍是除夕仪式的基本内容。

除夕夜是一年的关口，人们为渡过这个关口，创造了丰富多彩的节日文化，其内涵相当丰富。这些节日仪式在传承中华民族书法艺术、绘画艺术、雕刻艺术，饮食文化、服饰文化，在增强家族凝聚力等方面，确实发挥出了非常重要的作用。

第二节 传统节日类遗产的保护意义

2003 年 10 月 17 日，在联合国教科文组织召开的第 32 届大会上，通过了《保护非物质文化遗产公约》。在这部公约中，首次提出传统节日保护问题。这也是联合国教科文组织第一次以官方名义提出传统节日保护问题。在联合国教科文组织的影响下，中国民间文艺家协会启动的中国民间文化遗产抢救工程，文化部启动的中国民族民间文化保护工程，都十分强调传统节日遗产保护，传统节日保护也再次成为国内舆论争论的焦点。那么，为什么传统节日能如此挑动人们的神经？保护传统节日对中华民族来说，到底意味着什么？到底具有怎样的意义呢？

我们常说：一年有 365 天，但在传承一个民族物质文明与精神文明的过程中，并不是每一天都同等的重要。在这 365 天中，总有那么几天，在传承一个民族物质文明与精神文明的过程中，发挥着非常重要的作用，而这几天就是传统节日。那么,传统节日在传承一个民族物质文明与精神文明的过程中,到底发挥着怎样的作用?这是本章讨论的主要话题。

一、是保护本民族最优秀食品制作技艺的有效手段

正如笔者在《中国民俗学教程》一书中所云,中国的绝大多数传统节日都是从古老祭仪的基础上发展起来的。出于对祖先、神灵的敬畏,每当节日到来之前,人们都会根据祖先和神灵们的“口味”与“嗜好”,为他们准备好各种各样的美味佳肴。且每个节日的节日饮食也会根据祭祀对象的不同而有所区别,如除夕的饺子、正月十五的元宵、五月端午的粽子、八月中秋的月饼、腊月初八的腊八粥等。这些美食在今天可以说想吃就吃,但在缺吃少穿的年代,只有节日,人们才能享用到这些丰盛的美食。可以说,在传统社会中,传统节日几乎成了传承一个民族最优秀饮食文化的最重要的时段。这种情况在享乐主义思潮盛行的唐宋及明清各朝,表现得尤为突出。传统节日对饮食文化的传承主要分为两大类型:一是特定节日对特定饮食文化的传承。如正月十五、立春、端午、中秋对元宵、春饼、五辛盘、粽子、月饼等特定食俗的传承。二是所有节日对所有美味佳肴的传承。如今我们看到的成龙配套的盛宴,都是在除夕年夜饭、祭神、祭祖等大型祭奠食谱的基础上发展起来的。没有上述传统节日,中华民族最优秀的饮食文化就不可能得到如此顺畅的传承,中国也不可能成为世界上少有的美食大国。所以,能否保护好传统节日,将直接关系到中国最优秀饮食文化能否得到顺畅传承的大问题。

二、是保护本民族最优秀服饰制作技艺的有效手段

中华民族在漫长的发展过程中,创造了丰富多彩的服饰文化。这些服饰文化的诸多元素有些是通过壁画、国画、石刻、木雕等实物载体间接地传承下来的,有些则是通过家庭妇女,特别是那些民间巧手娘子,以活态的方式传承下来的。这些独具特色的传统服饰文化,既是研究传统服饰的重要佐证,也是开发新产品的重要源泉。

服饰有盛装、便装之分。所谓盛装,是指在传统节日或隆重场合穿戴的节日正装;而所谓便装,则是在日常劳作中穿戴的常服。从功能上讲,简洁、明快,利落、素朴的便装更便于劳作,而雍容、华贵、繁复、讲究的节日盛装更

注重文化内涵的表达与展示。两者在功能上有很大不同。与朴素、便捷的便装相比，节日盛装无疑凝聚有更多的历史信息、文化信息、审美信息与科技信息，它既是一个民族、一个地域民间社会历史、文化与民族记忆的率真表达，也是一个民族、一个地域传统工艺技术与审美追求的真实写照。

但是，作为一种传统文化，节日盛装的存在，需要特定的人文环境作支撑。这个环境便是传统节日。事实将会证明，一旦没有了传统节日，传统节日盛装便会因失去其赖以生存的土壤而成为无源之水、无本之木，并彻底消失。因此，要想保护好传统服饰文化，就必须从保护传统节日做起。

三、是保护本民族最优秀装饰装潢艺术的有效手段

为烘托气氛，每当节日到来之前，人们都会张灯结彩，营造出一个与往昔大不相同的节日世界。节日空间的营造范围往往与节日仪式所处的“圣域”范围有关。有时，所谓的节日空间就是一个山洞、一片山坡，而有时可能会大至方圆数百里。但无论是大是小，节日装潢工作都会为民间社会的彩扎业、搭棚业、油漆业、描金业、鞭炮业、香烛业、印染业等行业的技艺传承，提供一个非常广阔的施展空间。

传统节日对传统手工技艺的拉动是十分显著的。以除夕年俗为例。据说早在先秦时期，传统节日对手工技艺的需求就已出现。当时的人们在除夕夜前，除需准备必备的年夜饭外，还要贴门神、贴春联、挂苇索、画虎、画鸡，以表年终岁尾驱凶逐魔之意。当时的门神、春联均用桃板刻成。人们笃信桃可以避邪，并认为只要将桃木刻成的门神挂在门上，或是设置在门的两侧，就可阻止恶魔的进入。唐宋时期，随着大都市的迅猛崛起，专门绘制年画的行业也渐渐发展起来，钟馗取代了神荼、郁垒而成为新生代门神。进入明代后，白脸的秦琼、黑脸的尉迟恭又取代了钟馗，成为明代门神的总代表。除门神、春联外，唐宋时期节日食品业、年画业、民间玩具业等也都在需求量激增的情况下迅速发展起来。但无论门神的主人如何变化，门神的主题、功能都未曾发生过太大变化。而与之相关的年画行业也在民间信仰的支撑下获得了巨大发展。

元宵佳节也是传承民间装潢技艺的不错典范。据说，元宵佳节本起源于有关北极星的祭祀活动，至东汉时，受印度佛教影响又发展成为燃灯表佛活动。到晋代，又在燃灯基础上出现了形形色色的张灯习俗。进入隋唐后，元宵佳节

观灯习俗得到了进一步发展。据《资治通鉴·隋纪》记载：每当元宵佳节来临之际，“戏场周围五千步，执丝竹者万八千人。声闻数十里，自昏至旦，灯火光烛天地，终月乃罢，所费巨万”，节日期间“灯明如昼，山棚高数百丈，神龙以后，复加俨饰，士女无不夜游，车马塞路”[1]。唐代都城长安不但出现了高达二十丈的巨型灯轮，还出现了灯树、灯楼。很快，这一风俗便风靡全国，赏灯成为元宵佳节的主要娱乐形式。至宋，节日期间的灯笼制作也比唐代有了更多的讲究，出现了所谓“灯山”。此外，走马灯、绘图灯笼及灯谜的出现，进一步增加了元宵佳节的文化内涵。值得一提的是，随着火药的发明，这一时期不但出现了爆竹，同时也出现了焰火。火药的发明，为元宵佳节的喜庆气氛平添了无限新意。明代，元宵佳节的节期也从宋代的五天改为十天。灯笼的制作工艺也有了长足进步。绘有人物、动物、植物的各色花灯成为这一时期灯节的主角。这一时期的焰火也出现了彩舫莲、赛月明、紫葡萄、霸王鞭、琼盏玉台、金蛾银蝉、七圣降妖、八仙捧寿、黄烟儿、绿烟儿、紧吐莲、慢吐莲、十缎锦、一丈菊等众多品种。此外，与之相关的扎彩业、搭棚业、油漆业、描金业、香烛业、印染业等在这一时期也获得了迅猛发展。可以说，中国的节日经济早在唐宋时期就已经出现。

传统节日是中国民间技艺、艺能的重要载体，传统节日为以假日经济为主轴的民间手工艺发展注入了无限活力。如果取消了传统节日，那些与传统节日息息相关的传统手工技艺就会因功能的丧失而彻底消亡。因此，保护传统节日，对传统手工技艺的保护确实是十分重要的。

四、是保护本民族最优秀表演艺术的有效手段

节日源于祭仪。今天我们所看到的传统节日庆典，实际上都是在古老祭仪的基础上发展起来的。既然是祭祀，就必然会祭神、娱神，使神在高兴之余满足祭祀者的请求。那么，人们通常是通过什么方式取悦神灵呢？除供品、香火外，还有一种更能取悦神灵的方式，这便是歌舞和戏曲。人们通过各种表演，使神灵们在大饱眼福的过程中获得快感，并满足祭祀者的各种请求。史料告诉我们，今天在我们看来完全是出于娱人需要而出演的戏剧、歌舞，甚至史诗，在古代几乎都是出于娱神的需要而产生的。正是因为这个缘故，历史上绝

1 【宋】司马光：《资治通鉴·隋纪五》，卷第一百八十一，中华书局 1956 年版，第 5648 页。《雍洛灵异小录》，《文渊阁四库全书》，上海古籍出版社 1987 年版，982 册，第 391 页。

大多数戏台都是建在庙宇对面的。只是随着人们信仰观念的淡化，戏台才渐渐远离庙堂，步入闹市，并最终成为娱人的场所。

在古代，娱神最常用的形式是歌舞。今天我们所看到的道教舞蹈、萨满教舞蹈，基本上都是传统祭神、祭祖舞蹈形式最古老的遗留。元宋以降，随着戏剧艺术的崛起，人们的娱神方式也开始由歌舞向戏曲转化。即使在当下，这种传统的娱神形式在广大农村地区仍有广泛流传。如中原地区祈雨仪式中的唱雨戏习俗、祭祀关公仪式中的唱神戏习俗，都可视为远古娱神仪式的生动写照。只是由于进化程度不同，一些未曾遭受过现代文明碾压过的地区，这些古老祭仪保存依旧，而所谓发达地区的古老祭仪则在排挤掉原有信仰成分后变成了诸如京剧、昆曲、二人抬一类的纯艺术形式。但无论已经进化到了哪一步，这些传统戏曲表演艺术都会成为这些传统节日的亮点，并成为我们了解各地历史信息、文化信息与美学信息的重要参考。笔者曾做过一个粗略的统计，到现在为止，中原地区唱戏的时间，仍以各种神灵的忌日、诞日为主。人们仍习惯于用这种传统方式取悦神灵。

五、是保护本民族传统美德与民族精神的有效手段

正如前面所说，传统仪式的功能有二。一是解决人与自然的关系问题，二是解决人与人关系的问题。既然传统节日起源于传统仪式，那么，我们就完全有理由认为，那些脱胎于传统仪式的传统节日，除具有休养生息及娱乐人生的节日功能外，还应具有确认及协调人与自然、人与人关系的任务。从这个角度来说，传统节日自然又可分为以协调人与自然关系为己任的传统节日，和以协调人与人关系为己任的传统节日。无数田野实践告诉我们，在构建人类自然伦理观与社会伦理观的过程中，这两类传统节日确实发挥了十分重要的作用。

在人类文明发展史上，为与自然和谐相处，人类社会很早便出现了土地崇拜、山神崇拜、水神崇拜等各种自然神崇拜行为，并从相应的仪式中演化出了诸如转山节、山神庙会、妈祖庙会等一系列以祭祀自然神为主要特征的传统节日。这些节日通过不同仪式，反复强化了人类必须敬畏自然、尊崇自然的自然伦理观。这其中虽不乏俗信成分，但客观地说，它们在协调人与自然之关系、促进人与自然的和谐共处等方面，确实发挥了重要作用。

协调人际关系也是传统节日的重要功能之一。其中，最为典型的就是那

些传统节日中的祭祖活动。人类的祖先崇拜发轫于图腾信仰。在早期人类社会中,人们无论是视义犬为祖,还是视老虎、苍狼为祖,事实上都是想通过这样一种意念上的"血亲"融合,将自己与自然融为一体,从而使自己获得更多的勇力。而由此演化出来的传统节日,自然也就具有了从节日祭祀、节日狂欢中获得集体认同的性质,并在"意念"中实现让图腾庇护自己的目的。

随着人类自身能力的增强,人类的信仰也开始由图腾崇拜向祖先崇拜转化。人类最初的祖先崇拜是从女祖崇拜开始的。这是因为群婚的现实很难使人意识到男性在生育中的作用。而随着整个社会对男性生殖功能的认知和男性社会地位的不断攀升,男祖崇拜逐渐取代了女祖崇拜而一举成为人类祖先崇拜的核心。而原有的女祖也由原来的始祖神,沦落为一个个普普通通的生育小神。氏族社会解体后,祭祖活动也开始由氏族祭祖向家族祭祖或民族祭祖的方向转化。家族祖先神和民族祖先神开始享受到越来越多的香火。如汉族的黄帝、炎帝,苗族的蚩尤,壮族的布洛陀等民族祖先神的诞日或忌日,后来都程度不同地成为这些民族的重要节日或准节日。祖先祭祀唤起了整个族群的血亲意识,也使整个家族、氏族甚至整个民族变得更加团结。而这种意识的形成,正是通过祭拜祖先以及祭拜祖先之后的团拜、探亲等各项仪式活动完成的。传统祭祖活动在强化人际关系方面,同样发挥了重要作用。

此外,起源于各行业、各宗派始祖神祭祀仪式的传统民俗节日,如文昌帝君诞日的二月初三,火神火德星君诞日的六月二十三,鲁班先师诞日的六月十三,佛教释迦牟尼诞日的四月初八等传统行业节日或宗教节日,在传承行业道德及宗教道德的过程中也都发挥过十分重要的作用。

由此不难看出,作为历时性文化遗产的传统节日,在传承一个民族物质文明与精神文明的过程中,确实发挥了重要作用。实践证明:只要保护好传统节日,一个民族最优秀的饮食制作技艺就保护下来了;只要保护好传统节日,一个民族最优秀的服饰制作技艺就保护下来了;只要保护好传统节日,一个民族最优秀的装饰装潢艺术就保护下来了;只要保护好传统节日,一个民族最优秀的表演艺术就保护下来了;只要保护好传统节日,一个民族最优秀的民族美德与民族精神就保护下来了。

总之,保护好传统节日,对于非物质文化遗产保护来说,常常会起到画龙点睛作用。

第三节
传统节日类遗产的保护要点

传统节日是一个民族优秀遗产之集大成者。保护好节日遗产不仅仅对发展当地经济作用巨大，同时在传承一个地方物质文明与精神文明的过程中也能发挥积极作用，那么，在节日类遗产保护过程中，我们应重点保护哪些内容呢？

一、重点保护与传统节日有关的传统工艺技术

传统节日尽管时间有限，但它在传承一个地区或一个民族最为优秀的饮食文明、服饰文明、装潢艺术、表演艺术等方面确实发挥着非常独到的作用。此外，传统节日多半起源于古老的宗教祭仪，它所表现出来的文化内涵也具有明显的双重性。表现在节日饮食方面，既有专供神灵享用的祭祀美食，也有专供信众享用的节日饮食；表现在服饰方面，既有专供祭祀使用的仪式服饰，也有专供信众参与节日活动的节日盛装。这两套文化系统传输着不同的文化信息，具有不同的历史认识价值。

通常，专门用于祭祀活动的节日饮食，在制作工艺上历史都相当悠久。在一些民族的祭祖仪式上，所用祭品多以生食为主，如汉族祭祖所用三牲、壮族祭祖所用生鲜牛肉，都是远古人类饮食惯制的生动写照。人们相信，如果不用这种原始方法祭祖，就会遭遇祖先们的拒绝。这些古老的食品制作方式，不但可以帮助我们了解一个民族、一个地区更深更古的饮食传统，同时还可以帮助我们为今天的中国餐饮业打造出更多更好的亮点与卖点。除祭祀饮食外，节日饮食也是我们必须关注的重点。在这类文化事项的说明中，要重点说明当地节日饮食文化对中华节日饮食文化的独到贡献，并对所要保护的节日饮食特色做出详尽说明。

节日盛装的价值在于它凝聚有丰富的历史信息、人文信息、审美信息与技术信息。在保护传统节日盛装的过程中，要充分考虑到对男女老幼各种节日盛装的整体保护。在广大少数民族地区，传统服饰除具实用功能外，还具有相当明确的标志功能。人们在裁剪服装时，还会通过服饰的纹样、色彩等，将穿戴者的性别、年龄、婚恋状态、婚育状态以及社会地位等信息充分表达出

来。节日盛装的裁剪技术应该成为我们的关注重点。

传统节日也是展示一个民族传统装潢技术的重要窗口。保护这类遗产的最好办法，就是让传统装潢艺术重归市场，让匠人艺人们通过市场的运作，将传统技艺转化为资本。要积极鼓励、推动、帮助这些弱势群体，将传统技艺原汁原味地继承下来。

二、重点保护传统节日中的核心仪式

既然传统节日起源于传统仪式，那么，传统节日自然也就具有了传统仪式所特有的整合人际关系以及整合人与自然之关系的职能。这既是传统节日的核心，也是我们申报传统节日类遗产时必须说清楚的问题。一个传统节日，特别是那些不为人们所知的地方性传统节日，如果只介绍其中的仪式，而说不出其中的仪式精神，特别是这个仪式所具有的独特的道德教化内容，就很容易被社会误读，甚至会落下宣传封建迷信的恶名。

其实，传统节日在构建传统民族美德的过程中一直发挥着重要作用。远的不说，如果没有了傣族的泼水节，没有了摩梭人的转山节，没有了侗族的尝新节这样一类敬畏自然、崇拜自然的传统节日，就不可能出现上述民族千百年来与自然和谐共处美好场景。如果没有了壮族的三月三、苗族的跳月、藏族的雪顿节和汉族的春节等以和谐人际关系为主题的大型祭祖、访亲、交友型传统节日，也不可能出现上述民族自古以来就十分强调和倡导的构建和谐社会的光荣传统。将这些优秀的传统节日遗产发掘出来、传承下去，不但可以拉动地方经济，弘扬一个民族的物质文明，同时还可通过各种节日仪式，增进我们的家族认同、氏族认同、民族认同直至文化认同，才能够更好地处理好我们的人际关系以及人与自然的关系。

三、重点保护与传统节日有关的文学艺术

传统节日在推动当地经济发展、构建和谐社会、传承当地文明的过程中，离不开具体的表现形式。而这些表现形式，便是我们今天所看到的各种传统表演艺术。有人云：祭坛即文坛，祭坛即艺坛。翻开一部人类文明发展史，我们就会看到：历史上，许多民间文学、表演艺术的诞生，都是根植于娱神的需要。今天我们所看到的戏曲、舞蹈、史诗等各种传统表演艺术，几乎都与古老

的祭神仪式,与古老的祭神神辞、神歌、神曲以及祭神所用舞蹈、戏曲有关。这些表演形式为我们研究这些民族的历史与文化,提供了宝贵资料,也为当代文学艺术的发展提供了丰足的精神食粮。那么,传统节日在传承当地文学艺术方面,究竟发挥了怎样的作用? 也就是说,传统表演艺术是如何通过传统节庆活动作用于当地民间社会,并推动当地精神文明建设的呢? 类似问题,都需要在申报文本中给予详尽说明。

事实上,我们在选择传统节日作为申报项目时,一要看知名度,二要看独特性,三要看该节日在传承当地物质文明、道德文明、文学艺术方面所发挥的作用。

第四节 传统节日类遗产的申报原则

我国是著名的节日遗产大国。据不完全统计,全国各种传统节日就有几百个。这些传统节日在传承中华民族精神文明与物质文明的过程中,都发挥了相当重要的作用。但要想举全国之力保护好所有传统节日,同样并非易事。保护传统节日遗产仍需在保护优秀遗产的前提下,重点保护并申报以下各类遗产项目。

一、独具民族特色与地域特色者优先

我们申报遗产项目的一个最主要的动机,就是要通过对节日类遗产的保护来保护人类文化的多样性,为我国文化艺术的发展保留下更多的基因与种源。因此,是否独具特色,应该成为申报或遴选传统节日类遗产的一个硬性条件。譬如在唐代即已产生,但在许多人看来似乎已经绝迹了的中国传统节日盂兰盆节,事实上在闽南地区仍有保留。类似这种独具特色的且具有唯一性的传统节日类遗产,只要保存尚好,都应该成为非物质文化遗产申报的重点。当然,对于那些全国性节日,如端午节、中秋节,只要保持良好且独具特色,都有资格申报。

二、内涵丰富形式多样者优先

在我国,能流传至今的传统节日非常多,但并不是哪个传统节日都能申

报非物质文化遗产。能否申报非物质文化遗产的另一个硬性条件，是看它是否拥有丰富的文化内涵和丰富多彩的艺术表现形式。

传统节日类遗产由于所源仪式不同，其文化内涵也会呈现出较大差异。这就要求我们在申报过程中，对该节日的传统文化内涵进行深入挖掘，将它在中华文明发展过程中所作出的独特贡献发掘出来。

此外，传统节日表现形式的丰富程度也应成为申报或遴选传统节日类遗产的重要依据。通常，传统节日形式越丰富，也就越具传承价值。之所以将除夕列入国家级非物质文化遗产代表作名录，原因即在于除夕所包含的文化内涵和它所承载的非物质文化遗产表现形式，已远远超过其他传统节日。[1]

三、大小适度且具有可操作性者优先

传统节日涉及领域广，参与人数多，保护难度大。我们在遴选、申报过程中，最需要考虑的便是项目的体量问题。能够称之为节日的非物质文化遗产，即使是地方性传统节日，一般也都有着相当庞大的规模。这类节日少则数千人，多则几万甚至几十万人，节日仪式又会涉及请神、接神、祈祷、送神以及史诗演唱、歌舞表演、许愿还愿等多方面内容。面对这样一种综合性文化盛会，我们最容易犯的错误，便是因项目体量过大而无法使遗产得到周全保护。因此，在申报这类遗产时，我们应注意的第一个问题，便是避免申报项目的体量过大。申报这类项目时，应以规模适度的地方性节日为主，即使申请全国性传统节日，也必须以特定地域为前提。道理很简单：一是，以现有的人力、物力、财力，我们不可能对某一全国性节日遗产实施整体保护。二是，并不是全国所有地方的传统节日都有资格作为非物质文化遗产加以保护——我们只要保护好那些节味足、年味足者已经足够。三是，作为一个整体进行打包申报的做法问题较多。首先，这种做法非常容易抹杀各地传统节日的差异性，不利于人类文化多样性的保护。四是，体量过大不便于项目管理。

全国性传统节日遗产的申报，要严格控制申报项目的规模与体量（以村

1　除夕吃年夜饭、祭祖、守岁、贴门神、贴春联、放爆竹、唱傩戏等各种节日仪式，除在传承中华民族最优秀的饮食制作技术，装饰装潢艺术，书法艺术、雕刻艺术以及各种传统文学艺术表现形式方面做出重要贡献外，还为我们增进家族团结，增强家族凝聚力，发挥过重要作用。从这个角度说，当然有资格申报国家级非物质文化遗产。

镇为单位就很有可操性)。不要因规模过小而失去申报的勇气。

第五节 传统节日类遗产保护容易出现的问题

一、因行政介入过多而带来的“官俗化”问题

传统节日的传承主体是民间大众。这是因为传统节日不但产生于民间,同时也传承于民间。历史如此,当下亦如此。正因为它的这一属性,便决定了传统节日姓“民”,它所代表的应该是民众的想法和民众的审美,于是,它也就具有了浓郁的民间属性,并成为了解中华文化底色的最重要的资料。但随着非物质文化遗产保护热的兴起和各级政府的不断介入,进入非物质文化遗产代表作名录的传统节日也开始发生明显变化。变化的第一个信号,便是被政府“接管”。据调查,在目前已经进入国家级非物质文化遗产代表作名录的传统节日中,绝大多数传统节日的传承主体不再是历史上的社火组织,而是当地政府。在许多地方政府看来,节日类遗产规模巨大,是一张彰显地方文化的重要名片,由政府接管更容易得到来自政府的精心打造,其结果自然是民间的烟火气越来越淡,传统的东西越来越少。如何解决因政府介入而带来的“官俗化”问题,已经成为摆在我们面前的一项重要任务。

二、因对传统节日价值认识不足而带来的碎片化保护问题

传统节日的灵魂是依附于节日的核心仪式。这些核心仪式既是传统节日产生的起点,也是传统节日构架的核心。可以说,没有仪式的传统节日是不能申报非物质文化遗产的。与现当代节日起源于政治、公益不同,传统节日的源起多与传统仪式有关。在人类发展的漫漫长河中,一些重要仪式一旦在时间上被固定下来并形成相当规模,便很容易演化成节日。今天所看到的传统节日,如 元旦、元宵节、中和节、上巳节、清明节、寒食节、端午节、乞巧节、农历七月十五日的鬼节、农历八月十五日的中秋节、九月初九的重阳节、农历十月十五日的下元节、腊月初八的腊八节、腊月二十三的送灶、腊月三十的除夕等,几乎是从原始宗教仪式的基础上发展起来的。如元宵节起源于祭星仪

式，端午节起源于送瘟神仪式，腊月二十三起源于送灶神仪式，除夕起源于驱鬼仪式。在少数民族地区，节日与仪式的关系表现得更加直接。如苗族的牯脏节、白族的火把节、彝族的虎节、傣族的泼水节、壮族的三月三和藏族的雪顿节，到现在都还保留着古老的宗教仪式的影子。

但现在的问题是，因信仰的缘故，许多传统节日一旦进入非物质文化遗产代表作名录，其中的传统仪式就会因政府的接管而被剔除得干干净净。传统节日也就因此而变得毫无价值。要想从根本上解决这些问题，最简单的办法就是“还俗民间”。

思考题

1. 谈谈中国主要有哪些传统节日。
2. 谈谈保护传统节日类遗产的意义。
3. 保护传统节日类遗产要重点保护什么？
4. 申报传统节日类遗产要重点关注哪些问题？
5. 保护传统节日类遗产的难点是什么？

第十六章

传统农业技术类遗产

农业是指利用动植物及微生物生长规律，通过人工栽培或养殖等方式来获得经济回报的人类生产活动。农业是支撑整个国民经济建设与发展的基础性产业，中国历史上很早便有了“农者天下之大本”的说法。广义的农业生产包括农业（种植业）、林业（造林营林）、畜牧业（养殖业）、渔猎业（水产及野生动物养殖与捕捞）四大产业。在个别地区，也把副业（农产品加工业）纳入大农业范畴。出于专业性考虑，本书准备将作为农产品加工业的副业一并纳入传统工艺技术类遗产，并在那里做专题讨论。

中国是个具有近万年农耕文明史和近 7 亿农业人口的农业生产大国，农业技术类遗产相当丰厚。从 2002 年开始，联合国粮食及农业组织启动“全球重要农业文化遗产”保护项目，2012 年原农业部启动“中国重要农业文化遗产”保护项目。其实，早在 2003 年，联合国教科文组织在《非物质文化遗产保护公约》中，已经提及农业生产技术类遗产的保护问题。所不同的是，它所保护的不是人类在历史上创造，并以活态形式原汁原味传承至今、具有重要价值的，包括各种传统农业生产技术、农业生产制度、农业生产信仰以及农作物品种和传统农业生产设施在内的农业生产系统，而是各农业生产系统中科技含量最高的那项农业生产技术，而是对某一特定农业生产技术的单一性保护。如土地开垦方面的垛田营造技术、淤泥坝营造技术，循环农业方面的桑基鱼塘鱼蚕共生技术、粮林共生方面的粮林轮种套种技术等。

第一节 传统农业技术类遗产的基本范畴

我们这里所说的传统农业技术类遗产是一个相对宽泛的概念，它既包括传统农业生产知识与技能、畜牧业生产知识与技能，也包括传统林业生产知识与技能以及渔猎业生产知识与技能。

一、传统农业生产知识与技能

传统农业生产知识与技能至少应包括以下四方面内容。

（一）传统农耕生产方面的知识与技能

传统农业生产知识与技能是广大农民群众，特别是那些老庄稼把式们，在漫长的农业生产实践中积累起来的农业生产知识与技能。其中既包括育种、耕种、灌溉、排涝、防治病虫害等方面的生产知识与技能，也包括收割、储藏、粮食加工等方面的生产知识与技能。

由于温度、湿度以及降雨量的不同，中国传统农业以淮河为界，大致可分为淮河以北以种植小麦和杂粮作物为主的旱作农业文化系统，和淮河以南以种植水稻为主的稻作农业文化系统。不同的农耕文化类型，自然会产生出不同的育种技术、耕种技术、灌溉技术、施肥技术、土壤改良技术以及农产品加工技术与收藏技术。如中国南方稻作民族创造的稻田养鱼技术、垛田营造技术，西北旱作地区创造的旱地节水技术、淤泥坝营造技术等，都是根据当地环境因地制宜创造出来的。需要认真研究，从中发现农民智慧，找到农业生产规律，并用总结出来的传统农业生产经验，指导今天的农业生产实践。

（二）传统农具制作方面的知识与技能

作为生产力的重要组成部分，传统农具往往可以代表一个时代或是一个地域农业的发展水平，具有较高的科技含量。在宏观普查的基础上，要有针对性地对那些独具民族特色与地方特色、具有较高科技含量与环保理念的农业生产工具及其制作技术实施重点调查。如以风能、水能为基本能量来源的风车、水车制造技术等。这些传统农具巧借自然伟力以实现零污染、零排放、零成本的经营理念，值得认真学习与借鉴。

（三）当地特有的农作物品种及有效的育种知识与技能

优秀的传统农畜品种是人类社会历经千万年农业生产实践才培育出的农业精华。它是传统农业遗产中的核心技术，也是人类农业文明的重要载体。一个民族的农业文明能否代代相传，优良品种的传承起着关键性作用。在经济全球化的今天，随着新研品种的大面积普及，农作物品种呈现出明显的单一化倾向。从好的方面说,高产品种的大面积普及,确实给人类温饱问题的解决带来希望。但从另一方面看,农作物品种的单一化不但很容易为病虫害的传播创造条件,在客观上也很容易影响到当代人对农作物口味的多重选择。更为严重的是,伴随着农作物品种的单一化,客观上还会影响到全球物种的多样性,从而给农业生态和人类文化多样性保护带来种种问题。

在过去的近百年中,由于人类的疏忽,自然界物种每年正在以十倍于物种自然消亡的速度迅速消失。为避免类似情况发生,我们不但要通过建立国家物种基因库的方式保护好各种物种资源,同时还应像许多地方上的农民那样,通过辛勤劳作有意识地保护好当地每一种农作物品种资源,为日后农作物品种的更新预留下更多的空间。

二、传统畜牧业生产知识与技能

传统畜牧业生产的最大特点是它的游动性。这是由游牧民族"逐水草而居"的生产方式决定的。由于所处草场海拔高度及所处纬度不同,草场的成熟时间亦有差别,牧民们就可以利用这个时间差,赶着牛羊躲开各草场牧草的茂盛成长期,而不断地在已经成熟了的草场上放牧。这种不断轮换草场的做法,最大限度地保护了草原的生态,使畜牧生产在合理利用自然资源的前提下获得永续利用。可以说,"逐水草而居"的游牧方式,集中体现了游牧民族的聪明才智。

(一)畜牧业生产技术方面的知识与技能

在漫长的游牧生产实践中,游牧民族创建出了一整套相对完整的游牧生产知识体系与技术体系。它们紧紧地围绕着牲畜的放牧、选种、配种、接羔、照顾幼畜、阉割、挤奶、制酪、剪毛、鞣皮、制毡、宰牲、治疗病畜、收集畜粪燃料、转场等技术环节一一展开,为我们留下了一笔丰厚的游牧知识遗产。这类遗产的申报对象可以是某地游牧知识的全部,也可以是某民族游牧知识中最精华的部分,如某个民族独有的牲畜疗伤术、接骨术以及牧羊犬培训技术等。

(二)畜牧业工具制作与使用方面的知识与技能

生产工具是生产力发展水平的集中体现。调查中,要充分注意到传统牧业生产工具与游牧民族游牧生活的关系,各种生产工具的制作方法、使用方法以及相关禁忌等。如勒勒车、鞍鞯的制作技艺,酒壶、水壶以及其他盛水器的制作技艺，蒙古包的制作技艺等，都与游牧生活息息相关。

三、传统渔猎业生产知识与技能

渔猎业生产是一门技术性很强，同时也是高风险的行当。这就决定了对这部分遗产的关注，应主要集中在渔猎业生产经验、渔猎工具制作技术以及渔猎信仰与仪式等几个方面。

（一）传统渔猎业生产知识与技能

渔业生产通常会伴随着鱼汛的季节性与周期性进行，且常常会受到鱼汛起落与渔区气候变化的影响。渔业生产收益如何，出船江海安全与否，均与气候变化有关。因此，海事占验习俗在沿海地区相当流行。海事占验中虽不乏俗信成分，但其主体部分仍是渔民对海上气象规律的经验总结。他们占天看风雨，占云看阴晴，占飓看潮汛，占日看晴风，占电看飓期，占潮看水势。内涵丰富的占验习俗，为渔业生产作出了重要贡献。此外，海上生活经验、观鱼捕鱼经验，特别是那些具有地方特色的、几近失传的传统捕捞技术与经验，更值得认真关注。

同样，狩猎也是一门技术性很强的生产活动。什么时候狩猎，用什么方法狩猎，都有非常多的讲究。猎人们认为，狩猎的最佳季节是冬季，特别是下头场雪的时候。这时饱食一秋的猎物不但膘肥体壮，而且皮毛柔细，经久耐用，是做防寒衣物的最好材料。在长期的狩猎实践中，人们逐渐积累了诸如“下套子”“围猎”“掏仓”“射猎”“放鹰”等一系列狩猎经验。所谓“下套子”，就是利用野兽出行规律，在它们的必经之路上，架起一个个圈套等待猎物进入的一种静候式获猎方式。现在的套子均用结实且颇具韧性的钢丝钢缆做成，历史上则使用结实耐用的绳索。人们可根据猎物大小的不同，选择粗细适中的钢丝绳索。套熊者宜粗，套野鸡、野兔者宜细。圈套设定的口径以动物头部能顺利通过而身体无法通过为准，高度以各种动物的头高为准。下套一定要隐蔽，套子不能沾有烟酒等浓烈气味。一旦被动物识破，它们断不会贸然闯入人类布下的圈套。按习惯，一般一次要下套二三十个。平均每两三天巡视一次。否则，被套猎物就会因高温腐烂或是因套牢时间过长而被别的野兽吃掉。

拥有丰富狩猎经验的猎人还十分重视狩猎时机的把握。按习惯，猎人出猎一般会选在雪后的清晨。这时，猎人很容易根据雪地上留下的动物足迹的形状、大小、深浅，迅速判断出猎物的种类、大小、数量直至通过这里的时间。夏天则通过往草上洒盐水让猎物驻足的方式稳住并猎杀猎物。好猎人懂得猎物来之不易，绝不会暴殄天物。开枪前，他们会仔细选择射杀对象。怀孕母畜或未成年的小畜他们绝不会猎杀。同时，人们还会根据季节的不同有选择地射杀猎物，以发挥出猎物的最大的经济价值。如刚刚进入冬季时，野猪狍子膘肥体胖，是捕获这类猎物的最佳季节；初春鹿茸价值最高，是捕鹿的最佳季节。此外，一个好枪手，弹着点落在什么部位也颇有讲究。如果击中腹部，铅弹爆炸，整张兽皮就会受到损坏，猎物价值也会大打折扣。而一个优秀的猎手，他的弹着点一般都会选在猎物的头部或颈部，以保证整张兽皮的完整。狩猎民族传递狩猎知识与经验的主要方式，是流传于猎人之间的个人经历故事。如在回答为什么打黑熊时只能顺风跑而不能逆风跑时，有经验的猎人就会通过个人经历故事，将这些知识和道理绘声绘色讲授给你。俗话说，“事实胜于雄辩”，个人经历故事的真实性，无疑增强了故事的说服力。这也是发掘狩猎知识与经验时需要倍加关注的重点。调查中，地方性的小众知识与经验，特别是充满可持续发展理念的知识与经验，应该成为调查工作的重点。

（二）传统渔猎工具制作与使用方面的知识与技能

渔具是衡量一个地区渔业生产先进与否的硬性尺度。世界各地江、河、湖、海自然环境差别较大，渔具以及由此产生的各种捕捞技术也有明显差异。如中国古代所谓的网鱼、罾鱼，现在仍流行于广大汉族地区的围网捕鱼、抬网捕鱼、旋网捕鱼、拉网捕鱼、鱼钩钓鱼以及布朗族的无钩钓鱼，傈僳族的扣钩钓鱼，流行于白族、阿昌族、傣族的鱼篓捕鱼以及流行于赫哲族、纳西族地区的鱼叉叉鱼等，均反映出不同地域间渔业生产的差异。这些独具地方特色的知识与技能，是我国渔业生产经验中的精华，同时也是非物质文化遗产保护工作的重点。

同样，狩猎水平的高低很容易通过狩猎工具体现出来，如狩猎中人们常用的套索、吊脚套、地箭、地枪、铁夹、大挑杆等，很好地体现出当地人对猎物特性、身材、觅食规律以及狩猎工具特性的深刻了解。在有条件的地方，还可以通过建设狩猎民俗博物馆等方式，将它们全方位地展示出来。

四、传统林业生产知识与技能

林业是一个通过树木种植以及由此带来的经济产出以获取经济利益的产业。随着人们对林业功能认识的不断加深，人们发现林业除经济价值外，还具有净化空气、涵养水源的生态价值，水土保持、防风固沙、调节气候等环保价值，以及森林游憩、放飞自我等社会价值。林业生产知识与技能重点包含以下几方面内容。

（一）苗木种植方面的知识与技能

树木种植对土壤有一定要求。从土质看，土壤有沙土、黏土之分；从酸碱度看，土壤又有酸性土、碱性土之分。选择种植树种时要充分考虑当地的壤情。民间社会选择种植品种最简单的办法就是向传统学习，原来种什么，就继续种什么。如迁安宜种板栗，烟台宜种苹果，咸阳宜种石榴，莱阳宜种梨果。这些经验都是历经千百年积累起来的民间智慧的精华，向传统学习，因地制宜，通常都不会出现太大问题。

（二）苗木管理方面的知识与技能

苗木管理有一套完整的知识体系。如人们可通过给石榴剪去直枝、压低枝干等办法提高单株产量。可通过给果树削皮提高果树来年的坐果率。同时，还可通过在果树下种植韭菜、空心菜、木耳菜等蔬菜，蚕豆、花生等经济作物以及半夏等中药材，提高土地利用率并获取更多的经济回报。

（三）病虫害防治方面的知识与技术

在利用药剂等现代手段防治病虫害之前，人们最常用的还是传统的物理灭虫法。这些方法不但可以降低防治成本，同时还可以减少对环境污染，可谓一举多得。

在果物生长期，需通过及时摘除病果、虫卵，剪除虫枝、病枝等办法，减少病虫害的传播。进入秋冬后，可结合剪枝，剪除病梢、虫梢，清除果园中的杂草枯叶并集中烧毁或深埋。进入冬季后还可通过树干涂白，烧死果树上的病毒和害虫。在果树生长期或是冬季遇有雾凇天气时，还可通过震动树株震落假死害虫。冬季可通过刮削树皮等方法，消除躲藏在树皮上或树皮内的病菌害虫，控制、减少来年病虫害的发生。此外，还可通过秋后深耕消灭越冬病虫。深耕的原理是将深藏在土壤中越冬的害虫及病菌直接翻至地表，并将它们冻死、干死或是被天敌啄食，同时深耕还可以将地表枯枝落叶及杂草丛中的病菌害虫深埋地下，从而减少病虫害的数量。

第二节 传统农业技术类遗产的保护意义

传统农业技术类遗产涉及农业、林业、畜牧业、渔猎业等多个领域。在科学技术高度发展的今天，为什么以保障各国人民温饱与生活水准、提高粮农品种生产效率与分配效率、改善农村人口生活状况、促进农村经济发展并最终消除饥饿与贫困为宗旨的联合国粮农组织，会在成立 77 年之后突然提出农业文化遗产保护问题？保护传统农业技术类遗产对于全人类来说，又具有怎样的意义呢？

一、是人类认识自身农耕文明的重要手段

从传承时段看，我们所说的农业技术类遗产，尽管仍以活态形式传承至今，但就其本质而言，都是历史的产物，富含丰富的历史信息，是研究、认识本国农耕文明的一条重要途径。

众所周知，无论中国，还是世界，人类对于本国农耕文明的认识，多数都是从农业典籍开始的。农业典籍为我们认识本国农耕文明开启了第一条途径，打开了第一扇窗口。对于中国这样一个农耕文明历史悠久，农业典籍相对丰富的农业大国来说，通过典籍研究本国农耕文明显然有它的优势。这些典籍记载了大量农业、林业、畜牧业方面的知识与智慧，同时也记录了一定数量的渔猎业方面的知识与技能，是我们了解远古农耕文明的重要窗口。如《齐民要术》所载“必须日曝令干，及热埋之”的晒秋粮之法，种瓜时“有蚁者，以牛羊骨带髓者，置瓜科左右，待蚁附，将弃之”的除蚁之法等，都是当时农人总结出的种粮之法，无不闪烁着民间智慧的光芒。近年来，一些地方通过采用上述方法，不但解决了小麦保管与瓜地蚁害问题，同时也成功地避免了化学除虫给农产品带来的二次污染。但农业典籍在记载农耕经验的过程中也有它的问题。由于记载简单，典籍记录有时很难对某些农业生产知识做到精准复原。如《齐民要术》在谈及种柘法时，只讲到柘可为扶老杖、马鞭、胡床、锥、刀把、犊车、鞍桥、快弓等，但为什么用它来做上述器物，制作这些器物又需要哪些独

特工序，且效果如何，典籍均语焉不详。

20世纪初，西方考古学传入我国，西方考古学的传入为我们认识中国的农耕文明开启了第二条途径，打开了第二扇窗口。进入20世纪70年代后，随着考古学的发展，特别是随着浙江余姚河姆渡、河北武安磁山、湖南澧县彭头山、湖南道县玉蟾岩、江西万年仙人洞等农业遗址的成功发掘，文物考古又为中国农史学家研究中国远古农耕文明史打开了第二扇窗口。与典籍相比，考古资料在帮助我们认识远古农耕文明时，有着典籍无法比拟的优势，它更具体、也更直观。一个地方历史上出产什么样的农作物品种，使用什么样的农业生产工具，且各时代都有过怎样的演变更替，几乎都可以通过现场发掘做到一目了然。当然，作为人类认识本国农耕文明的一条重要途径，考古学同样也存在它的问题。其中最大的问题，就是很难通过考古发掘，将历史上曾经出现过的传统农耕技术、传统节日、传统仪式以及祭神娱神表演艺术等，惟妙惟肖地呈现出来。这对于我们全面了解、继承中华远古农耕文明，显然是件非常遗憾的事。

近年来，随着对传统农业技术类遗产研究的不断深入，我们又发现了认识中国农耕文明的第三条途径，这便是通过活在当下的传统农业技术类遗产，了解人类在历史上创造出来的各种各样的传统农耕文明。传统农业技术类遗产，不但可以帮助我们了解那些历史上创造出来的传统农业生产工具、传统农业生产设施等，同时，还可以帮助我们了解到包括传统农业生产技术、传统农具制作技术、传统农耕节日、传统农耕仪式、传统表演艺术，以及与传统农耕文明息息相关的各种以非物质文化遗产形式出现的传统农耕文明。而这一切又是农业典籍、农业考古很难提供给我们的。可以说，这第三条路径的开通，为我们了解和研究本国传统农业类生产技术提供了无限可能。

二、是确保中国农业可持续发展的重要手段

人类社会的发展是一个不断持续的过程。要想做到这一点，就必须以与自然和谐共处为前提。中国是个具有近万年农业史的文明古国。在这近万年的发展过程中，由于使用了轮种套种技术、保墒防旱技术、稻田养鱼技术、生物灭虫技术、架田代田技术等先进的传统农耕技术，使农田即使使用了近万年，迄今仍能做到可持续利用。但是，随着近代工业文明的闯入，特别是随着化

肥、农药、除草剂等西方工业文明的闯入，就在短短的60多年中，土地就已经出现了板结、硬化、地力下降、酸碱度失衡、有毒物质超标等一系列问题。在号称产菜大县的东部某地，甚至已经出现了到外地买土种田的尴尬局面。我们并非不加选择地排斥工业文明，但现实告诉我们，有必要对现代工业文明给当代农业带来的上述冲击进行必要的反思。否则，中国农业就会失去可持续发展的能力。

今天我们之所以要保护、发掘传统农业技术类遗产，目的就是想通过这样一个工程，重新审视、发掘、弘扬、传承我们的传统农耕文明，并为日后农耕文明的可持续发展找到更多的借鉴。

三、是确保农产品品种多样性的重要手段

以转基因、杂交稻为标志的现代农业，确实为解决人类的粮食危机带来巨大转机，但是，这种现代农业所能解决的只能是产量问题，而解决不了品种单一、口味单一问题，解决不了随着人类生活水平的提高而对粮食品种、食品口味的多样性需求。如果我们仅仅为解决眼前温饱而忘却对传统农业品种的保护，忘却对农业品种品质上的需求，我们就会因小失大，最终葬送掉祖先历经千百年才培育出来的粮食品种。农业存在这个问题，林业、畜牧业、渔猎业同样存在这样的问题。

为避免类似情况发生，近年来世界各国都在以各种各样的手段保护本国的农作物品种资源。通过良种基因库建设，解决传统农产品品种保护问题是多数人选择的路径。但这种保护模式有它的问题。首先，基因库的搜集量毕竟有限，它不可能将全国各地所有的农作物品种统统搜集上来。其次，它所能搜集的只是农作物品种，而作为活态养殖的畜牧品种、水产品种是不可能通过基因库的形式加以保存的。更为重要的是，我们保护的只是农产品种子资源，而与之相关的传统种植养殖技术是不可能通过基因库的形式传承下来的。它无法解决对农产品品种以及与之相关的传统农业生产、养殖技术的同步保护。相关农业生产技术、养殖技术一旦失传，基因库中的农产品品种，就会变成只能“发芽”的文物，不可能在原有种植经验的陪护下取得应有的丰收。这与我们所强调的活态传承，与活态传承所能取得的最终成果，显然还有相当大的差距。这就要求我们想出更好的办法，以确保农产品品种与传统农

耕文化的有序传承。而通过对传统农业技术类遗产所实施的活态保护，将各地非常有特色的传统农产品品种以“种植”这种最传统的方式，一代接一代地继承下来并传承下去，很可能才是保护农耕文明的最有效手段。这种活态保护模式不但保护了传统农产品品种，同时也保护了与之相关的农业生产技术，从而实现了人类社会对传统农业技术类遗产的整体保护。

四、是确保人类社会粮食安全的重要手段

在传统农业技术类遗产中，农产品品种占有重要一席。作为农作物品种的地方物种，多半都是通过数代、数十代甚至数百代人的不懈努力才培养出来的，传统农产品品种是人类千百年来农业生产的智慧结晶，是农业文明的重要载体。

在全球一体化的今天，随着转基因技术以及杂交技术的普及，农产品品种已呈现出明显的单一化倾向。从好的方面说，转基因技术以及杂交技术的普及，客观上确实提高了农产品的单位面积产量，有效地解决了让全世界人民“吃得饱”的问题。但从不好的方面看，这些现代农业技术也给农业生产安全乃至粮食安全带来许多新的问题。如农产品品种单一化的，很容易为病虫害传播创造条件。随着农产品商品化的到来，出于管理与销售方便的需要，农业种植呈现出明显的区域化、工厂化和农作物品种的单一化倾向，而耕地复种指数的增加，特别是种植业“保护地”的增加，也加速了直接导致病菌致病性的变异和农作物品种抗病能力的丧失。与当地自留种子的传统做法相比，由特定种子商提供农作物种源的供种模式，也很容易因种子基地的绝收，而导致更大范围的绝种绝收。这种将所有“鸡蛋”都放在一个篮子里的做法，显然潜藏着很大隐患，也严重引发了人们对粮食安全的担忧。

除粮食安全外，对食品安全的担忧也无时无刻不搅动着人们敏感的神经。影响食品安全的第一祸首，是因农药、化肥无度使用而造成的土壤有毒物质的严重超标。许多地方因污染问题已极大地降低了当地农民的收入。如果不重视农村的环境问题，“生产发展、生活富裕、生态良好”的社会主义新农村建设目标万难实现[1]。出于对人类长远利益的考虑，我们应尽早觉醒，通过对传

1 闵庆文、孙业红：《农业文化遗产保护：解决农村环境问题的新机遇》，《世界环境》2008 年第 1 期。

统农业技术类遗产的保护，从保护土壤、水源、空气的品质入手，以确保我们的粮食安全、食品安全。

五、是确保人类社会高品质发展的重要手段

在人类尚未彻底解决温饱问题的今天，先解决“吃得饱”的问题是很容易理解的。但作为长远目标，我们确定应该在解决“吃得饱”的同时，为解决人类社会“吃得好”做好资源与物种上的准备。中国农业技术类遗产保护工作所要达成的目标，一是通过这项工作，将祖先在历史上历经千百年培育出来的各种各样、各具特色的农产品品种，最大限度地保护起来，为人类未来的高品质生活保留下更多的种质资源。二是通过对传统农业技术类遗产的认证，将那些尚未受到化肥农药侵染过的、尚保留有诸多传统农产品品种的传统农业遗产地保护起来为人类生活品质的提升作出自己的贡献。

第三节 传统农业技术类遗产的保护要点

中国历史悠久、幅员辽阔，因自然环境、人文环境以及各地物产的不同，人们选择的生活方式和生产方式也不同。有的从事农业生产，有的从事畜牧业生产，有的从事渔猎业生产，有的从事林业生产。这些生产方式相互补充，不但确保了中国这个古老国家能在近万年的发展进程中长盛不衰，而且还能在最大限度内充分利用好各地物产资源，使整个社会实现均衡发展。在这个过程中，祖先们所创各种生产方式，以及他们在各自生产中所积累起来的生产知识与技能发挥了重要作用。作为关系到国计民生的传统农业技术类遗产，理应成为我们关注的重点。那么，在保护这类遗产时，我们应重点保护哪些遗产要素呢？

一、重点保护独具特色的传统农业生产知识与技能

传统生产知识与技能通常都具有强烈的地域色彩。但在保护农、林、牧、渔各业传统生产知识与技能时，我们还是应重点保护那些极具地方特色的传统种养殖技术。如广布于南方各地的稻田养鱼、养鸭、养蟹技术，广布于陕北

高原的淤泥坝建造技术以及广布于甘肃、新疆戈壁滩上的瓜田营造技术等，都应该成为我们关注的重点。类似的地方性生产知识，无论是农业生产知识、畜牧业生产知识，还是林业生产知识、渔猎业生产知识，都值得认真发掘、重点保护。

二、重点保护传统农业生产工具制作技术

传统农业生产工具是人类口、耳、鼻、手、脚等人体器官的延伸，也是衡量一个地区、一个民族生产力发展水平的重要标志。中国历史上许多王朝的进步，都与那个时代生产工具的高速发展有关。譬如直辕犁对汉代社会经济的推动，曲辕犁对唐宋社会经济的推动，雕版印刷对宋代社会经济的推动，都是极好的明证。但随着近几十年来大机械化生产的闯入，传统农业生产工具，特别是那些极具地方特色的传统农业生产工具，受到了前所未有的冲击。在保护传统农业技术类遗产时，我们应重点关注传统生产农业工具并对其制作工艺实施重点保护。除需注意各地传统农业生产工具的基本类型、称谓、使用技巧、人体工学原理以及工作效率等技术层面问题外，还应密切关注传统农业生产工具与周边环境、地质、土壤等的关系，并从中发现祖先的智慧。

在大工业文明到来之前，我们的祖先在传统农具制作方面便已取得过相当丰富的生产经验，如古老风车、水车的制造经验，榨油机、榨糖机的制造经验等。关注这些传统农业生产工具的意义在于，这些传统农业生产工具所使用的动力多半来自自然，基本上可以做到无本经营。在满足农村加工业、灌溉业需求的同时，有效地避免了现代工业给传统农业带来的各种污染和巨大的能源消耗。人类社会的进步不应简单地以一种文明取代另一种文明，而是应该在继承好优秀传统的基础上，不断知新、创新，并创造出更加美好的新文明。

三、重点保护当地特有良种及良种培育技术

优秀的农作物品种和优良的畜种，是人类社会历经千百年农业生产才提炼出来的农业生产精华。一个民族农林牧副渔各业所创文明能否传承下来，优良品种的传递是问题的关键。但在今天，随着人工杂交技术、转基因技术的大面积普及，农业品种已呈现出明显的单一化倾向。从好的方面说，这些高产

品种的大面积普及，确实提高了农作物的单产和家畜的出栏率；但从不好的方面看，农业品种的单一化也会带来意想不到的问题：一方面，种养殖品种的单一化很容易导致病虫害传播；另一方面，农业品种的单一化客观上也确实影响到了人们对农牧产品的口味多重选择。更为严重的是，物种的单一化客观上还会影响到全球物种的多样性，从而给人类带来更大的灾难。为避免类似情况发生，民间社会应该有意识地保留好那些已经传承了千百年之久，且已完全适应了本土土壤、本地环境的本土农作物品种及牲畜品种，为日后农林牧副渔各业的可持续发展，提供更多的种源。

第四节 传统农业技术类遗产的申报原则

传统农业技术类遗产直接关系到国计民生，能否将这笔遗产认真地保护起来并有效地传承下去，将直接关系到一个国家国民经济的健康发展和普通百姓的安居乐业。我们应站在国计民生的高度，来关注传统农业技术类遗产的申报问题。

传统农业技术类遗产关系到农、林、牧、渔、猎各生产领域。要想将其中的文化精华钩沉出来并非易事。因为这里所说的“精华”，并不是我们平时所看到的手艺人手中的“精湛技艺”，而是指在那些人人都会的“粗活儿”中所透露出来的高超的民间智慧。没有深入的调查研究，我们是很难知道其中的奥秘的。在传统农业技术类遗产申报中，具有高超而独特之技术含量者可优先考虑、优先申报。

一、独具地方特色与民族特色者优先

传统农业技术类遗产是个十分宽泛的概念。但作为非物质文化遗产申报对象，我们所要申报与保护的，显然不会是中耕除草之类人人都会的传统农业生产经验，而是那些独具特色的，具有较高科技含量的、在中华农耕史上占有重要地位的传统农业生产知识与技能。例如，早在 2 000 多年前就已产生，到现在仍被使用的新疆坎儿井挖掘运用技术就是其中的一种。这项技术的独特性在于：它是通过在地下挖掘隧洞的方式，将新疆北部天山雪水引入广阔

农田，从而成功地解决了在炎热戈壁环境下沟渠输水地表蒸发的难题。如东南沿海渔业生产中仍在使用的滩涂养殖技术、南海沿岸仍在使用的海水珍珠养殖技术、安徽休宁山泉流水养鱼技术等，都因独具地方特色且具有高超的技术含量而成功进入中国重要农业文化遗产名录。在汉族地区，人们相信粪肥的作用，于是就有了“种地不上粪，等于瞎胡混”的说法。其实，其他民族也很相信粪肥的作用，并在他们的农业生产实践中，因地制宜，创造出各种各样的肥田经验。在云南红河的哈尼人地区，人们对肥料的采集主要是通过以下七种方式完成的：一是通过铲除田间地头杂草的方式就地取肥。二是通过将稻茬翻入泥水就地取肥。三是通过稻田养萍就地取肥。四是通过把营养丰富的山流水引入农田就地取肥。五是通过养殖家畜就地取肥。六是通过稻田养鱼就地取肥。[1] 七是通过稻田养鸭就地取肥。要想把传统农耕智慧发掘出来，就必须深入田野，拜老把式为师。水中望月、蜻蜓点水式的田野调查是不可能挖掘出真正的农耕智慧的。

二、独特而有效的育种技术优先

良种是农牧业文明的重要载体，也是农牧业发展的重要“芯片”。一个优良品种的培养，通常都需要几十年乃至上百年的时间。保护好那些已经完全适应了本土环境的优良品种，特别是保护好与之息息相关的传统选种育种技术，对于一个国家的农牧业发展十分重要。云南红河哈尼梯田系统、江西万年稻作文化系统、内蒙古敖汉旗旱作农业系统，之所以能入选中国重要农业文化遗产乃至全球重要农业文化遗产名录，显然与它们保留有优秀的传统农作物品种有关。按哈尼人习惯，每年入秋之时，人们都会特别留意好稻种的选拔。开镰之前，人们还会下到田里，挑选那些植株高大、颗粒饱满、健康多穗的稻株，并把这种稻株结下的稻穗直接拔下，留作稻种。在缺少土地资源的汉族地区，人们更重视良种的选拔。秋收之前稻子刚刚变黄时，人们就会找出高高大大、颗粒饱满的稻株，并在稻穗处绑上红布条。当稻种完全成熟后，人们会再次来到田边，并将拴有红布条的稻穗拔下。如果我们把前面系红布条的行为称之为“选”的话，那么，把系有红布条的稻穗拔下的行为便称为“拔”。汉语

1　据有关资料，稻田养鱼如果亩产成鱼 30 千克，那么，鱼粪的排放量即相当于 4 千克的纯氮和 9 千克的尿素。

中的“选拔”一词就是这样来的。

为确保种质资源不至退化，农户之间需要不断换种。哈尼族村寨是典型的熟人社会，只要打过招呼，主家就会有意识地多留上些好稻种供大家使用。换种范畴可以是本村，也可以是其他村寨。如果是亲戚关系，或是你的品种超级好，换种范畴就会更远、更大些。有时，嫁女儿的人家还会作为礼物，让女儿把自家的优良稻种带到更远的地方。这种换种行为可以是农作物，也可以是牲畜或水产品。在全球重要农业文化遗产地青田，女儿出嫁时，家中也会从鱼塘里捞取鱼苗一盆，作为嫁妆带到婆家。其表层含义是通过赠送鱼苗，传达出娘家祝愿女儿出嫁后“连年有余”“多子多孙”，但在客观上却实现了不同地区鱼苗互换，从而避免了稻田鱼的近亲繁殖问题。

当然，换种并非毫无节制。如果稻子生病是不能参与交换的。此外，凡生长在不同海拔的稻种也不能互换。

第五节　传统农业技术类遗产保护容易出现的问题

一、对民间社会传统农业技术类遗产资源挖掘不足

传统农业技术类遗产是人类社会对传统农耕文明的高度总结，它所涉范围极广，很早便受到联合国教科文组织的关注。联合国教科文组织在《非物质文化遗产保护公约》中，屡屡提及“有关大自然（如时空）的观念，农业生产活动及相关知识，生态知识与实践，药典及治疗术，宇宙观，航海知识，预言与神谕，有关大自然、海洋、火山、环境的保护要点与实践、天文及气象学方面的具有神秘色彩的、精神层面的、预言式的、宏观宇宙及宗教方面的信仰和实践，冶金知识，计数与计算方法，畜牧业，水产，食物的保存、制作、加工与发酵，花木艺术，纺织知识和艺术”和“打猎、捕鱼以及收获习俗”并将其明确到入非物质文化遗产保护范畴。由此不难看出，在联合国教科文组织看来，传统农业技术类遗产、林业技术类遗产、畜牧技术类遗产、渔猎技术类遗产，都可纳入非物质文化遗产保护范畴。

从中国的非物质文化遗产保护实践看，与具有较强专业性特点的传统

工艺技术以及传统工艺美术类遗产相比，我们对传统农业技术类遗产的关注远远不够。联合国教科文组织在《非物质文化遗产保护公约》中所列举的“农业生产活动及相关知识”“生态知识与实践”“航海知识”，以及“有关大自然、海洋、火山、环境的保护要点与实践”“天文及气象学方面的具有神秘色彩的、精神层面的、预言式的、宏观宇宙及宗教方面的信仰和实践”“畜牧业”“水产”，特别是那些与农业生产息息相关的传统农业生产知识与技能，基本无缘进入中国非物质文化遗产名录。原因是作为一种普及化了的民间智慧，传统农业技术类遗产已经普遍存在于广大民间社会，由于人人都会，反倒容易让我们熟视无睹。其实，传统农业技术类遗产的技术含量是相当高的，只是因为我们对这一古老传统不够了解罢了。譬如中国彝族火把节申报人类非物质文化遗产遇阻，理由是里面出现了恐怖的斗牛场景。其实，对于当地人而言，人们在节日中斗牛并不是为了简单的娱乐和内心情绪的发泄，而是试图通过一年一度的斗牛，将当地最好的公牛选拔出来，作为优良品种推广出去，以确保当地家畜品种的高质量传承。可以说，无论是农业、畜牧业生产，还是渔猎业生产、林业生产，都有许多本土智慧需要我们挖掘。这就需要我们找到更多技术高超、经验丰富的老庄稼把式、老看林人、老牧民、老渔户、老猎户，并通过他们将那些深藏于民间社会的传统生产知识与技能真正地挖掘出来。

二、缺乏整体保护理念和综合保护意识

与只保护单一技术的非物质文化遗产不同，传统农业技术类遗产保护会涉及多方面内容，有必要对其实施整体性保护。譬如我们要保护传统石榴种植技术时，只保护好育种技术、耕种技术、灌溉技术、排涝技术、病虫害防治技术尚远远不够，在保护好上述技术的同时，还要保护好与石榴种植技术相关的石榴采摘技术与储藏技术；不啻如此，在保护好石榴种植技术的同时，还要保护好与之相关的传统节日仪式，以及与传统节日仪式密切相关的民间文学、表演艺术等，因为这同样是石榴种植者日常生活的重要组成部分。传统农业技术类遗产保护讲究的就是对传统农业遗产地上的所有传统农业遗产要素实施整体保护。这一点与其他类型的非物质文化遗产保护还是有一定的区别的。

思考题

1. 传统农业技术类遗产到底包括哪几个部分？
2. 保护传统农业技术类遗产到底有什么意义？
3. 传统农业技术类遗产的保护要点是什么？
4. 传统农业技术类遗产申报时要重点推选哪些项目？
5. 传统农业技术类遗产保护容易出现哪些问题？

附录

附录一
传统表演艺术类遗产调查指南

我们所说的传统表演艺术，泛指人类在历史上创造并以活态形式传承至今的，通过唱腔、动作、表情、台词、演奏等艺术形式来塑造人物形象，展现演出者内心世界的艺术表演形式。尽管本指南是为我国的传统表演艺术中的传统戏剧、曲艺（包括少数民族史诗、叙事诗演唱）、民歌、舞蹈、音乐等而设计，但只要稍加改动，同样适用于传统体育、游艺、杂技与民间文学等广义表演艺术形式的调查。

一、调查准备

1. 上网查询有关传承人及传承项目的全部资料。

2. 到当地文化局或群艺馆进行相关资料查询。这里提供的多是一手资料，具有很重要的参考价值。

3. 通过图书馆或中文期刊网等查阅该项目及其传承人研究的有关图书、论文。

资料查询不仅可以使我们节省大量时间，发现重点，找到问题，而且也方便调查过程中与传承人的交流，从而获得传承人的好感，使调查变得更加顺畅。如果写非物质文化遗产项目及其传承人的调查，这些资料可以直接引用，但如果是写传承人口述史，这些来自他人调查成果的资料无论如何都不能直接引用。口述史写作的一个基本要求是，只有讲述者亲自对你说过的，才可以写进口述史。

二、注意事项

1. 调查人员在田野调查之前，应根据调查对象的实际情况，在本《指南》的基础上，编制出一个更为具体、更具有可操作性的项目调查大纲。凡《指南》未涉及但又十分重要的文化事项，调查者可根据实际情况进行必要的补充和修订，不要因调查项目的缺失而影响到结论的完整。

2. 传统表演艺术类遗产专业性很强，调查前要深入了解相关知识，不但要懂得相关术语以方便交流，同时还要知道该技艺的技术要点之所在，使调查略去不必要的专业常识解释，直奔主题。

3. 传统表演艺术类遗产有的属个体传承（如评书、山东快书等），有的属团体传承（如皮影、昆曲等）。对于个体传承型项目而言，除应对传承人本人进行翔实的口述史调查外，还应对其师傅、徒弟、家人甚至客户，进行必要的延展性调查。对需多人才能完成的团体传承型项目，则要对该团体的主要成员进行逐一调查。每部分采访谁、采访什么内容，都要根据他们每个人的传承特长进行精心设计。

4. 写作时，如传承人所述涉及的历史背景、历史人物、历史事件过于复杂，传承人说不清楚的，调查人员编写时则可通过查找相关资料等方式补充说明。

三、调查成果

1. 需要提交整个调查过程的录音或录像资料的电子拷贝（电子文档名称的编写应包含以下信息：项目名称，编号，采访内容，采访对象，采访时间，采访人）。

2. 需提交调查过程中拍摄的照片（要求 2 000 万像素以上。其中包括传承人的正面像、传承人与调查者的合影、调查过程中的工作照、传承人工作照、传承人居住寓所或排练演出场所、师傅徒弟的合影、传承人及家庭的老照片、传承人代表作照片等）。

3. 原始记录文本（现场笔录原件），如自己需要请复印。

4. 每次调查的整理稿（电子文档名称的编写应包含以下信息：项目名称，编号，采访内容，采访对象，采访时间，采访人）。

5. 如果有出版计划,应整理用于出版的传承人口述史文本(通常 50 000 字到 100 000 字左右,格式按出版社要求编排)。

四、调查大纲

第一部分 艺人简介

简要介绍该艺人的基本情况、传承脉络、特点、业界地位等基本信息(300 字左右)。

第二部分 项目发展史

时间 / 地点 / 口述人 / 采访人 / 录音整理人

1. 宏观地讲述一下该表演艺术的发展历程。据您所知该表演艺术是什么时候产生的?已经有多长时间的历史了?其发展过程大致可划分出几个时间段(产生、发展、兴盛、衰落、复兴等)?兴盛时主要有哪些著名剧团?地理分布有何规律?

2. 重点谈谈这门表演艺术产生的背景是什么?这门表演艺术与当地文化传统、习俗、信仰等人文环境及自然环境有何联系?在当地民族或社区文化中占有怎样的位置?发挥着怎样的作用?

【小结】总结归纳采访内容(300 字左右)。

第三部分 艺人的学徒生涯

时间 / 地点 / 口述人 / 采访人 / 录音整理人

1. 请问姓名(是否有艺名?因何而得?艺名有无辈分和排行上的讲究?)、年龄(采访时的年龄及出生年月日)、民族、籍贯、宗教信仰、职业、受教育程度、家庭成员情况。

2. 先从您小时候的生活环境讲起吧。记得小时候的生活环境是个什么样子吗?周围的邻里、亲戚都是干什么的?从小喜欢干什么?讲讲童年趣事。从什么时候,是什么原因开始对这门艺术感兴趣的?

3. 从什么时候、在哪里开始了自己的学艺生涯?为什么会选择这份职业?是为谋生,还是家传,兴趣偏好?是脱产学艺,还是业余学习?

4. 师傅是谁?是怎么选择上这位师傅的?是否有亲戚关系或别的什么

关系？当时身边的人是怎样评价师傅的？

5. 当时师傅选徒弟的标准是什么？他是怎么看您的？是否需要学费？有无世传匾额/旗幡/印章/徽记或其他物件？获得过何种称号？

6. 以前拜师有什么仪式？聊聊该行业的传统（祖师爷的故事，祭祖的故事，解决内部纠纷的办法。具体问题有：该行业是否有祖师信仰？祖师是谁？是否有祖师塑像、画像、庙堂？是否有祭祀祖师的仪式？祭祖师的时间？地点？祭品？参加者？组织者？祭辞？请详细描述祭祀仪式的整个过程）。如果自己没有类似的经历，听说过的也行。请讲讲有趣的行业内部规矩和故事。

7. 哪些人可以学习该技艺？哪些人不能学习该技艺？在传承上有无性别、年龄、属相等方面的禁忌？入行有什么规矩？艺德是怎么培养的？聊聊学艺过程中最难忘的故事、学艺的规矩。如果没有这样的经历，也可以聊聊您听到的以前拜师学艺的故事与规矩。

8. 讲讲您师傅和师傅家的故事（您师傅的家族情况，是否有家族传承？您师傅与师爷的故事，您与师傅的故事，师傅家族的故事。附老照片）。讲讲师兄弟之间的故事（附老照片）。

9. 有无在专业院校学习或进修的经历？在专业院校学习的是何种专业技能？是谁介绍去的？主要收获是什么？对您之后的从艺经历产生了什么影响？

10. 学徒的一般规律是什么？从什么地方开始学起？需要多长时间？讲讲当时的生活环境、表演环境。这些环境在布置上有何特点与讲究？

11. 当时师傅是怎么教你们的？是手把手教，还是师兄带师弟？是否有特定的口诀和技巧？多讲点儿艺诀。讲讲学艺的故事。

12. 有无对其他人保密的独门绝活？这种独门绝活您是如何学到的？

13. 这门技艺的传承方式是血缘传承，地缘传承，业缘传承，还是书本（学院式）传承？您认为哪种传承方式更有利于这门技艺的传承？您是第几代传人？详细写出传承谱系（各代传承人的姓名、年龄、民族、文化程度、宗教信仰等）。

14. 师兄弟之间是怎样分工的？为什么这么分工？讲讲师兄弟之间的故事（附加老照片）。

15. 说一说您所属艺班和艺班的情况（班主、演员分工、学艺经历、接戏规矩）。讲讲你们表演团体里的故事吧。

16. 常演剧目有哪些？这些演出主要集中在什么时段？与当地民俗（祭祀、老人过生日、婚礼、丧礼、祈雨）有什么关系？

17. 技艺成熟的标志是什么？出师或技艺学成时是否举行相关仪式？讲讲仪式的过程及有关趣事（附加老照片）。

18. 讲讲自己的成名经历以及各个时期的主要代表作（附加老照片）。

19. 喜欢传统，还是喜欢改造创新？为什么？在什么地方创新？是自己觉得有必要改，还是别人督促自己改？老艺人、师傅们是什么态度？下面的师兄弟或学生是什么态度？观众是什么态度？

20. 讲讲与这门技艺有关的传说、故事（个人经历故事）、口诀、歌谣、谚语。

21. 这些传说、故事、口诀、歌谣、谚语是何人、何地、何时告诉您的？或是何时何地从书上看到的？是自己有意识地找来看的，还是偶然看到或听到的？

22. 带过几个徒弟？带徒弟有什么规矩和要求？是怎样选徒的？目前是否有徒弟或助手？有几个？是否是直系亲属或亲戚？

23. 当前传承面临的问题是什么？

24. 现在的生活状况如何？技艺与生计有何关系？

【小结】总结归纳采访内容（300 字左右）。

第四部分　行业知识

时间 / 地点 / 口述人 / 采访人 / 录音整理人

1. 该行业有没有相关的行业组织？行会领导人是如何选出来的？

2. 您和您的亲属、师傅是否担任过这类职务？一个行会大约有多少会员？都有哪些职务？

3. 有何行规（如不许拆台等等）？有何禁忌？有何惩罚制度？怎样处理纠纷？怎样处理突发事件？行会都能解决哪些问题？如果没有类似经历，也可以说说师傅们口中的行会故事。

4. 该行业是怎样看待竞争的？如何竞争？如何惩罚？都有什么具体的

行规？

【小结】总结归纳采访内容（300字左右）。

第五部分　表演艺术

时间 / 地点 / 口述人 / 采访人 / 录音整理人

【场地与道具】

1. 是否有专门的演出场地、场所进行表演或传承活动？谁提供的？请详述具体情况。

2. 该项目传承需要哪些道具？请一一说明（附照片）。请详细描述上述道具所用原料或材料、形状、颜色、尺寸以及图案的含义。这些东西是何人制作的？当时多少钱一套？制作时有何相关禁忌和仪式？有没有独特的收藏方法？

3. 该表演艺术需要哪些服装？请一一说明（附照片）。请详细描述上述服装所用材料、形状、颜色、尺寸以及图案含义。这些服装道具在色彩的选择上有无限制或倾向？有无设色原则？有哪些相关口诀？每种颜色的意义是什么？一个剧目中服装颜色如何搭配？这些服装道具是何人制作的？当时一套需要多少钱？制作时有何禁忌或仪式？平时如何保存与收藏？

4. 该表演艺术需要哪些乐器？请一一说明（附照片）。请详细描述上述乐器所用原料或材料、形状、颜色、尺寸以及图案的含义。好乐器的标准是什么？这些乐器是从哪里购得的？何人制作的？当时一件需要多少钱？制作时有何相关禁忌和仪式？平时如何保存？

5. 制作时有无使乐器提高档次的办法和诀窍？

6. 该表演艺术是否有用于行业内部的文字、曲谱、舞谱等专业符号？这些专业符号是怎样传承的？现在保存、传承、整理这些专业符号的情况如何？

【表演内容】

7. 历史上你们戏班子演出的主要剧目或节目是什么？现在还能演出哪些剧目或节目？

8. 地方点戏时，剧目或节目的选择与什么有关？与特殊节日、庙会仪式、人生礼仪有关吗？选择的理由和原则是什么？什么戏能演，什么戏不能演？

为什么？

9. 你们戏班子与其他戏班子所演剧目相同的是哪些？不同的是什么？为什么？

10. 如果演出是基于敬神的需要，女演员是否能上台演出？在演员的挑选上有何禁忌？

【风格与特点】

11. 您传承的这门表演艺术有何特点？与当地其他表演艺术有什么关系？

12. 该表演艺术的出演是否有季节性？什么季节排练？什么时候表演？什么季节或场合不能演出？什么人不能参加演出？现在有何变化？

13. 您传承的这门表演艺术与其他地方有何不同？为什么？请列举。

14. 这门表演艺术有多少种曲调？详细列出曲牌名（征得传承人同意后复印原乐谱）。

15. 评价该表演艺术水平高低的标准是什么（如唱腔、身段、动作以及与此相关的动作的数量、速度、难度、连贯性、准确性、协调性以及熟练性等等）？依照这些标准您大致相当于怎样一个水平？

16. 是否有专业人士对您传承的这门传统技艺进行过调查？有无已经出版或成稿的书？请详细列举作者、作品的名称、出版年代、出版单位（将相关材料复印下来）。

【小结】总结归纳采访内容（300字左右）。

第六部分　传承问题

时间 / 地点 / 口述人 / 采访人 / 录音整理人

1. 您目前的主要经济来源是什么？生活上有何问题？有来自政府的补贴吗？

2. 您从事的主业是什么？副业是什么？每年从事表演艺术的时间主要集中在哪些时段？大约占用多少时间？

3. 您是否将表演技艺作为谋生手段？这方面的收入占总收入的比例是多少？

4. 您是否参加过县级、省级、国家级和出国展演？何时？何地？

5. 您是否受到过政府或其他机构的命名、奖励？这些奖励、命名给您带来过怎样的好处？

6. 这门表演艺术目前在本地区的传承情况如何？还有多少团体在传承？

7. 请具体说明非物质文化遗产保护工程启动之前你们的最大问题是什么？非物质文化遗产保护工程启动之后你们的最大问题是什么？

8. 政府是否已经聘请专家给予过你们以专业化培训？您认为是否有必要对你们传承了数百年之久的传统艺术进行改编或改造？您认为这对于你们提高专业水平是否会有帮助？是否会影响到你们的原有风格？年轻人怎么看？老艺人怎么看？

9. 所在地政府是否对该艺术的传承提供过物质条件？具体体现在哪些方面（资金、场所、工具或其他条件）？

10. 您目前在技艺传承上面临的主要困难是什么（资金、场地、政策、法律支持、人员等）？你们希望政府在哪些方面给予帮助（如举办各种演出，提供演出设备、演出场所等等）。

11. 您是愿意让政府为您找徒弟，还是愿意自己找徒弟？为什么？在找徒弟的过程中，愿不愿意将技艺传承给外姓人？

【小结】总结归纳采访内容（300 字左右）。

• 附录二 •

传统工艺技术类遗产调查指南

传统手工技艺类遗产泛指人类在历史上创造并以活态形式原汁原味传承至今的手工技术与技艺。它既包括专业性、审美性很强的由匠人或艺人们创作的传统工艺美术类遗产，也包括所有与人们生产生活有关的传统生产知识类遗产和生活知识类遗产。本《指南》的设计以传统工艺美术类遗产调查为主，但只要稍加改造，同样适用于传统生产知识与生活知识类遗产的调查。

一、调查准备

1. 上网查询有关传承人及传承项目的全部资料。这些资料有助于你对传承人及传承项目的了解。有了这些资料，基本上不再需要对报刊等新闻媒体进行专门性查询。

2. 查询地方政府已经出版的有关非物质文化遗产及其传承人的资料。这些资料多半来自亲力亲为的田野调查，具有很重要的参考价值。

3. 查阅有关本地非物质文化遗产及其传承人的图书、论文。主要途径是图书馆和中文期刊网等。

上述查询不仅可以为今后的调查找到更多的问题点、切入点，而且也方便调查时与传承人的交流，并由此获得传承人的好感，使调查更加顺畅。需要指出的是，如果是写非物质文化遗产项目的介绍，这些资料可以直接使用；但如果是写传承人口述史，这类资料只能为你的调查提供参考，而不能替代自己的调查。口述史写作的一个基本要求，只记录讲述者讲过的东西。讲述者没说，即使实有其事，即或有大量文本资料可以支撑，也不能进入自己的口述史文本。

二、注意事项

1. 调查人员在田野调查之前，应根据调查对象的实际情况，在本《指南》的基础上，编制出一个更为具体，也更具有针对性的项目调查大纲。

2. 传统手工技艺类遗产专业性很强,调查前要深入学习相关知识,并知道必须要问及的核心技术之所在。如果发现本调查大纲并未涉及,则需进行必要的补充与修订,否则,调查的缺失会直接影响到结论的完整性与准确性。

3. 传统手工技艺类遗产通常属个体传承,要想知道传承人所传技艺的来龙去脉,就必须对其师傅、徒弟、客户等,进行必要的补充调查。如果是需多人才能完成的团体传承型项目,则需要对该团体的所有人进行逐一调查。每一部分采访谁、采访什么内容,都要根据他们每个人的传承特长进行精心设计。

4. 写作时,如传承人所述涉及的历史背景、历史人物、历史事件过于复杂,传承人说不清楚,作者则需要通过查找相关资料等方式,以注释的形式加以说明。

三、调查成果

1. 需要提交整个调查过程的录音或录像资料的电子拷贝(电子文档名称的编写应包含以下信息:项目名称,编号,采访内容,采访对象,采访时间,采访人)。

2. 需提交调查过程中拍摄的照片(要求2 000万像素以上。其中包括传承人的正面像、传承人与调查者的合影、调查过程中的工作照、传承人工作照、传承人居住寓所或排练演出场所、师傅徒弟的合影、传承人及家庭的老照片、传承人代表作照片等)。

3. 原始记录文本(现场笔录原件),如自己需要请复印。

4. 每次调查的整理稿(电子文档名称的编写应包含以下信息:项目名称,编号,采访内容,采访对象,采访时间,采访人)。

5. 如果有出版计划,应整理用于出版的传承人口述史文本(通常50 000字到100 000字左右,格式按出版社要求编排)。

四、调查大纲

第一部分　项目与艺人简介

简要介绍该项目的历史、流派、现状等基本情况(500字左右)。同时要介绍出该艺人的基本情况、传承脉络、特点、业界地位等基本情况(300字左右)。

第二部分　该手工艺项目的发展史

时间 / 地点 / 口述人 / 采访人 / 录音整理人

1. 在中国该手工技艺是什么时候产生的？产生的背景是什么？该手艺与当地人的日常生活有什么联系？

2. 您知道中国这种手工技艺的发展历程（产生、发展、兴盛、衰落、复兴等划出大致的时间段）吗？兴盛时是个什么样子？衰败期是个什么样子？

3. 不同朝代的风格与特点是什么？为什么？

4. 在地理分布上有什么特点与规律？为什么？

5. 著名艺人各自的特点是什么？为什么？

6. 该手工技艺产品主要的消费地是什么地方？都销售给什么阶层的人？

【小结】总结归纳采访内容（300 字左右）。

第三部分　艺人的学徒生涯

时间 / 地点 / 口述人 / 采访人 / 录音整理人

1. 先从您小时候的生活环境讲起吧。记得小时候的生活环境是个什么样子吗？周围的邻里、亲戚都是干什么的？您从小喜欢干什么？讲讲有趣的童年。

2. 是从什么时候，因为什么原因开始对该技艺产生兴趣的？

3. 是从什么时候、在哪里开始了自己的学徒生涯？为什么会选择这份职业？是为单纯的谋生？还是家传，或是有兴趣的偏好？

4. 您的师傅是谁？是怎么选择上这位师傅的？是否有亲戚关系或别的什么关系？当时您身边的人是怎样评价他的？师傅选徒弟一般都有什么要求？他是怎么评价您的？当时选徒弟的标准是什么？是否需要交学费？

5. 以前拜师有什么仪式？请您讲讲该行业的传统（祖师爷的故事，祭祖师的故事，行规，解决内部纠纷的办法。具体问题有：该行业是否有祖师信仰？是否有祖师塑像、画像、庙堂？是否有祭祀祖师的仪式？祭祖师的时间？地点？祭品？参加者，组织者是谁？详细描述仪式的整个过程）。您拜师有什么讲究？有什么仪式或有趣的故事吗？如果没有，听说过的也行。

6. 哪些人可以学习该技艺？哪些人不能学？有无性别上的禁忌与文化

上的禁忌？入行的规矩是怎么知道的？艺德是怎么培养的？

7. 师傅的情况（师傅的家族情况，您师傅与师爷的故事，您与师傅的故事，师傅家族的故事，附老照片）。

8. 有无专业院校进修或学习的经历？在专业院校学习何种专业技艺？是谁介绍去的？这种教育的优点是什么？缺点是什么？

9. 学徒的一般规律是什么？从什么东西开始学起（重点介绍选料、设计、打磨毛坯、精雕、打光等环节的技巧）？学一个流程需要多长时间？总共学下来需要多长时间？讲讲作坊环境布置上的学问（附图），这样布置对从艺有什么好处？该行业对工作环境有什么特殊要求？

10. 当时师傅是怎么教你们的？是手把手，还是师兄带师弟？是否有特定的口诀和技巧？

11. 有无对其他人保密的独门绝活？这种独门绝活您是如何学到的？

12. 徒弟之间有什么分工？为什么这么分工？讲讲师兄弟之间的故事（附老照片）。有无技术竞赛或评比？您在竞赛或评比中取得过什么成绩（附老照片）？

13. 技艺成熟的标志是什么？出师或技艺学成时是否举行相应的仪式？仪式过程是怎样的（附老照片）？

14. 讲讲自己的成名经历以及各个时期的代表作（附老照片）。

15. 您是喜欢传统，还是喜欢创新？为什么？如果喜欢创新，主要在什么地方进行创新？是自己觉得有必要改，还是别人督促自己改？改到什么程度？老艺人、师傅们是什么态度？下面的师兄弟或学生们是什么态度？

16. 有哪些关于该手工技艺的传说、故事（个人经历故事）、口诀、歌谣、谚语？

17. 相关传说、故事、口诀、歌谣、谚语是何人、何地、何时告诉您的？或是何时何地从什么书上看到的？是自己有意识找来看的，还是偶然看到的？

18. 关于行会的采访。该行业有没有相关的行业组织？会首是如何选出来的？传承人或其亲属、师父是否担任过这类职务？一个行会大约有多少人？大家是如何分工的？行会都能解决哪些问题？如果没有类似经历，也可以说说师傅们口中的行会故事。

19. 行会成立多少年了？有何行规？有何禁忌？如果违反了这些行规或

禁忌会造成什么后果？有何惩罚措施？师傅们是怎么说的？

20. 该行业是怎样看待竞争的？怎么抑制不当竞争的？

21. 当地是否有与该手工技艺行业相关的定期活动（如特殊节日、仪式）？在这些节日仪式中是否也请戏班子唱戏？这种场合在剧目的选择上有何规矩？什么戏能演？什么戏不能演？理由是什么？

22. 您目前是否有徒弟或助手？有几个？是否是直系亲属关系？

23. 当前传承面临的主要问题是什么？

【小结】总结归纳采访内容（300字左右）。

第四部分　传统工艺

时间 / 地点 / 口述人 / 采访人 / 录音整理人

【选料篇】

所有传统手工技艺的第一步都是选料。重点探讨选料的时间、地点（附照片）、选料的原则。如选料需要注意哪些问题？有哪些讲究？是否需要相关仪式（附照片）？具体内容包括：

1. 材料名称、俗称。
2. 材料的成分、材质。
3. 材料规格。
4. 除主材料外，还有什么辅助材料。
5. 材料产地。
6. 是否存在材料短缺、枯竭的情况。
7. 若传统材料受限，是否有替代材料。
8. 在制作之前，需对材料进行哪些加工处理？
9. 衡量材料好坏的具体方法和标准是什么？
10. 有无使材料提高档次的办法？有无特别诀窍？
11. 所需材料在当时的绝对成本是多少（可以用粮食等进行横向比较）？
12. 材料通常如何保存？
13. 启用材料时有无相关仪式？
14. 材料的使用有无特殊禁忌？
15. 其他与材料相关需要说明的内容？

【工具篇】

“工欲善其事必先利其器”，要想做出一件好作品，就必须有好的工具。好的传统工具通常是自己做的。在制作过程中会有很多讲究，这应该成为我们调查的要点。内容包括：

1. 制作工具名称、俗称。
2. 工具材质。
3. 工具尺寸。
4. 工具结构、构造。
5. 工具的工作原理、机制、动力。
6. 每项工具的用途。
7. 每项工具的使用方法。
8. 工具是否需要特殊的材料制成？
9. 制作工具的材料是否存在短缺、枯竭现象？
10. 工具是否需要特殊的人员制造？是否有较高要求？
11. 工具的成本是多少（可以用粮食等进行横向比较）？
12. 工具是否需要特殊的护理与保存？应注意什么？
13. 使用工具有哪些技术要求、操作要领、法式、艺诀？
14. 工具的使用有无仪式、禁忌？
15. 历史上使用的传统工具是什么样的？今昔工具有什么变化（附照片）？

【流程篇】

1. 该工艺共有多少道工艺流程（各流程的照片）？
2. 详细说明每道流程使用的工具。
3. 各道工艺流程主要要完成哪些任务？有什么讲究？难点、重点在什么地方？
4. 每道工艺流程需要多长时间？有没有节气、环境、气候等方面的限制？参与者有没有性别、属相上的限制？民间有什么说法？师傅当时是怎么传的？
5. 制作流程与人文环境有什么关系（这些工艺流程的安排与庙会、年节有什么关系）？操作之前是否需要举行相关仪式？如果没有类似经历，也可以回忆一下师傅是怎样说的（历史老照片）。

6. 制作流程与自然环境有什么关系(这些工艺流程的安排与季节、干湿度、温度有什么关系)?

7. 在工艺流程上,您有哪些独特的技艺绝活?这样做的优点是什么?

【工艺流程举例】

景德镇青花瓷制作工艺中最核心的技术流程包括选料练泥、拉坯、利坯、画坯、施釉和烧窑五项工序。

流程一:选料练泥。在什么时候、到什么地方取料、怎样处理这些原材料?

流程二:拉坯。也叫"做坯",是成型的最初阶段,也是器物的雏形制作。它是将制备好的泥料放在坯车上,用轮制成型方法制成具有一定形状和尺寸的坯件。重点讲述成型的技巧和独特的经验。这道工序的工具有什么讲究(附照片)?

流程三:利坯。也叫"修坯"。它是将经过印坯工艺后的粗厚不平、规格不齐的粗坯经过两次旋削,使之厚度适当、表里一致。这道工序有哪些独特的手法?有什么口诀?工具有什么讲究(附照片)?

流程四:画青花。俗称"画坯"(附照片)。它是用青花料等在坯胎上绘画,打青花箍或写青花字。

流程五:施釉。俗称"刹合坯"(附照片)。它是在器坯内外上一层玻璃质釉、使之光润。其方法有蘸、浇、吹、荡、涂等。釉是如何制作的?有多少种?上釉需注意什么?

流程六:烧窑。是成瓷的最后一道工序。它是将装有成坯的匣钵放置在窑床上,用松柴或槎柴烧至 1 270~1 300 度,采取先氧化焰,后还原焰的方法,分溜火、紧火、净火三个阶段,把匣钵内的坯胎烧成瓷胎(附照片)。历史上窑有什么讲究?老师傅是怎样说的?关于窑有什么传说?现在窑有何变化?烧窑有什么讲究?有哪些仪式?

对于那些工艺简单的项目直接写出工艺流程即可。

【小结】总结归纳采访内容(300 字左右)。

第五部分　表现题材

时间 / 地点 / 口述人 / 采访人 / 录音整理人

1. 当地创作题材有无传统定式？与其他艺人相比，您更喜欢表现什么主题（人物、花鸟等）？您的表现主题可分为多少类？

2. 每一类又具体反映了哪些具体的主题（如人物中有关公、和合二仙等，花鸟中有梅兰竹菊等）？涉及戏剧人物的，喜欢表现哪些剧目中的戏曲人物？为什么？

3. 为什么会强调这些内容？历史上是否有这样的传统？是跟谁学来的？师傅当时是怎样传、怎样教、怎样说的？这些作品反映了怎样的传统道德观念和审美心理？这些表现主题和其他艺人所反映的主题有什么不同？与其他类别的工艺美术作品有什么相同或不同？

4. 请讲讲您的作品的内容与当地文化传统的关系，与市场需求的关系，与时代审美变化的关系，与当地生态环境的关系。譬如说是否与自然地形地貌、农牧业生产活动有关？不同内容的创作和季节、庙会有什么关系（如打春前做春牛，龙年春节前做龙灯等）？

【小结】总结归纳采访内容（300 字左右）。

第六部分　艺术技巧

时间 / 地点 / 口述人 / 采访人 / 录音整理人

1. 您掌握有多少种表现技法或方法（如惠山泥人有“手捏戏文十八法”）。您的独特技法是什么？请详细说明。

2. 每种技法都在表现什么样的主题时使用？会达到什么样的效果？

3. 您能够使用其中的多少种技法？

4. 该工艺的生产是否有季节性、规律性？生产旺季在几月份？为什么？

5. 备料、制作、生产的时间有无特殊要求？

6. 与技巧相关的需说明的其他问题。

【小结】总结归纳采访内容（300 字左右）。

第七部分　大师谈艺

时间 / 地点 / 口述人 / 采访人 / 录音整理人

1. 重点谈该项目精品的品鉴要领（附照片）、自己艺术风格的形成、创作与生活、与其他艺术的关系。

2. 历史上有哪些精品(附照片)?当代创作中有哪些精品(附照片)?历史上的精品与当代的精品有何不同?

3. 评价这类作品水平高低的标准是什么?

(1) 使用原料。用的是什么料?好料的标准是什么?如何才能得到好料?真料与假料的鉴别方法是什么?使用假料的后果是什么?

(2) 内容创意。您最擅长什么主题?这些主题反映了什么样的文化内涵?为什么喜欢这类的主题?是传统使然,还是市场需求?与自己的阅历有无关系?

(3) 工艺技法。谈谈什么样的表现手法适合表现什么样的主题。好的工艺与不好的工艺的差别在什么地方?

4. 您认为您的风格特点是什么?这种风格是怎么形成的?是师传,还是独创?与其他流派的区别在什么地方(附对比性照片)?

5. 您的艺术创作与生活有什么关系?与当地文化有什么联系?

6. 您都借鉴过什么样的艺术形式?是怎么借鉴的?

【小结】总结归纳采访内容(300 字左右)。

第八部分　国宝大家谈

这是本项调查的拓展部分。可通过采访传承人的师傅、弟子、师兄弟、家人、粉丝、相关学者等,从更多的角度、更多的层面挖掘传承人的技艺精华,展示传承人的内心世界,帮助读者从更多的角度了解大师和他的艺术创造。调查范围可以更加开阔,大师的日常生活、兴趣爱好、性格特点、生平趣事、传艺诀窍、弟子感受以及他在本行当的艺术地位等等,都可以成为本章节的话题。切记不要写成鉴定书式的溢美之词。

【小结】总结归纳采访内容(300 字左右)。

附录三

传统节日仪式类遗产调查指南

多数传统节日是在传统仪式的基础上发展起来的。传统仪式只要形成一定规模,并有固定不变的时间段作支撑,就会转变为节日。那些无法形成规模或在时间上无法固定的传统仪式,便无法形成节日。从这个角度来说,两者既有共通之处,也有一定区别。两者的区别在于:从属性看,传统仪式类遗产专指那些为确认、强化某种关系而举行的认证活动、纪念活动,或是祈福禳灾一类的宗教活动。而传统节日遗产则专指人类在历史上创造并以活态形式原汁原味传承至今的,具有重要历史认识价值、艺术价值、文化价值、社会价值以及科学价值的每年一度的、规模盛大的传统节日庆典活动。从范围看,传统仪式涉及的范围小,参与人数少,活动多在家族、村落或再大一些的行政区域内进行,具有明显的地域性色彩;而传统节日范围广,参与人数多,多数节日都具有全民族性或全国性。

一、调查准备

1. 查询传承人及传承项目的网上资料。

2. 查询本地政府编写的纸媒资料。这些资料多数是内部的,具有很重要的参考价值。

3. 查阅有关本地传统节日仪式及其传承人的图书、论文。主要途径是图书馆或中文期刊网等。

访前的资料查询与检索不仅可以使我们对采访对象做到心中有数,使调查更有针对性,同时还可以让我们发现更多的问题,在调查时便于与传承人交流,并由此赢得传承人的好感。如果是写非物质文化遗产项目或传承人介绍,无论是典籍资料,还是他人的研究成果都可以引用。但如果是写传承人口述史,典籍资料或他人研究成果即或再好也不能直接进入口述文本。因为撰写口述史的一个基本要求是,讲述者说的可以进入口述文本,通过其他渠道得到的传承人资料不能进入口述史文本。

二、注意事项

1. 调查人员在田野调查之前，应根据调查对象的实际情况，在本《大纲》的基础上，编制出一个更为具体，也更具有针对性的项目调查大纲。

2. 传统节日仪式类遗产所涉及的内容专业性很强，调查前要深入学习相关知识，并知道必须要问及的核心问题是什么。如果发现调查大纲并未涉及，则需对《大纲》进行必要的补充，否则，调查上的缺失就会影响到结论的完整性与准确性。

3. 传统节日仪式类遗产多数属群体传承型项目，也有一些属团体传承型项目。但无论哪一种通常都会涉及很多人，都需要对仪式核心组织成员进行逐一调查。每一部分采访谁、采访什么内容，都要根据他们每个人的职责分工做出精心的设计安排。

4. 写作时要注意对材料进行横向与纵向的挖掘。如传承人所述涉及的历史背景、历史人物、历史事件过于复杂，传承人又不清楚，作者则需要通过查找相关档案资料等方式，以注释的形式加以说明。

三、调查成果

1. 需要提交整个调查过程的录音或录像资料的电子拷贝（电子文档名称的编写应包含以下信息：项目名称，编号，采访内容，采访对象，采访时间，采访人）。

2. 需提交调查过程中拍摄的照片（要求 2 000 万像素以上。其中包括传承人的正面像、传承人与调查者的合影、调查过程中的工作照、传承人工作照、传承人居住寓所或排练演出场所、师傅徒弟的合影、传承人及家庭的老照片、传承人代表作照片等）。

3. 原始记录文本（现场笔录原件），如自己需要请复印。

4. 每次调查的整理稿（电子文档名称的编写应包含以下信息：项目名称，编号，采访内容，采访对象，采访时间，采访人）。

5. 如果有出版计划，应整理用于出版的传承人口述史文本（通常 50 000 字到 100 000 字左右，格式按出版社要求编排）。

四、调查大纲

第一部分　项目与传承人或传承群体简介

简要介绍出该传承人或传承群体的基本情况、传承脉络、特点、业界影响力等。300 字 / 人（群体）左右。

第二部分　传统节日（仪式）发展史

时间 / 地点 / 口述人 / 采访人 / 录音整理人

1. 据您所知，这个传统节日或仪式历史上是什么时候产生的？是因为什么产生的？当地有什么相关的传说故事？与当地人的日常生活有什么联系？

2. 您知道这个节日（仪式）的发展历程吗？兴盛时有多大规模？衰落期又有什么表现？讲讲历史上该节日或仪式的故事。

3. 这个节日或仪式各地都有什么不同的过法？在地理分布上有什么特点与规律？

4. 这些节日或仪式对当地物质文明与精神文明的传承到底发挥了怎样的作用？

【小结】总结归纳采访内容（300 字左右）。

第三部分　节日仪式亲历记

时间 / 地点 / 口述人 / 采访人 / 录音整理人

1. 先从您小时候过这个节日或参加这个仪式讲起吧。您记得小时候过节前或举行仪式前大人需要做哪些准备吗？当时自己家里、周围的邻里、亲戚们都会做些什么样的准备工作？男人干什么？女人干什么？您干什么？讲讲关于过这个节或参加这个仪式时的童年趣事。

2. 从什么时候，是什么原因开始对这个节日或仪式发生兴趣并主动参与相关活动的？为什么参与？是自愿参加，有人推荐，还是选上的？是否有家族传统？

3. 成为这个节日仪式核心组织成员是否有正规的拜师仪式？讲讲入行、拜师仪式。如果您没有亲身经历，听说过的也可以讲讲。

4. 聊聊该仪式的传统。该组织有无名称？有无日常活动？举行仪式前要做哪些准备？是否有特别的祭祀仪式？祭祀的对象是谁？祭祀时间？祭祀地点？用什么祭品？主祭人、参加者是谁？大致有多少人？祭祀过程(分几个部分）？祭辞是什么内容？请详细描述仪式的整个过程及有趣的故事。如果您没有类似经历，听说过的也可以讲讲。

5. 哪些人可以成为节日仪式的核心成员？哪些人不能成为仪式的核心成员？有无性别、文化、属相等方面的禁忌？

6. 讲讲核心成员的分工情况。每个人的职务叫什么？具体负责什么工作？他们的分工是否有家族传承？讲讲他们上一辈人以及他们的家族与这个节日或仪式的故事(附加老照片)。

7. 节日或仪式的准备期是从什么时候开始的？准备期大家是如何分工的？各自准备哪些工作？

8. 节日或仪式之前的准备工作从仪式举行的几天前开始的？各自准备什么？相互之间是如何联络的？讲讲准备工作中发生的故事(附加老照片)。

9. 节日或仪式中最核心的仪式是什么？举行这个仪式的目的是什么？当地是怎样传说的？

10. 有神灵绕境巡行吗？是走原来的“老路”，还是改走了“新路”？画出原来的巡行路线并说明原因；画出新的巡行路线并说明原因。

11. 仪式中所用仪仗器物是用原来的，还是新做的？原来的有多少年历史了？道具用原来的或是用新的？理由是什么？在什么地方进行了创新？是谁让改的？

12. 有哪些关于该节日或仪式的传说、故事？特别是个人经历过的真人真事。

13. 相关传说、故事、口诀、歌谣、谚语是何人、何地、何时告诉您的，或从书上看到的？是自己有意识找来看的，还是偶然看到的？

【小结】总结归纳采访内容(300字左右)。

第四部分　传统仪式流程【仪式类遗产调查专业】

时间 / 地点 / 口述人 / 采访人 / 录音整理人

1. 举行传统仪式的时间是怎么确定的？

2. 传统仪式举行地点是怎么确定的？

3. 传统仪式的参加者是怎么选的？在选择上有什么规矩？有无性别、地位、年龄、属相等方面的限制？

4. 传统仪式上参与者的服装是什么样的？有什么规矩？是谁做的？

5. 传统仪式所用食品是什么？在制作上有什么规矩与禁忌？

6. 传统仪式所用祭品是怎么准备的？谁来准备？有什么规矩？

7. 传统仪式所用祭祀舞蹈叫什么？怎么跳？有什么特殊含义？参加者在选择上有什么规矩？平时是如何传承的？

8. 传统仪式所用音乐都有哪些曲谱？都用什么乐器？平时是如何传承的？

9. 传统仪式中的核心仪式是怎样准备的？司仪是如何确定的？标准是什么？

10. 传统仪式所用道具都有什么？这些道具是自己做的还是从外面买的？如果是自己做的根据是什么？

11. 传统仪式所用场地是如何确定与准备的？在选址与布置上有什么讲究？

12. 传统仪式所用祭辞是谁撰写的？为什么由他撰写？主要表达的是什么内容（如保留有祭辞文本请复印拍照）？有什么讲究？

13. 传统仪式有多少道流程？每道流程的内容和目的是什么？主持者、参与者是谁？每道流程使用什么道具（祭品及道具）？有什么讲究？除您自己的经历外，也可以谈谈您师傅经历过的传统仪式。看看哪些地方相同？哪些地方不同？

14. 为什么要举行这样的仪式？与当地什么风俗、什么样的人文环境与自然环境有关？可以多谈谈当地老人是怎样说的（附老照片）。

15. 该仪式之后有无唱大戏等酬神、谢神活动（附老照片）？请什么剧团？唱什么戏？选戏的时候有什么规矩与禁忌？

【小结】总结归纳采访内容（300 字左右）。

第五部分　传统节日仪式流程【节日类遗产调查专用】

时间 / 地点 / 口述人 / 采访人 / 录音整理人

传统节日实际上是由若干个节日仪式构成的。如春节就是由除夕接神仪式、吃年夜饭仪式、守岁仪式、子时接神仪式、踩祟驱邪仪式(即古代的驱傩仪式)等共同组成的。节日类遗产调查的一个重点内容,就是对这些仪式流程及其成因进行认真而翔实的记录。

1. 在这个传统节日中,最重要的仪式是什么? 在什么时间、什么地点举行? 在时间、地点的选择上有什么规矩?

2. 司仪是怎么确定的? 标准是什么?

3. 传统节日仪式的参加者是怎么确定的? 在人员的确定上有什么规矩? 有无性别、地位、年龄、属相等方面的限制?

4. 该传统节日仪式所祭拜的神灵是谁? 什么模样? 关于他有什么传说故事? 当地人是如何评价他的?

5. 所用祭辞是谁撰写的? 为什么由他撰写? 要表达的是什么内容(征得传承人同意,可将祭辞复印下来)?

6. 仪式参与者穿什么服装? 手中用什么道具? 有什么象征意义? 是谁做的?

7. 传统节日仪式所用食品分敬神和自己食用两种。节日食品都有什么(附照片)? 是谁做的? 制作这种节日食品有什么象征意义? 在制作上有什么规矩与讲究?

8. 节日祭品如何准备(附照片)? 谁来准备? 有什么讲究与规矩?

9. 传统节日仪式所用祭祀舞蹈有什么特点(附照片)? 反映的是什么内容? 参加者的选定有什么规矩? 平时如何传承?

10. 传统节日仪式所用道具都有什么? 是如何准备的?

11. 传统节日仪式有多少道流程? 每道流程的内容和目的是什么? 使用什么道具(祭品及道具)? 有什么象征意义? 除讲述您的经历外,也可以讲讲您师傅那一辈人经历过的事情。

12. 当地为什么要举行这样的节日仪式? 该仪式与当地的人文环境或自然环境有什么关系? 多谈谈当地老人是怎样说的(历史老照片)。

13. 该节日仪式之后有无唱大戏等活动? 请什么剧团? 唱什么戏? 选戏的时候有什么规矩与禁忌?

【小结】总结归纳采访内容(300字左右)。

第六部分　传统节日仪式组织调查

时间 / 地点 / 口述人 / 采访人 / 录音整理人

1. 总会首的基本情况（姓名、性别、年龄、籍贯、担任会首的时间，是怎样担任起会首的）。

2. 在大型节日仪式（如庙会活动）中总会首的职责是什么？担当总会首的资格和条件是什么？总会首是怎样选出的？

3. 总会首下设几位分会会首？例如钱粮把（负责吃住的会首）、武场把（负责武会表演的会首）、文场把（负责文会活动的会首）以及请驾督管（负责起驾、朝山、敬神、回香等各种规定礼节的督管）等香会核心组织成员是怎样选出的？有无世袭传统？分别负责怎样的工作（如负责庙会活动中演出、秩序、交通、后勤保障等等）？以上各会首的基本情况（姓名、性别、年龄、籍贯、担任会首的时间，是怎样担任起会首的）。

4. 节日庙会活动之前，总会首、分会首和各花会领队是如何沟通的？

5. 当地花会有没有“文会”与“武会”之分？

6. 专门负责为进香者、庙宇及各路香会提供各种服务的慈善组织“文会”都有哪些？

7. 专门负责“文会”的“文场把”（文会的组织者）的基本情况（姓名、性别、年龄、籍贯、担任会首的时间，担任会首的原因）。他的主要任务是什么？他是怎样协调文会的工作的？

8. 专门负责朝拜进香献艺的“武会”又是由哪些花会（香会）组成的？

9. 负责“武会”的“武场把”（武会的组织者）的基本情况（姓名、性别、年龄、籍贯、担任会首的时间，担任会首的原因）。他的主要任务是什么？他是怎样协调武会的工作的？

10. 每档香会进香之前是否要举行“入行”（“贺会”）仪式？获得总会首（老督管）及各档香会会首首肯的标准是什么？

11. 文会、武会何时进出等，是什么时候，在什么地方与上述核心组成员协商解决的？

【小结】总结归纳采访内容（300 字左右）。

第七部分 传统节日或仪式功能调查

时间 / 地点 / 口述人 / 采访人 / 录音整理人

1. 传统节日或仪式（庙会）对当地经济有什么推动作用？

2. 传统节日或仪式（庙会）对当地旅游有什么促进作用？

3. 传统节日或仪式（庙会）对当地传统文化保护与新文化建设有什么推动作用？

4. 传统节日或仪式（庙会）对缓解紧张的生活节奏有什么积极作用？

5. 传统节日或仪式（庙会）在扶弱济困方面能起到怎样的作用？

6. 传统节日或仪式（庙会）对当地自然环境保护会起到什么作用？

7. 传统节日或仪式（庙会）对促进和谐社会建设方面会起到什么作用？

8. 传统节日或仪式（庙会）在传承传统表演艺术方面会起到什么作用？

9. 传统节日或仪式（庙会）对传承当地传统节日饮食文化会起到怎样的推动作用？

10. 传统节日或仪式（庙会）对传承当地节日祭品及其制作技术会起到怎样的推动作用？

11. 传统节日或仪式（庙会）对传承当地节日盛装及其制作技艺会起到怎样的促进作用？

12. 传统节日或仪式（庙会）对传承当地传统节日装饰装潢艺术会起到怎样的促进作用？

13. 传统节日或仪式（庙会）对传承当地最优秀的道德教化会起到怎样的促进作用？

【小结】总结归纳采访内容（300 字左右）。

附录四
传统农业技术类遗产调查指南

传统农业技术类遗产泛指人类在历史上创造，并以活态形式原汁原味传承至今的传统农业生产知识与技能。广义的农业技术类遗产是个非常宽泛的概念。它既包括传统农业生产知识与技能、牧业生产知识与技能，也包括林业生产知识与技能和渔猎业生产知识与技能。本《指南》的设计以传统农业技术类遗产调查为主，但只要稍加改造，同样适用于牧业、林业以及渔猎业类遗产的调查。

一、调查准备

1. 上网查询有关项目以及传承人的全部资料。这些资料有助于你对传承人及传承项目的了解。

2. 查询地方政府已经出版的相关遗产及其传承人的资料。这些资料多半来自亲力亲为的田野调查，具有很重要的参考价值。

3. 查阅有关项目及传承人的图书、论文。主要途径是图书馆和中文期刊网等。

上述查询不仅可以为今后的调查找到更多的问题点、切入点，而且也方便与传承人的交流，并由此获得传承人好感，使调查更加顺畅。需要指出的是，如果是写非物质文化遗产项目介绍，这些资料可以直接使用；但如果是写传承人口述史，这类资料只能为调查提供参考，而不能替代自己的调查。口述史写作的一个基本要求，就是只记录讲述者讲过的东西。讲述者没说，即使实有其事，即或有大量文本资料可以支撑，也不能进入自己的口述史文本。

二、注意事项

1. 调查人员在田野调查之前，应根据调查对象的实际情况，在本《指南》的基础上，编制出一个更为具体，也更具有针对性的项目调查大纲。如调查牧业遗产的调查大纲要改为牧业生产内容，其他类型以此类推。

2. 传统农业技术类遗产专业性很强，调查前要深入学习相关知识，并知道必须要问及的核心技术之所在。如果发现本调查大纲并未涉及，则需进行必要的补充与修订，否则，调查的缺失会直接影响到结论的完整性、准确性与科学性。

3. 传统农业技术类遗产通常属个体传承，要想知道传承人所传技艺的来龙去脉，就必须对同村农民进行必要的补充调查。如果是需多人才能传承的团体传承型项目（如围猎等等），则需对该团体的所有人进行逐一调查。每部分采访谁、采访什么内容，都要根据他们每个人的传承特长进行精心设计。

4. 写作时，如传承人所述历史背景、历史人物、历史事件过于复杂，传承人记不清、说不明，则需要作者通过查找相关资料弄清事实，并以注释的形式加以说明。

三、调查成果

1. 需要提交整个调查过程的录音或录像资料的电子拷贝（电子文档名称的编写应包含以下信息：项目名称，编号，采访内容，采访对象，采访时间，采访人）。

2. 需提交调查过程中拍摄的照片（要求 2 000 万像素以上。其中包括传承人的正面像、传承人与调查者的合影、调查过程中的工作照、传承人工作照、传承人居住寓所或排练演出场所、师傅徒弟的合影、传承人及家庭的老照片、传承人代表作照片等）。

3. 原始记录文本（现场笔录原件），如自己需要请复印。

4. 每次调查的整理稿（电子文档名称的编写应包含以下信息：项目名称，编号，采访内容，采访对象，采访时间，采访人）。

5. 如果有出版计划，应整理用于出版的传承人口述史文本（通常 50 000 字到 100 000 字左右，格式按出版社要求编排）。

四、调查大纲

第一部分　项目与传承人简介

简要介绍该项目（如稻田养鱼）的历史、分布规律以及现状等基本情况（500 字左右）。同时要介绍该传承人的基本情况、传承脉络、特点以及在当地的社会地位等(300字左右)。

第二部分　该项目的发展史

时间 / 地点 / 口述人 / 采访人 / 录音整理人

1. 在中国，该农耕技术是什么时候产生的？产生的背景是什么？该手艺与当地人的日常生活有什么联系？

2. 您知道中国这种农耕技术的发展历程（产生、发展、兴盛、衰落、复兴等划出大致的时间段）吗？小的时候是个什么样子？现在是什么样子？

3. 这种农耕技术在地理分布上有什么特点与规律？为什么？

4. 谈谈村民的日常生产生活与这种农耕技术的关系。

【小结】总结归纳采访内容(300字左右)。

第三部分　务农经历

时间 / 地点 / 口述人 / 采访人 / 录音整理人

1. 先从您小时候的生活环境讲起吧。记得小时候的生活环境是个什么样子吗？周围的邻里、亲戚们都是干什么的？您从小喜欢干什么？讲讲有趣的童年。

2. 是从什么时候，是出于什么原因没有选择外出打工而留守在了乡下？

3. 是从什么时候、在哪里开始了自己的务农生涯？为什么会选择务农？是为单纯的谋生？还是为了照顾家人，或是对传统农活儿有兴趣？

4. 是谁教您干农活的？您和他是什么关系？他什么农活干得最好？当时您身边的人是怎样评价他的？一般情况是怎么跟师傅学习农活？他是怎么看您的？当时选徒弟有什么标准吗？

5. 在农村，有些特殊行当（如管理沟渠的赶水人），是什么人才有资格进入这个行当？入行具体有哪些方面的要求？有无性别上的禁忌与文化上的禁忌？有无人品、体力、属相、年龄、血缘等方面的要求？有哪些行业规矩？这些规矩您是怎么知道的？

6. 入选相关行当后，是否需要举行特定的入行仪式？请详细介绍相关仪式举行的时间、地点、参与者、受祭者、仪式过程、仪式文本及祭品。讲讲仪式上发生的故事。如果没有，别人经历过的也可以。该行当有什么特殊的神灵？是否有关于神灵的传说故事，特别是个人经历故事？与神灵相关的还有哪些特殊的祭祀仪式？该行当有什么特殊的行规？如果出现问题通常会怎么解决？

7. 讲讲您师傅——老庄稼把式的情况吧。譬如他的家族情况，他与师爷的故事，您与师傅的故事，师傅家族的故事（附老照片）。

8. 讲讲您的学习经历。这些经历对您务农有什么影响？

9. 务农的一般规律是什么？从什么时候开始学起？所有农活都学会需要多长时间？想要学精需要多长时间？

10. 当时老庄稼把式是怎么教您的？是手把手，还是有师兄带着？是否有特定的口诀和技巧？

11. 有无对其他人保密的独门绝活？这些独门绝活您是怎么学到的？

12. 讲讲自己获得过的奖项，中间有什么有意思的故事？有什么获得证书或照片（附老照片）？

13. 讲讲您知道的传说、故事（个人经历故事）、口诀、歌谣、谚语？这些民间文学对您有什么帮助？

14. 相关传说、故事、口诀、歌谣、谚语是何人、何地、何时告诉您的？或是何时何地从什么书上看到的？是自己有意识找来看的，还是偶然看到的？

15. 当前这个项目的传承主要遇到了哪些问题？

【小结】总结归纳采访内容（300 字左右）。

第四部分　传统生产技术

时间 / 地点 / 口述人 / 采访人 / 录音整理人

1. 谈谈您申报的这个传统农业技术类遗产项目有什么高超的技术含量，好在什么地方？这些技术是否蕴含有低碳经济与可持续发展理念？

2. 谈谈您申报的传统农业技术类遗产项目保留有多少种传统农作物品种？这些品种有什么优势？人们是通过什么办法年复一年地将这些品种选拔出来？人们为什么要保留这些传统品种？这些传统品种的独特性与优势在什么地方？

3. 您申报的传统农业技术类遗产项目有没有严密而高效的传统农业管理制度（如农田用水分配制度）？该制度到底有什么作用？在当代农业中是

否还能有效运行？

4. 当地是否还保留有与农业相关的寺庙？供的都是什么神灵？这些神灵都有什么功能？当地是否有规模宏大的传统庙会？是否还有与这些信仰息息相关的传统节日、民间文学（如龙王传说等）、表演艺术（天旱求雨时唱的雨戏等）？这些信仰是否仍有效地支配着当地民众的生产生活？有什么积极意义？

5. 当地民间社会是否还有与农业信仰相关的民俗与禁忌，这些民俗与禁忌和当地的农业生产有什么关系？它的作用到底是什么？

6. 谈谈民间文学与当地农业有什么关系。有没有与当地特有品种有关的传说故事？有没有与农耕经验有关的气象谚、农谚？有没有用于减轻劳动强度，协调劳动节奏的劳动号子？有没有督促大家准备春耕的“春官”？

7. 当地人如何理解周边环境与农业生产地的关系的？

8. 当地经常使用什么样的劳动工具？与其他地方有什么不同？这些劳动生产工具为什么会做成这个样子？与当地土质、劳动环境有什么关系？与机械化生产的现代劳动生产工具相比，它的优势是什么？劣势是什么？当地还有没有打制这些传统农具的作坊？当地是否还有会做农具的能工巧匠？他们遇到的主要问题是什么？

9. 当地养殖业有什么改变？传统养殖业的减少会给当地农业生产带来哪些问题？

10. 农业生产与传统庙会、传统年节活动有什么关系？

【小结】总结归纳采访内容（300 字左右）。

第五部分　老把式谈艺

时间 / 地点 / 口述人 / 采访人 / 录音整理人

1. 谈谈自己种庄稼的经验，特别是那些被世人熟视无睹了的，但又非常有效的传统农耕经验。

2. 谈谈当地积攒农家肥的经验。

3. 谈谈当地轮种方面的经验。

4. 谈谈当地套种方面的经验。

5. 谈谈当地防治病虫害方面的经验。

6. 谈谈当地储存粮食方面的经验。

7. 谈谈当地粮食加工方面的经验。

8. 谈谈当地开荒方面的经验。

9. 谈谈当地抗旱方面的经验。

10. 谈谈当地防治蝗虫方面的经验。

【小结】总结归纳采访内容(300 字左右)。

第六部分　七嘴八舌大家谈

这是本项调查的拓展部分。可通过采访传承人的师傅、弟子、师兄弟、家人、邻居以及相关学者,从更多的角度、更多的层面挖掘这位传承人的技艺精华,展示传承人的内心世界,帮助读者从更多方面了解传承人的农耕经验。调查范围可以更加开阔,传承人日常生活、兴趣爱好、性格特点、生平趣事、拿手绝活、弟子感受以及他在本行当的社会地位等,都可成为本章节的重要话题。

【小结】总结归纳采访内容(300 字左右)。

附录五

非物质文化遗产分类系统树

具体内容详见书末折页部分

后记

从2009年出版的《非物质文化遗产学》算起，我们在非物质文化遗产学学科建设的路上已经整整走过了14个年头。在非物质文化遗产保护刚刚起步，非物质文化遗产研究尚显青涩之时，为什么我们就要提出非物质文化遗产学学科建设呢？原因其实很简单。

首先，在长达数年的非物质文化遗产保护实践中，我们无奈地发现，仅凭即有学科的即有理论，无法从根上解决非物质文化遗产保护所面临的问题。这是由不同学科看问题的不同学术视角、视点与视野决定的。想想看，“什么是非物质文化遗产”这样一个最基本的问题，即有学科的即有理论都无法作出解释，我们怎么能够使用它们去解决非物质文化遗产保护中遇到的问题呢？因此，解决的办法就是“重打鼓另开张”，通过学科建设，从根本上解决非物质文化遗产保护中遇到的问题。

其次，非物质文化遗产学学科建设的产生，还与我们对非物质文化遗产价值认知的不断加深有关。在长期的非物质文化遗产保护实践中，我们渐渐意识到非物质文化遗产在整个中华文明建构过程中占有非常重要的位置。中华文明是由精英文化与草根文化共同构成的，作为草根文化的非物质文化遗产不但占据着中华文明的半壁江山，更是诞生了最先进的科学技术、最优秀的表演艺术、最能代表中华民族审美水平的传统工艺美术以及最能体现中华文明文化底色的民间文学，特别是那些以历时性形式出现在中华文明长河中的传统节日及其仪式，都集萃般地汇聚在这里。而在中国即有的教育体系中，我们对非物质文化遗产这份遗产的关注还远远不够，应该通过学科建设的方式，将中华文明中的这一宝库展现给我们的青年一代。

正因责任重大，我们在学科建设及教材编写过程中，重点关注以下四个方面问题。

一是理论建构的科学性。为确保研究成果的科学性,我们在面对每一个问题时,都会从逻辑起点入手,去探讨理论建构的可行性。譬如我们对非物质文化遗产概念的解读、非物质文化遗产分类的处理、非物质文化遗产商业化经营与产业化开发可行性的探讨等,这些项的研究我们都是从深度调研做起,经过两至三年的反复调查和印证,在确保研究结论准确无误的基础上才会向社会发布。我们的研究也证明了"实践才是检验真理的唯一标准"的正确性。

二是学科建构的系统性。系统性是一门学科及其所用教材必须具备的基本属性,非物质文化遗产学作为一门此前从未涉猎过的新学,如果它没有严谨且系统的学科架构,没有自己的"四梁八柱",那么学科建设就是一句空话。那到底什么是非物质文化遗产学的学科架构,什么是非物质文化遗产学的"四梁八柱"呢?在我们看来,非物质文化遗产学会涉及很多问题,但其中最重要者不外有三:(一)什么是非物质文化遗产;(二)为什么保护非物质文化遗产;(三)怎样保护非物质文化遗产。如果将这三大问题上升到哲学层面,那么,"什么是"解决的是哲学上的本体论问题,"为什么"解决的是哲学上的认识论问题,"怎么办"解决的则是哲学上的方法论问题。而这三大问题是其他学科都不曾回答,无须回答,也无法回答的问题,但它却是非物质文化遗产学必须回答的三道"必答题"。至于这门学科所涉及的其他问题,基本上都是围绕着上述三大问题展开的。解决好这三大问题,其他问题也将迎刃而解。

三是研究成果的可操作性。非物质文化遗产学说到底是一门具有可操作性的学问。其功能之一便是用于指导当下。能不能发现并解决问题,是检验我们学术成果的重要标准。这就要求我们必须深入生活,到传承人中去发现问题,解决问题,并在此基础上,为中国的非物质文化遗产保护,提出切实可行的行动方案。

四是学术研究的前瞻性。我们的非物质文化遗产研究始于2002年,我们的非物质文化遗产学学科构建始于2006年。正是因为有了上述研究,才有了后来的《非物质文化遗产学教程》《非物质文化遗产学》以及即将出版的《非物质文化遗产学》(第二版)。非物质文化遗产学研究不能不强调当下,也不能不眼光向下解决当下问题。但学科建设需要我们在解决当下的基础上,为未来的发展提出意见、建议和设想。正因为我们关注前沿,所以,在非物质文化遗产学的观点与理念上都具有一定的前瞻性。

在《非物质文化遗产学》(第二版)即将出版之际,我们首先要感谢文化部原副部长王文章、中国文联原副主席冯骥才、文化部非物质文化遗产司原司长马文辉、副司长屈盛瑞,以及中国非物质文化遗产保护中心主任王福州等先生给予我们的热情支持和鼓励。他们既是我们的领导,也是我们的人生导师,更是我们非常要好的朋友和学术上的志同道合者。没有他们的指导和鼎力支持,就不可能有这些科研成果的问世。最后,还要感谢那些被我们一再打扰过的全国各地的非物质文化遗产传承人、非物质文化遗产保护工作者和那些废寝忘食从事着非物质文化遗产研究的专家和学者们,是他们在我们最困难的时候,提供了无私帮助,让我们从困顿中走出,并迎来春暖花开的今天。

苑利　顾军

2022年2月18日